数字化管理会计

戚瑞双　董丽丽　主编

中国金融出版社

责任编辑：武欣钰　赵　哲
责任校对：刘　明
责任印制：丁淮宾

图书在版编目（CIP）数据

数字化管理会计／戚瑞双，董丽丽主编．— 北京：中国金融出版社，2025.7.
— ISBN 978 - 7 - 5220 - 2854 - 5

Ⅰ.F234.3 - 39

中国国家版本馆 CIP 数据核字第 2025FA1564 号

数字化管理会计
SHUZIHUA GUANLI KUAIJI

出版
发行　　中国金融出版社

社址　　北京市丰台区益泽路 2 号
市场开发部　（010）66024766，63805472，63439533（传真）
网 上 书 店　www.cfph.cn
　　　　　　（010）66024766，63372837（传真）
读者服务部　（010）66070833，62568380
邮编　100071
经销　新华书店
印刷　北京七彩京通数码快印有限公司
尺寸　185 毫米 ×260 毫米
印张　16.125
字数　313 千
版次　2025 年 7 月第 1 版
印次　2025 年 7 月第 1 次印刷
定价　48.00 元
ISBN 978 - 7 - 5220 - 2854 - 5
如出现印装错误本社负责调换　联系电话（010）63263947

前　　言

在数字化时代的浪潮中，管理会计作为企业决策支持的重要工具，正经历前所未有的变革。信息技术的飞速发展，特别是大数据、人工智能、云计算等新一代信息技术的广泛应用，为管理会计提供了更为广阔的应用场景和更为强大的技术支持。为了更好地适应这一变革，培养具备数字化管理会计技能的人才，笔者编写了这本教材。

本教材旨在系统介绍数字化管理会计的基本理论、方法和实践应用。在编写过程中，笔者充分汲取了国内外管理会计领域的最新研究成果和实践经验，结合中国企业的实际情况，力求做到理论与实践相结合，既注重基础理论的阐述，又强调实际应用技能的培养。全书共分为八个项目，涵盖了数字化管理会计的各个方面。从数字化管理会计的基本概念、发展历程和趋势入手，逐步深入数字化管理会计的核心理论和方法，包括大数据在管理会计中的应用、智能管理会计系统的构建与运行等。同时，本教材结合具体案例，详细讲解了数字化管理会计在企业预算管理、成本管理、绩效评价等方面的应用实践。

在编写过程中，本教材特别注重以下几个方面的创新。

1. 理论与实践相结合：本教材不仅系统阐述了数字化管理会计的基本理论，而且通过大量实际案例，展示了管理会计在企业实践中的具体应用，使读者能够更好地理解和掌握数字化管理会计的精髓。

2. 突出数字化特色：本教材紧密结合数字化时代的特点，深入探讨了大数据、人工智能等新技术在管理会计中的应用，以及这些技术如何推动管理会计的变革和创新。

3. 注重技能培养：本教材既注重基础理论的传授，又强调实际应用技能的培养。通过案例分析和实践操作，读者能够掌握数字化管理会计的基本方法和技能，为未来的职业发展奠定坚实的基础。

本教材能够为读者提供一个全面、系统、实用的数字化管理会计知识体系，帮助读者更好地适应数字化时代的管理会计变革，提升个人的职业素养和竞争力。同时，本教材能够为高校经济管理类专业的教学和科研提供有益的参考和借鉴。

本教材由北京电子科技职业学院经济管理学院戚瑞双、董丽丽担任主编，北京电子科技职业学院李晓格、杨添天参编。具体编写分工为：项目二、项目四由戚瑞双编写；项目三和项目六由董丽丽编写；项目一和项目八由杨添天编写；项目五、项目七由李晓格编写。同时，戚瑞双负责整书的统筹和修改完善。

在编写过程中，本教材得到了许多专家和学者的指导和帮助，在此表示衷心的感谢。同时，由于时间和水平有限，书中难免存在不足之处，恳请广大读者批评指正。

目　　录

项目一　管理会计认知

"会计不仅是记录历史，更是预测未来。"

——沃伦·巴菲特

学习目标

知识目标	能力目标	思政目标
1. 理解管理会计的概念； 2. 了解管理会计的产生与发展过程； 3. 明确管理会计与财务会计的异同； 4. 熟悉管理会计的岗位职责和要求； 5. 了解数字化管理会计未来的发展趋势。	1. 具备一定的财务工具应用能力、数据分析能力和决策能力； 2. 能够利用互联网收集筛选资料，形成自己的观点。	1. 培养学生全局思维和发展观念； 2. 提升学生的辩证思维和创新思维； 3. 培养学生树立正确的岗位责任意识和职业道德观。

知识框架图

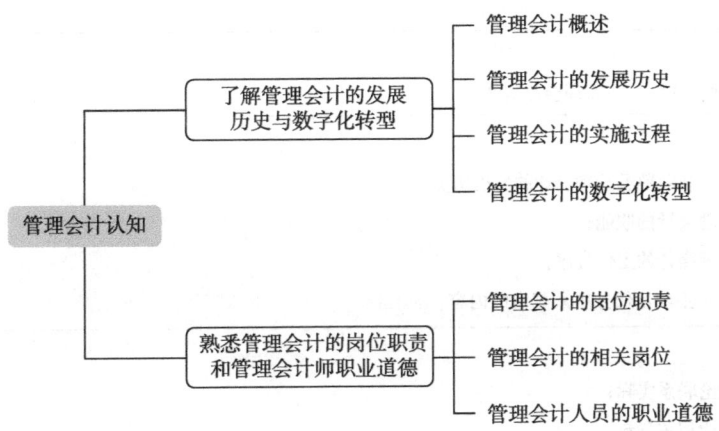

管理会计认知
- 了解管理会计的发展历史与数字化转型
  - 管理会计概述
  - 管理会计的发展历史
  - 管理会计的实施过程
  - 管理会计的数字化转型
- 熟悉管理会计的岗位职责和管理会计师职业道德
  - 管理会计的岗位职责
  - 管理会计的相关岗位
  - 管理会计人员的职业道德

思政课堂

管理会计之事前控制的重要性

《鹖冠子·世贤第十六》载，魏文王问名医扁鹊："你们家兄弟三人，都精于医术，到底哪一位医术最好呢？"扁鹊回答："大哥最好，二哥次之，我最差。"文王再问："为什么你最出名呢？"扁鹊答："我大哥治病于病情发作之前。由于一般人不知道他能事先根除病因，他的名气无法传出去，只有我们家里的人才知道。我二哥治病于病情刚刚发作之时。一般人认为他只能治轻微的小病，因此，他只在我们的村子里小有名气。而我治病于病情严重之时。一般人看见的都是我在经脉上穿针管来放血、在皮肤上敷药等大手术，他们认为我的医术最高明，因此，我的名气响遍全国。"

实际上，在工作和生活的很多事情中，事后和事中控制远不如事前控制有效。事前将可能出现的问题扼杀在萌芽时，避免事情发生后局面难以控制。

昨日之扁鹊大哥，就是今日之管理会计。管理会计的重要性就在于事前控制，这需要管理会计人员必须具备一定的内控能力。

自主学习任务单

一、学习指南
1. 课题名称
《数字化管理会计》——管理会计认知
2. 达成目标
（1）通过阅读教材熟悉管理会计的发展历史；
（2）理解管理会计的职能；
（3）熟悉管理会计的工作程序；
（4）完成《自主学习任务单》规定的内容。
3. 学习方法建议
（1）注意理论联系实际；
（2）拓展阅读相关资料。
4. 课堂学习形式预告
（1）自主预习；
（2）课堂讲授；
（3）案例分析；
（4）知识问答。

二、学习任务

通过观看教学录像及搜索相关资料自主学习，完成下列学习任务：
 	
  1. 了解管理会计的概念和发展历史；
 	
  2. 熟悉管理会计的职能和工作程序。

三、自主测试 + 测试答案

（一）自主测试
 	
  1. 确定我国管理会计概念框架的法律法规是（　　）。
 	
  A.《中华人民共和国会计法》   B.《管理会计基本指引》
 	
  C.《管理会计应用指引》   D.《企业内部控制基本规范》
 	
  2. 与传统的财务会计概念相对立的是（　　）。
 	
  A. 企业会计   B. 管理会计   C. 现代会计   D. 战略会计
 	
  3. 管理会计的服务侧重于（　　）。
 	
  A. 股东   B. 外部集团   C. 债权人   D. 企业内部管理
 	
  4. 管理会计在决策和战略支持方面的工作属于（　　）。
 	
  A. 控制工作   B. 辅助工作   C. 预算工作   D. 核算工作
 	
  5. 管理会计的最终目标是（　　）。
 	
  A. 为管理和决策提供科学信息   B. 为资本市场判断决策提供有效信息
 	
  C. 为参与企业经营管理提供支持   D. 为企业利益的最大增值提供支持
 	
  （二）测试答案
 	
  1. B   2. B   3. D   4. A   5. D

四、困惑与建议

任务1　了解管理会计的发展历史与数字化转型

一、管理会计概述

管理会计是现代管理科学理论和方法应用于会计领域的结果，最早起源于成本管理，逐渐延伸到财务管理和预算管理，是非常有效的管理工具。

（一）国外关于管理会计的定义

1958 年，美国会计学会在其《基本会计理论说明书》中提出，管理会计是利用适当的技术和观念，加工历史和未来的经济信息，帮助人员制订合理的经济目标方案，并协助部门达到其经济目标。1981 年，美国管理会计师协会对管理会计的定义为：管理会计是对财务信息进行确认、计量、汇总、分析、编报、解释和传递的过程，将这些财务信息用于内部计划、评价和控制，以确保企业各种资源被合理使用、相应责任被严格履行。1988 年，国际会计师联合会（IFAC）做出如下定义：管理会计是在组织内部进行计划、评价和控制，对信息进行确认、计量、分析、编报、解释和传递的过程，确保企业履行经济管理责任。该定义与美国管理会计师协会的定义基本一致，均侧重于管理会计对财务信息加工整理，应用范畴不再局限于微观领域，而向宏观领域拓展。1997 年，美国管理会计师协会修正了管理会计的定义：管理会计是提供价值增值，为企业规划设计、计量和管理财务与非财务信息系统的持续改进过程，通过此过程指导管理行动、激励管理行为，支持和创造实现组织战略、技术和经营目标所必需的文化价值。在新定义下，管理会计提供"价值增值"，而非之前的利益最大化，利益与价值不是一个等同概念，利益最大化但价值不一定就大，价值增值更注重长期利益增长。另外，新定义强调"持续改进""激励行为"和"文化价值"等要素，将管理会计拓展到帮助创建持续创新的现代组织管理文化层面，丰富了管理会计的内涵。

（二）我国财政部关于管理会计的定义

2014 年 10 月，财政部发布《财政部关于全面推进管理会计体系建设的指导意见》（财会〔2014〕27 号）并指出，管理会计是会计的重要分支，主要服务于单位内部管理需要，是通过利用相关信息，有机融合财务与业务活动，在单位规划、决策、控制和评价等方面发挥重要作用的管理活动。

根据以上定义，本教材将管理会计定义为：利用财务会计提供的财务信息，同时兼顾其他经营活动信息，通过分析、预测、规划、控制、评价等方式，为单位内部的管理者提供决策支持，实现价值增值。

二、管理会计的发展历史

（一）西方管理会计的形成与发展

管理会计最早起源于 20 世纪初，随着经济社会环境、生产经营模式不断发展，管理会计先后经历了成本管理会计、现代管理会计和战略管理会计三个发展阶段。

1. 以标准成本控制为特征的管理会计阶段（20 世纪初至 50 年代）

20 世纪初，由于生产专业化、社会化程度的提高，市场竞争日益激烈，传统的经验管理方式无法克服的粗放经营、资源浪费严重、生产效率低等弊端与大机器工业之间的矛盾越来越尖锐。企业要在竞争中生存和发展，必须加强内部管理，降低生产成本，提高生产效率。1921 年，美国《预算与会计法案》颁布，推动将预算控制引入管理会计。传统的会计逐渐由单一的事后核算向事前规划和事中控制转变。成本控制和分析、预算控制等提升经济效益的管理方法被逐步引入并推广应用，标志着管理会计体系的雏形初步形成。

2. 以预测和决策为基本特征的管理会计阶段（20 世纪 50 年代至 70 年代）

第二次世界大战后，科学技术迅猛发展，各国经济进入了恢复和高速增长的新时期。企业发展规模和经营领域不断扩大，同时面临国内国外日益激烈、日趋复杂的市场竞争环境，这要求企业的经营管理向以谋求实现最佳经济效益为中心的经营决策型管理模式转变。1952 年，在英国伦敦举行的国际会计师联合会上，"管理会计"这一概念被首次正式提出，标志着会计正式划分为"管理会计"和"财务会计"两个领域。自 20 世纪 60 年代以来，系统论、信息论、控制论、决策论、行为科学和计算机技术等被大量运用于管理会计，大大提高了管理会计方法的科学性和准确性，管理会计体系不断完善。

3. 以重视环境适应性为基本特征的战略管理会计阶段（20 世纪 70 年代至今）

20 世纪 80 年代以后，全球经济迅猛发展，世界各国经济联系和依赖程度日益增强，准确把握市场定位和客户需求的战略管理变得尤为重要。战略管理会计应运而生，它是管理会计与战略管理相结合的产物，突破了传统管理会计的局限，视角从企业内部转向外部环境，重视对企业全方位管理。随着战略管理的推广，战略管理会计已发展成为收集、加工与企业相关的各种经济信息，从战略的高度帮助企业管理层对内进行战略审视、对外作出战略决策，最大限度地帮助企业保持并不断创新其长期竞争优势的决策支持系统。

（二）中国管理会计的引进与发展

随着管理会计的引进、实践和探索，管理会计在中国企业中逐渐本土化，具有中国特色的现代管理会计体系逐渐建立并不断完善。

1. 管理会计实践

新中国成立初期，中国实行计划经济体制，企业的生产计划和产品定价由国家统一规定，成本成为衡量企业效率的唯一指标。中国企业开始推行以成本管理为核心的内部责任会计制。改革开放以来，我国开始经济体制改革，强调企业改制，要求用现代科学管理方法管理企业，本量利分析、价值工程、目标管理、全面质量管理、决策技术等现代管理方法在我国得到应用。20 世纪 80 年代初，西方管理会计被引入中国。随着国内社会主义市场经济的深入发展、财政体制的改革和经济全球化的推进，大量企业集团已经实现了多元化、国际化，企业的经营风险加大，需要进行精细化管理以降低风险和提高效益，同时，互联网的广泛应用和大数据、云计算、区块链等技术的推广应用，推动管理会计实践从关注成本逐渐拓展到战略管理决策支持等广泛领域。

2. 管理会计政策

《中华人民共和国会计法》《中华人民共和国预算法》《基本建设项目建设成本管理规定》《中央企业负责人经营业绩考核办法》《关于以经济增加值为核心加强中央企业价值管理的指导意见》等一系列法律法规、政策规定的颁布和执行，促进中国财务会计逐渐向财务管理、管理会计转型。2002 年，在财政部印发《关于企业实行财务预算管理的指导意见》的通知后，我国企业广泛推行全面预算管理制度。2014 年，财政部颁布了《财政部关于全面推进管理会计体系建设的指导意见》，提出了培养管理会计人才、建立管理会计理论体系的目标。2016 年，财政部颁布了《管理会计基本指引》，明确了我国管理会计的目标、原则和要素，构建了我国管理会计的概念框架。2017 年起，财政部陆续颁布了 34 项《管理会计应用指引》和管理会计案例，全面指导和推动了我国企事业单位管理会计工具和方法的广泛应用，为企事业单位加强管理和提高效益发挥了重要作用。近年来，数字技术的快速发展和企业高质量发展的需求对管理会计应用提出更高要求，2024 年 11 月，财政部发布了《关于全面深化管理会计应用的指导意见》（财会〔2024〕22 号），明确了全面深化管理会计应用的总体要求，提出完善管理会计指引体系、提升管理会计数智化水平、加强管理会计理论研究和人才队伍建设等各项工作要求（见表1-1）。

表1-1　中国管理会计制度的发展阶段

主要阶段		发布时间	具体举措	主要意义
理论宣传阶段		2014 年 10 月	《财政部关于全面推进管理会计体系建设的指导意见》（财会〔2014〕27 号）	具有里程碑意义的纲领性文件，是我国管理会计体系建设的顶层设计和蓝图规划。
总结推广阶段（管理会计案例库）		2016 年至 2019 年	《管理会计案例索引》（一至十六）	总结、推广我国管理会计实践经验，调动企业应用管理会计的积极性。
		2023 年 6 月	《关于开展管理会计案例征集工作的通知》（财办会〔2023〕13 号）	
实践应用阶段（管理会计指引体系）	管理会计基本指引	2016 年 6 月	《关于印发〈管理会计基本指引〉的通知》（财会〔2016〕10 号）	为企业全面准确理解管理会计科学系统应用管理会计工具提供了基本框架和方向。
	管理会计应用指引	2017 年 9 月	《关于印发〈管理会计应用指引第 100 号——战略管理〉等 22 项管理会计应用指引的通知》（财会〔2017〕24 号）	

续表

主要阶段		发布时间	具体举措	主要意义
实践应用阶段（管理会计指引体系）	管理会计应用指引	2018 年 8 月	《关于印发〈管理会计应用指引第 202 号——零基预算〉等 7 项管理会计应用指引的通知》（财会〔2018〕22 号）	
		2018 年 12 月	《关于印发〈管理会计应用指引第 204 号——作业预算〉等 5 项管理会计应用指引的通知》（财会〔2018〕38 号）	
深化应用阶段		2024 年 11 月	《关于全面深化管理会计应用的指导意见》（财会〔2024〕22 号）	为适应新时代的发展需求，推动管理会计发展的纲领性文件。

【课堂活动】思考从成本管理会计、决策管理会计到战略管理会计的发展演变过程给我们带来哪些启示？

三、管理会计的实施过程

（一）管理会计循环

管理会计的实施过程又被称为管理会计循环，包括预算编制、过程控制、报告编制和结果考核四个环节。

1. 预算编制

预算指基于战略、以资源配置为任务，对企业未来的业务活动和经营过程进行规划。编制预算的目的在于对各种资源（尤其是资金）进行优化配置和最佳利用。预算是在预测和决策的基础上编制的，预算的编制过程就是预测和决策的过程，最终的预算即决策结果。管理会计需要对财务信息及其他经营信息进行加工处理，去粗取精，去伪存真，确保选用的信息能够反映经济活动的未来趋势。

2. 过程控制

过程控制指在确保预算的有效实施的过程中，采取适当的成本计算、基础预算、流程重组、风险控制等措施，保证企业在生产经营过程中合法合规，提高企业生产经营的效率，实现经济效益的增值。一方面，企业应监督预算的执行过程，确保经营活动按照预算要求进行；另一方面，企业对采取的行动及预算本身进行评估和反馈，确定预算阶段对未来生产经营各因素的预测是否充分或准确，进而调整预算或工作方式，确保预算目标的实现。

3. 报告编制

报告指在过程控制中或者过程控制结束后以一定方式反映生产经营活动及其结果，为相关管理者提供管理数据，以进行有效控制和控制效果评估。在报告过程中，管理会计应向企业内部各相关管理者提供其履行职责所需的历史或未来的信息，这些信息可能涉及财务会计、材料物资、人力资源、市场以及企业内外环境。除向企业提供内部报告外，管理会计还向股东、债权人、政策制定机构和税务当局等外部组织提供相应的外部报告。

4. 结果考核

考核是对预算执行结果的评价过程，其目标是通过采取适当的指标和方法（净资产收益率、经济增加值、杜邦分析法、平衡计分卡等）保证企业预算的实现。考核可分为期间考核和期末考核，期间考核是对每一个细分期间（如月份、季度）预算执行结果的考核，其目的主要在于督促、保障年度预算的完成；期末考核是对年度预算执行结果的考核，其目的主要在于确定预算完成的情况、分析预算偏差产生的原因、对责任者实施奖惩。

（二）财务会计与管理会计的异同

财务会计、管理会计都是在传统会计中孕育、发展和分离出来的。基于现代企业核算的需要产生财务会计，基于现代企业内部成本管理与控制的需要产生管理会计。管理会计与财务会计主要有以下区别。

一是主体不同。财务会计以企业（独立核算）为主体提供整个企业财务状况、经营成果和资金变动的会计信息，通常不以内部各部门为会计主体提供相关资料。会计主体具有唯一性。管理会计既要为外部利益关系人提供反映企业整体情况的相关资料，又要向企业管理者提供反映内部各责任部门生产经营情况的相关资料，管理会计的主体既是多层次的，包括集团公司、总公司、分公司、班组等，又是多维度的，包括职能部门、责任单位等。

二是服务对象不同。财务会计报告以企业整体为主体，提供企业过去一段时间的获利信息。外部使用者不直接参与企业的经营管理，需要通过财务会计报告的信息作出是否参与或继续参与企业活动的决策。从这个角度看，财务会计侧重对外服务。管理会计为企业管理者服务，可以强化内部经营管理、提高经济效益。管理会计的工作主体可以是多个层次，既可以是整个企业，又可以是企业中的某个部门，甚至是某个岗位。从这个角度看，管理会计侧重对内服务。

三是信息特征不同。财务会计必须严格遵守一定的规范和依据，以统一的标准即公认的会计准则为依据，定期向社会公开披露主体的全部财务会计信息，具有客观性和精准性，其信息载体是国家统一规定的财务会计报告，以货币为主要计量单位。管理会计是企业内部管理个性化需求的产物，未来预测信息不要求精确，信息不向社会公开发表，只对内部管理具有参考价值，其信息载体主要是内部会计报告，不存在统一的标准或者固定的规范或依据。

四是工作重点不同。财务会计侧重于反映过去已经发生的经济业务，通过确认、计量、记录和报告等程序提供并解释历史信息，是"报账型会计"。管理会计不仅要分析过去，而且要根据已知的资料与信息预测和规划未来，同时控制现在，横跨过去、现在和未来，属于"经营管理型会计"。

五是报告期间不同。财务会计面向过去进行核算和监督，反映一定期间的财务状况、经营成果和资金变动情况，应按照规定的会计期间，如月份、季度或年份编制报告。管理会计面向未来进行预测决策，报告编制不受固定会计期间限制，具有较大弹性，报告期间不固定。

六是程序方法不同。财务会计有设置账户、复式记账、填制和审核凭证、登记账簿、成本计算、财产清查及编制报表七项较固定的、标准的程序与方法。管理会计的程序与方法灵活多样，各单位需要根据自己的管理意图进行选择，而且要根据环境的变化适时进行调整。

虽然管理会计与财务会计存在差异，但它们之间仍存在一定的联系。

一是两者管理目标一致。财务会计与管理会计都为加强管理、科学决策和提高效益服务，其管理目标是一致的。财务会计具有反映和控制的职能，其基本方法包括凭证的审核，复式记账法，账表、账账、账实的核对等。财务会计同时是一种内部控制的方法，提供对外财务会计报告的目的在于解除管理者的托管责任。财务会计在取信外部利益关系集团的同时，使企业的各种经济契约关系得以维持，从而保证企业能够持续经营。管理会计直接为企业的经营管理服务，保证资源的合理有效利用。

二是两者是会计系统的两个子系统。管理会计和财务会计的信息来源相同，可能使用相同的原始凭证。管理会计虽然还有其他信息来源，但基本信息来源于财务会计，有的直接使用财务会计资料，也有的是财务会计资料的调整和延伸。财务会计提供的大量信息是管理会计进行预测、决策、分析、控制、考核和评价的基础，同时根据管理的需要，管理会计创立独特的理论与方法，提供面向未来的信息资料。

四、管理会计的数字化转型

随着信息技术的迅猛发展，全球已迈入大数据时代，这一变革对企业的运作模式产生了深远影响。在这一时代背景下，管理会计迎来了前所未有的机遇和挑战。基于大数据时代的数字经济意味着企业的生存环境愈加信息化，数据、网络、知识等无处不在，信息的内容庞杂，碎片化程度高且形式多样，呈现出非结构化特征。企业如果要提高预测管理和经营决策的科学性，就需要保证所依据数据的可靠性和广泛性。借助信息化技术，企业能充分利用捕捉的信息，促进自身的价值创造，是管理会计在大数据背景下转型的目标。

（一）管理会计面临的机遇

1. 财务分析和风险预测

管理会计依托大数据技术，对财务数据的分析和预测能力非常重要。通过实时数据的收集和分析，管理会计能够更准确地预测销售收入、成本变动以及资本需求。这不仅有助于制定财务预算，更重要的是还提升了财务决策的迅速响应能力，使企业在竞争激烈的市场中保持灵活性和适应性。另外，有效的风险管理是企业长期稳健发展的关键。管理会计需应用大数据技术对市场风险、供应链风险和财务风险进行实时监测和预测，分析客户信用评级和贷款违约风险，优化风险控制策略，使企业能够及时采取措施应对潜在风险，减少企业损失并保护企业利益。

2. 成本管理与效率优化

信息的数据化变革将简化传统管理会计的处理流程。数字智能在预算编制、业务处理、账务核算等各个环节展现出高效快捷的特征。以业务处理为例，管理会计利用数字智能，将预算的编制周期大大缩短，同时提高编制精度，提升管理者对财务预算的敏感度，实现更准确的管理决策。此外，管理会计还能借助大数据技术帮助企业完善内部工作流程，降低生产成本。例如，在制造业企业中，基于大数据的分析，生产线上的运行数据得以实时呈现，实现智能制造和精细化生产计划，达到降低生产成本、提高生产效率的效果。

（二）管理会计面临的挑战

1. 数据质量和整合难题

管理会计的数据来源、格式和结构不统一，非常复杂，因此数据的处理和分析是管理会计的一大挑战。管理会计需要对结构化数据（如财务报表数据）和非结构化数据（如客户反馈信息）进行统一处理和分析。应用大数据技术有效整合这些异构数据并加以分析，往往需要投入大量资金和资源，对专业能力要求也较高。

拓展阅读

2. 数据安全与隐私保护

大数据时代，管理会计面临的另一大挑战是如何保护数据安全与隐私。由于企业数据资源的规模越来越大，加强数据安全和隐私保护尤为重要。因此，在处理这些数据时，管理会计必须保证其安全性与完整性。

任务2　熟悉管理会计的岗位职责和管理会计师职业道德

一、管理会计的岗位职责

（一）管理会计的职能

管理会计的职能包括利用采集的大数据信息，运用相应的管理会计工具方法，在分析了解应用环境的基础上开展预测、决策、规划、控制和评价等活动。

1. 预测

预测指采用科学的方法预计、推测客观事物未来发展的必然性或可能性的行为。管理会计履行预测经济前景的职能，即按照企业未来的总目标和经营方针，充分考虑经济规律的作用和经济条件的约束，选择合理的量化模型，有目的地预计和推测企业未来的销售、利润、成本及资金的变动趋势和水平，为企业经营决策提供第一手信息。

2. 决策

决策指在充分考虑各种可能的前提下，按照客观规律的要求，通过一定程序对未来实践的方向、目标、原则和方法作出决定的过程。管理会计履行参与经济决策的职能主要体现在根据企业决策目标搜集、整理有关信息资料，选择科学的方法计算有关长短期决策方案的评价指标，并作出正确的财务评价，最终筛选出最优的行动方案。

3. 规划

管理会计规划经营目标的职能是通过编制各种计划和预算实现的。它要求在最终决策方案的基础上，将事先确定的有关经济目标分解落实到各有关预算中，合理、有效地组织和协调企业供、产、销及人、财、物之间的关系，并为控制和责任考核创造条件。

4. 控制

管理会计履行控制经济过程的职能，即将经济过程的事前控制与事中控制有机结合，通过事前确定科学可行的各种标准，根据执行过程中实际与计划发生的偏差进行原因分析并及时采取科学可行的各种措施，确保经济活动正常进行。

5. 评价

管理会计履行考核评价经营业绩的职能，是通过建立责任会计制度实现的，及时发现经营活动的成绩和不足，从而为奖惩制度的实施和未来工作改进措施的形成提供必要依据。

（二）管理会计的工具

管理会计的工具是实现管理会计目标的具体手段，包括战略地图、滚动预算管理、作业成本管理、本量利分析、平衡计分卡等。企业应结合自身实际情况，根据管理特点和实践需要选择适用的管理会计工具，并加强管理会计工具的系统化、集成化应用。

（1）战略管理类：包括战略地图、价值链管理、平衡计分卡、波特五力模型、战略计划工具（如使命/愿景陈述、目标、SWOT分析、PEST分析模型）等。这些方法主要用于企业的战略规划与执行，帮助企业明确战略方向，评估竞争态势，以及制定具体的战略目标。

（2）预算管理类：包括全面预算管理、滚动预算管理、作业预算管理、零基预算管理、弹性预算管理等。预算管理工具方法主要用于企业的预算编制、执行与监控，帮助企业合理分配资源，确保预算目标的实现。

（3）成本管理类：包括目标成本管理、标准成本管理、变动成本管理、作业成本管理、生命周期成本管理、本量利分析等。这些方法主要用于企业的成本控制与核算，帮助企业准确计算产品成本，制定合理的成本策略。

（4）营运管理类：包括本量利分析、敏感性分析、边际分析、标杆管理、精益生产、质量管理工具等。营运管理工具方法主要用于企业的日常运营与决策，帮助企业提高运营效率，降低成本，提升产品质量。

（5）投融资管理类：包括贴现现金流法、项目管理、资本成本分析等。这些方法主要用于企业的投融资决策，帮助企业评估项目的经济价值，制定合理的投融资策略。

（6）绩效管理类：包括关键绩效指标法（KPI）、经济增加值（EVA）、平衡计分卡等。绩效管理工具方法主要用于企业的绩效评估与激励，帮助企业量化员工的工作成果，制定有效的激励措施。

（7）风险管理类：包括风险矩阵、风险清单、企业风险管理（ERM）、风险热图等。风险管理工具方法主要用于企业的风险识别、评估与应对，帮助企业减少风险损失，确保企业的稳健发展。

此外，还有一些其他的管理会计工具方法，如内部转移定价、多维度盈利能力分析、5W2H（何因、何事、何人、何时、何地、如何做、多少成本）等。这些方法在企业的不同领域和层面发挥着重要作用，共同构成了企业的管理会计体系。

（三）数字化转型对管理会计人才的新要求

在数字化转型背景下，管理会计人才需要用全局战略的眼光和敏锐的数据思维参与企业管理，从事后的记录转向事前的预判和决策，实现角色从数据分析者向决策支持者转变，需要具备战略敏感度和跨领域复合能力。

1. 战略洞察力与决策分析能力

管理会计人才应具备对企业战略目标的深入理解，能够洞察企业长期发展需求，并据此制定符合企业需求的财务管理策略。管理会计人才需要具备出色的决策分析能力，能够运用财务数据和其他相关信息提供合理、科学的决策建议。特别是在复杂多变的竞争环境下，管理会计人才更应迅速、准确地分析内外部环境变化，为企业把握市场机遇和规避风险提供决策支持。

2. 财务管理技能与数据分析能力

管理会计人才应具备扎实的财务管理技能，包括预算管理、成本控制、资金管理等方面。此外，数据分析能力也至关重要，管理会计人才需要掌握先进的财务分析工具和模型，熟练运用各类财务软件，对财务数据进行分析、挖掘和解读，为企业提供有效的财务决策参考。

3. 良好的沟通与协调能力

管理会计人才不仅要与财务部门内部同事紧密合作，而且要与公司其他各部门以及企业高层进行有效沟通。管理会计人才需要具备良好的沟通技巧和协调能力，能够将复杂的财务信息用简单明了的方式传达给相关人员，确保企业内部信息流通的顺畅和决策执行的高效。

4. 持续学习与适应变化的能力

随着科技的进步和市场的不断变化，管理会计人才应具备持续学习的能力和适应变化的敏捷性。管理会计人才需要关注最新的管理会计理论和实践发展，不断更新自己的知识和技能，适应企业不断发展和变化的需求。同时，他们应具备创新精神，能够在实践中不断探索新的财务管理方法和策略，推动企业管理的创新和发展。

【课堂活动】结合以上内容，思考如果自己想成为一名优秀的管理会计人才，还需要在哪些方面努力提升？

二、管理会计的相关岗位

管理会计涵盖深度参与管理决策、制订计划与绩效管理系统、提供财务报告与控制方面的专业知识以及帮助管理者制定并实施组织战略。管理会计岗位主要分为以下几类。

1. 财务管理岗位

管理会计在财务管理岗位中发挥着重要作用。他们负责分析财务数据，提供决策依据，并参与企业的财务规划。在这个岗位上，管理会计人员需要处理财务报表、分析公司的财务状况，以及为高层管理者提供财务建议。

2. 预算管理岗位

预算管理是管理会计的核心职责之一。管理会计人员需要参与企业的预算编制，包括预测公司的收入和支出，制订预算计划，并监控预算执行情况。他们要确保企业各个部门遵循预算规定，并在必要时进行调整，以实现企业的财务目标。

3. 成本控制和分析岗位

管理会计在成本控制和分析方面扮演着关键角色。他们需要分析公司的成本结构，识别成本驱动因素，并寻找降低成本的方法。此外，管理会计还需要对公司的经营绩效进行评估，提供有关产品、服务和市场的分析，帮助企业在竞争激烈的市场中作出正确的决策。

4. 内部控制岗位

在内部控制方面，管理会计负责建立健全内部控制体系，确保公司的财务活动合规、合法。他们通过参与风险评估、制定风险控制措施，保障公司的资产安全，提高公司的运营效率。

此外，管理会计还可以从事与决策相关的其他工作，如风险管理、企业战略规划等。他们通过分析和解释数据，为企业的战略决策提供信息支持，帮助企业在实现财务目标的同时，维持持续的增长和盈利。

【课堂活动】结合以上内容查找资料，按照样例填写管理会计相关职业岗位及具备能力清单。

职业岗位	岗位职责	岗位要求	职业知识	职业能力	职业道德
财务管理岗位	1. 制定、维护、改进公司财务管理程序和政策，制订年度、季度财务计划； 2. 负责编制及组织实施财务预算报告，月度、季度、年度财务报告； 3. 负责公司全面的资金调配、成本核算、会计核算和分析工作； 4. 负责资金、资产的管理工作； 5. 监控可能会对公司造成经济损失的重大活动。	1. 熟悉会计操作、会计核算及审计的全套流程与管理； 2. 熟悉国家财经法律法规和税收政策及相关账务的处理方法； 3. 熟悉财务管理、企业融资及资本运作。	1. 熟悉财务报表各个项目； 2. 掌握财务指标的计算和分析； 3. 掌握预算的编制和监督； 4. 掌握投融资相关方法； 5. 掌握营运资金管理。	1. 组织与管理能力； 2. 逻辑思维能力； 3. 沟通与表达能力； 4. 学习能力； 5. 观察能力。	1. 严谨细致； 2. 责任感强； 3. 爱岗敬业； 4. 积极主动； 5. 勇于挑战。

三、管理会计人员的职业道德

2018 年 4 月，国际会计师职业道德准则理事会（IESBA）发布了新修订的《国际职业会计师道德守则》，其中提出的五项职业道德基本原则是诚信、客观公正、专业胜任能力和勤勉尽责、良好职业行为、保密。中国注册会计师协会（CICPA）于 2020 年 12 月修订发布了《中国注册会计师职业道德守则》。无论是 IESBA 还是 CICPA，涵盖的对象范围都局限于注册会计师，关注的重点内容是审计等鉴证业务涉及的职业道德问题。为推进会计诚信体系建设、提高会计人员职业道德水平，财政部于 2023 年 1 月印发了《会计人员职业道德规范》，这是我国首次制定全国性的会计人员职业道德规范，面向广大会计人员，更具普适性和引领性。该规范将新时代会计人员职业道德要求总结提炼为以下三条核心表述。

一是坚持诚信，守法奉公。牢固树立诚信理念，以诚立身、以信立业，严于律己、心存敬畏。学法知法守法，公私分明、克己奉公，树立良好职业形象，维护会计行业声誉。

二是坚持准则，守责敬业。严格执行准则制度，保证会计信息真实完整。勤勉尽责、爱岗敬业，忠于职守、敢于斗争，自觉抵制会计造假行为，维护国家财经纪律和经济秩序。

三是坚持学习，守正创新。始终秉持专业精神，勤于学习、锐意进取，持续提升会计专业能力。不断适应新形势新要求，与时俱进、开拓创新，努力推动会计事业高质量发展。

管理会计人员要坚持职业道德，严守职业底线，可以从以下几个方面着手。

一是自律。树立明确的职业目标，意识和行动才具有较强的稳定性和连续性。作为管理会计师，需要坚守"四当"：会计核算要得当，即账目明晰；会计结果要恰当，即价值公允；事项行为要正当，即合法合规；专业素养要适当，即能力胜任。

二是行动。在清晰认知的基础上，必须通过行动养成自律习惯和模式。首先要有不断提高会计专业技能的意识和愿望，坚持做好基础工作，确保账目清楚、明确；其次要秉持专业精神，将会计准则作为行动指南，在发生道德冲突时，审慎作出是非判断；最后要知法、学法、用法，敢于斗争、善于斗争。

三是平衡。要将会计职业发展放在一个较长周期中进行规划，要从更长的时间维度上持续思考、学习和行动，要以"想到"为起始点，以"学到"为路径和方法，以"做到"实现落地。持续激发内生动力，在精神层面找寻职业发展的价值和意义，实现富足人生的"大平衡"。

四是成长。要保持对管理会计职业的敬畏心，以终身学习者的心态学习行业楷模、榜样，从富有感染性、可行性的道德榜样上获得启示、汲取动力。无论法规制度是否有漏洞，也无论是否有监督，都要以正向力量不断"内省"，通过自我反思、自我解剖、自我升华、自我超越，实现终身成长。①

拓展阅读

项目小结

本项目主要阐述了管理会计的概念和内涵，明确了管理会计人员的岗位职责和职业道德，介绍了管理会计产生与发展的过程及数字化发展趋势。本项目的重点是熟悉管理会计的工作内容，区分管理会计与财务会计，把握管理会计的数字化发展趋势。

技能提升

一、理论夯实

（一）单项选择题

1. 管理会计最早起源于西方的（　　　）。

A. 资金管理　　　B. 预算管理　　　C. 成本管理　　　D. 绩效管理

2. 管理会计应用的最早领域是（　　　）。

A. 资金管理　　　B. 成本管理　　　C. 预算管理　　　D. 绩效管理

3. 管理会计在决策支持、战略支持等方面，主要从事的工作是（　　　）。

A. 控制工作　　B. 核算工作　　C. 服务工作　　D. 预算工作

4. 管理会计与财务会计的关系是（　　）。

A. 起源相同、目标不同　　　　　B. 目标相同、基本信息同源

C. 基本信息不同源、服务对象交叉　　D. 服务对象交叉、概念完全相同

5. 管理会计的最终对象是企业的（　　　）。

A. 生产经营活动　　　　　B. 使用价值的生产和交换过程

C. 价值的转移和增值过程　　　D. 资金运动

6. 以下不属于管理会计循环的是（　　　）。

---

① 参考《对〈会计人员职业道德规范〉的学习与思考》，载《财务与会计》，2023 年第 18 期。

A. 预算编制　　　　B. 过程控制　　　　C. 考核评价　　　　D. 质量监控

7. 管理会计信息最基本的要求是（　　　）。

A. 客观性和及时性　　　　　　　　B. 相关性和明晰性

C. 相关性和客观性　　　　　　　　D. 客观性和明晰性

8. 管理会计对企业的经济活动进行规划和控制，主要利用（　　　）。

A. 计划信息　　　B. 财务会计信息　　C. 统计信息　　　D. 业务信息

9. 下列各项中关于管理会计职业道德的作用表述不正确的是（　　　）。

A. 管理会计职业道德是规范管理会计人员行为的基础

B. 管理会计职业道德通常属于道德规范在具体职业领域的表现

C. 管理会计职业道德属于法律制度的范畴

D. 管理会计职业道德是指导管理会计人员行为的方向

10. 管理会计实施的基本条件是（　　　）。

A. 管理会计应用环境　　　　　　　B. 管理会计工具和方法

C. 管理会计信息与报告　　　　　　D. 管理会计活动

（二）多项选择题

1. 下列各项中属于管理会计与财务会计的区别的是（　　　）。

A. 会计主体不同　　　　　　　　　B. 工作重点不同

C. 工具方法不同　　　　　　　　　D. 服务对象不同

E. 信息特征不同

2. 管理会计循环包括（　　　）。

A. 预算编制　　　B. 结果考核　　　C. 过程控制　　　D. 效益评估

E. 编制报告

3. 管理会计应向管理人员提供（　　　）。

A. 历史信息和未来信息

B. 与维护资产安全、完整及资源有效利用相关的各类信息

C. 与预算编制、过程控制、报告和考核相关的各类信息

D. 与股东、债权人及其他外部利益者的决策相关的各类信息

E. 经营管理者需要的全部信息

4. 管理会计活动是由企业的（　　　）组织和落实的。

A. 业务部门　　　B. 会计部门　　　C. 审计部门　　　D. 财务部门

E. 计划部门

5. 下列各项中属于管理会计职业道德的是（　　　）。

A. 诚信从业　　　B. 客观公正　　　C. 保守秘密　　　D. 廉洁自律

（三）判断题

1. 管理会计的应用主体可以是单位整体，也可以是单位内部的责任部门。（　　）

2. 管理会计没有固定核算程序。（　　）

3. 管理会计与财务会计对企业的经营活动及其他经济事项的确认标准是一致的。（　　）

4. 管理会计只利用财务会计提供的相关信息，进行事先的分析和预测、事中的控制及事后的评价。（　　）

5. 管理会计人员应具备专业能力、规划能力和决策能力。（　　）

二、实训案例

【实训资料】

新希望公司对全体中层及以上管理人员开展管理会计知识培训，并召开座谈会，请大家谈谈对管理会计的认识，主要观点摘录如下。

1. 关于管理会计的适用范围。甲认为，管理会计的方法晦涩难懂，不容易理解和应用，只能在大中型制造类企业使用，其他单位和行业不太适用。

2. 关于管理会计与财务会计的异同。乙认为，两者信息来源基本相同，目标一致，都是为企业经营活动服务的，没有太大的区别。

3. 关于管理会计的主要职能。丙认为，主要是控制和降低企业生产经营成本，提高经济效益。

4. 关于管理会计职业道德问题。丁认为，国家已经颁布的会计职业道德既适用于会计人员，又适用于注册会计师，当然也适用于管理会计人员，没必要再特别制定特殊的规范。

5. 关于管理会计数字化转型。戊认为，管理会计还是偏传统的行业，数字化转型耗时耗力，没有太大必要。

【实训要求】

请根据本项目所学内容，分别分析判断这五种观点是否正确，并简要说明正确或错误的理由。

答案扫一扫

学习评价

学习任务完成评价表

评价范围	评价标准		自我评价 （五星制打分）	小组评价 （五星制打分）	教师评价 （五星制打分）
职业知识	理解管理会计的适用范围				
	掌握管理会计的主要职能				
	熟悉管理会计职业道德规范				
	了解管理会计数字化发展趋势				
职业能力	能够分析管理会计与财务会计的异同				
	能够列出管理会计的主要职能				
	能够把握数字化对管理会计提出的新要求				
职业素质	工作态度	服从安排，不做与项目无关的事情			
		工作积极主动，完成度较高			
	团队合作	按规定流程操作，进行有效沟通			
	创新精神	能够主动探索，具有独立解决问题的能力			
	职业道德	严谨认真，实事求是			

项目二　战略管理

"战略制定者的任务不在于看清企业目前是什么样子，而在于看清企业将来会成为什么样子。"

——约翰·W.蒂兹

学习目标

知识目标	能力目标	思政目标
1. 熟悉企业战略的含义与作用； 2. 理解企业战略管理的概念、特征与原则； 3. 熟悉战略地图及其绘制方法。	1. 能够熟练使用战略管理技术及工具，充分认识战略管理的重要性； 2. 能够绘制战略地图。	1. 培养学生勇于担当的意识； 2. 培养学生树立全局观念和发展观念，高瞻远瞩，谋划全局； 3. 提升学生的辩证思维能力和逻辑判断能力。

知识框架图

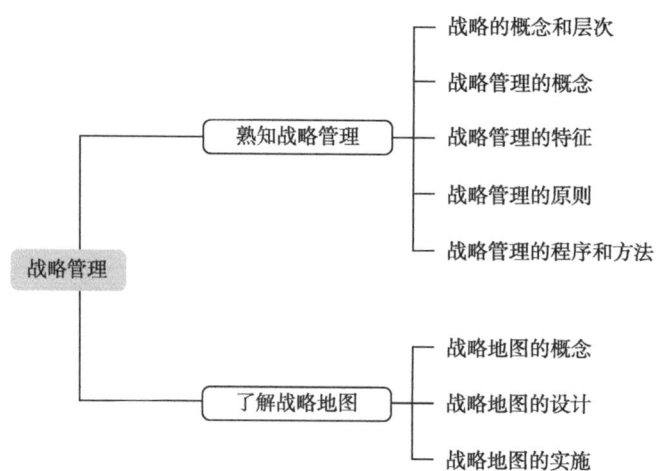

战略管理
- 熟知战略管理
  - 战略的概念和层次
  - 战略管理的概念
  - 战略管理的特征
  - 战略管理的原则
  - 战略管理的程序和方法
- 了解战略地图
  - 战略地图的概念
  - 战略地图的设计
  - 战略地图的实施

思政课堂

华为的战略管理

华为创立于1987年，是全球领先的ICT基础设施和智能终端提供商。

华为公司的愿景是致力于把数字世界带入每个人、每个家庭、每个组织，构建万物互联的智能世界：让无处不在的连接，成为人人平等的权利，成为智能世界的前提和基础；为世界提供多样性算力，让云无处不在，让智能无所不及；所有的行业和组织，因强大的数字平台而变得敏捷、高效、生机勃勃；通过AI重新定义体验，让消费者在家居、出行、办公、影音娱乐、运动健康等全场景获得极致的个性化智慧体验。

华为的核心价值观是艰苦奋斗、开放进取、至诚守信、成就客户、团队合作和自我批判。华为的追求是在电子信息领域实现顾客的梦想，并依靠点点滴滴、锲而不舍的艰苦奋斗，使华为成为世界级领先企业。

华为的战略管理有三个特点：（1）增长是王道，敢于抓住战略机会驱动业务发展。华为不是上市公司，可以把资金和精力放在中长期业务发展上。不追求利润最大化，而是追求一定利润率水平上的成长的最大化。利润最大化实际上是透支未来，伤害了公司的战略地位。（2）聚焦主航道，不在非战略机会点消耗战略竞争力量。（3）在坚定不移的战略方向上，采取灵活机动的战略战术。

自主学习任务单

一、学习指南
1. 课题名称 《数字化管理会计》——战略管理
2. 达成目标 （1）通过阅读教材熟悉企业战略和战略管理的概念； （2）掌握战略管理的方法和战略地图的绘制方法； （3）完成《自主学习任务单》规定的内容。
3. 学习方法建议 （1）注意理论联系实际； （2）拓展阅读相关资料。

4. 课堂学习形式预告

    （1）自主预习；

    （2）课堂讲授；

    （3）案例分析；

    （4）知识问答。

二、学习任务

通过观看教学录像及搜索相关资料自主学习，完成下列学习任务：

    1. 了解企业战略和战略管理的概念，理解战略地图的概念和作用；

    2. 熟悉战略管理及绘制战略地图的程序和方法。

三、自主测试＋测试答案

    （一）自主测试

    1. 企业战略是企业根据其内外部环境，为实现其经营目标，谋求长期发展而作出的（　　）的经营管理计划。

    A. 长期性　　　　B. 全局性　　　　　C. 整体性　　　　　D. 灵活性

    2. （　　）又被称为竞争战略或事业部战略，是企业在某一特定业务或产品线内制定的战略，主要关注的是如何在特定的市场或产品领域中取得竞争优势。

    A. 总体战略　　　　B. 业务单位战略　　C. 职能战略　　　　　D. 企业战略

    3. 宏观环境分析涉及评估影响企业运营的广泛社会、经济、政治和技术因素。常用的分析工具是（　　）。

    A. PEST 分析模型　B. 五力模型　　　　C. SWOT 分析　　　　D. 战略群组分析

    4. （　　）指为描述企业各维度战略目标之间因果关系而绘制的可视化的战略因果关系图。

    A. 战略分析　　　　B. 战略实施　　　　C. 战略地图　　　　　D. 以上都不是

    5. （　　）是战略地图实施的最后环节。

    A. 设定战略目标　B. 编制战略执行报告　C. 战略评价　　　　D. 战略调整

    （二）测试答案

    1. B　　2. B　　3. A　　4. C　　5. C

四、困惑与建议

任务 1　熟知战略管理

一、战略的概念和层次

    "战略"一词最早起源于军事，原意是对战争全局的谋划和指导。在中国，"战略"一词历史悠久，"战"指战争，"略"指"谋略""施诈"。春秋时期孙武的《孙子兵法》被认为是中国最早对战略进行全局筹划的著作。在西方，"strategy"一词源于希腊语"strategos",意为军事将领、地方行政长官,后来演变成军事术语,指军队将领指挥军队作战的谋略。1962 年,美国学者钱德勒在其《战略与结构》一书中,将战略定义为确定企业基本长期目标、选择行动途径和为实现这些目标进行资源分配。这标志着"战略"一词被正式引入企业管理领域,由此产生了企业战略的概念。企业战略是企业根据其内外部环境,为实现经营目标,谋求长期发展而作出的全局性的经营管理计划。它规定了企业的经营方向、业务范围、资源分配、竞争优势和协同作用等关键要素,是企业总体战略的具体化和实施。

企业战略一般包含三个层次,分别为总体战略、业务单位战略和职能战略(见图 2 – 1)。

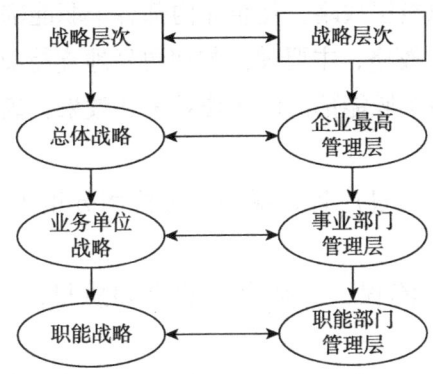

图 2 – 1 企业战略的层次

(一)总体战略

总体战略又被称为公司层战略,是企业最高层次的战略,主要关注企业的整体发展方向和长远目标。这个层次的战略决定了企业要在哪些领域或市场进行竞争,以及要如何配置企业的资源来实现目标。总体战略的核心在于确定企业的经营范围、资源配置和成长方向。

经营范围:企业选择进入哪些市场或行业,以及在这些市场或行业中提供哪些产品或服务。

资源配置:企业如何分配资源(如资金、人力、技术等)以支持其各个业务单位或产品线。

成长方向:企业选择通过何种方式实现增长,如市场渗透、市场开发、产品开发或多元化等。

(二)业务单位战略

业务单位战略又被称为竞争战略或事业部战略,是企业在某一特定业务或产品线内制定的战略,主要关注如何在特定的市场或产品领域中取得竞争优势。这个层次的战略旨在明确企业在特定的市场细分中的定位，以及如何通过提供独特的产品或服务满足客户的需求。

市场定位：确定企业在特定市场细分中的位置，以及如何通过提供独特的价值吸引和留住客户。

竞争策略：企业选择采用何种策略应对竞争，如成本领先、差异化或集中化等。

产品或服务创新：通过研发新产品或改进现有产品满足客户的需求，保持或提升市场份额。

（三）职能战略

职能战略又被称为职能层战略，是企业内部各个职能部门（如营销、生产、财务、人力资源等）制定的战略，主要关注如何更好地支持业务单位战略的实现。这个层次的战略旨在提高各个职能部门的运作效率和效果，确保企业整体战略的成功实施。

营销策略：确定如何通过广告、促销、定价和分销等策略推广企业的产品或服务。

生产策略：优化生产流程、提高生产效率和质量，满足客户的需求并降低成本。

财务策略：管理企业的资金流动、投资和融资活动，确保企业有足够的资金支持其运营和发展。

人力资源策略：招聘、培训和发展员工，提高他们的技能和绩效，支持企业的整体战略。

综上所述，企业战略的三个层次是相互关联、相互支持的。总体战略为业务单位战略和职能战略提供了方向和框架，业务单位战略和职能战略确保了总体战略的具体实施和成功实现。

【课堂活动】结合战略的概念和层次，假设将一个个体看作一家企业，想一想作为一名大学生，应如何对自己进行战略规划？

二、战略管理的概念

自 20 世纪 60 年代企业战略管理出现以来，该领域已形成四大主要学派：一是以安索夫为代表的环境战略学派。安索夫的三部著作——1965 年的《企业战略》、1976 年的《从战略计划到战略管理》和 1979 年的《战略管理理论》是公认的战略管理开山之作。安索夫的环境战略理论由环境、战略、组织构成，只有这三个要素协调一致的战略，才能帮助企业实现经营目标，反之会降低经营目标实现的可能性。二是以德鲁克、钱德勒、安德鲁斯为代表的目标战略学派。该学派认为战略是由目标、意志或者目的以及为达到这些目的而制定的方针、计划构成的一种模式，目标管理迫使主管人员考虑计划的效果，而不仅仅是计划的活动或者工作，经营战略研究的问题是确定企业长期的目的和目标，并通过经营活动和分配资源来实现。三是以迈克尔·波特为代表的竞争战略学派。该学派的基本观点为企业经营战略的关键是确定企业的竞争优势。为此，企业一般采取三种基本竞争战略类型：成本优先战略、差异化战略和集中化战略。四是以普拉哈拉德、哈麦尔为代表的核心能力战略学派。该学派认为核心能力指企业长期积累形成的一种独特能力，可实现高于竞争对手的价值，具有进入多种市场的潜力，难以被复制、模仿，是长期利润的源泉。

我国《管理会计应用指引第100号——战略管理》指出，战略管理是对企业全局或长远的发展方向、目标、任务和政策，以及资源配置作出决策和管理的过程。

三、战略管理的特征

1. 未来导向性

战略管理不仅关注企业当前的运营状况，更着眼于未来的发展。它通过分析内外部环境，预测未来的市场变化，为企业设定长远的愿景和目标，制订相应的行动计划。这种未来导向性特征使企业能够在不断变化的市场环境中保持竞争力，实现可持续发展。

2. 全局性

战略管理的研究重点是企业整体目标的达成，而非某一局部的具体问题。它关注整个企业的发展，从全局的角度进行决策和规划。这种全局性特征确保了企业的各个部门之间的协调一致，共同为实现企业目标而努力。

3. 系统性

战略管理是一个系统的过程，包括战略规划、战略实施和战略评价三个阶段。同时，它涉及企业的各个层面和部门，要求各个部门之间的协调与合作。这种系统性特征确保了战略管理活动的连贯性和有效性，使企业能够高效地实现其目标。

4. 稳定性与灵活性

战略管理一旦确定，便具有相对稳定性，企业的所有活动都必须围绕该战略进行。然而，战略管理并非一成不变，需要具备灵活性。在面对外部环境和内部条件的变化时，战略管理能够迅速调整策略，适应新的挑战和机遇。这种稳定性与灵活性的结合，使企业能够在维持稳定的同时，保持对外部环境的敏锐洞察力和快速响应能力。

5. 适应性

战略管理强调其与外部环境和内部条件的适应性。它要求企业在制定战略时，充分考虑外部环境中的诸多因素，如竞争者、顾客、资金供给者、政府等，确保企业的行为适应不断变化的外部环境。同时，战略管理关注组织内部条件的变化，如资源、技术、能力等，确保战略与组织内部条件的匹配。

四、战略管理的原则

战略管理是企业在面对复杂多变的内外环境时，为了长期生存和发展而进行的整体性、长期性、基本性的谋划和管理。战略管理的原则对企业制定和实施战略至关重要。一般来说，企业战略管理应该遵循以下四项原则。

1. 目标可行原则

目标可行原则指企业战略目标的设定应具有一定的前瞻性和适当的挑战性，确保战略目标通过一定的努力可以实现，并实现长期目标与短期目标的有效衔接。战略目标的设定具有前瞻性，能够引领企业未来的发展方向，同时具有适当的挑战性，才能激发企业的创新能力和竞争力。长期目标与短期目标有效衔接，能够确保企业持续、稳定地向前发展。

2. 资源匹配原则

资源匹配原则指企业应有与战略目标相匹配的资源配置，且企业高层管理者应根据各业务部门与战略目标的匹配程度进行资源配置。在操作中的具体要求包括：一是应全面评估自身的资源状况，从内部和外部调度与筹集充足的资源；二是要统筹规划，根据战略目标的优先级和紧急程度，合理分配资源，确保关键领域和重点项目的资源投入；三是不断优化资源配置，提高资源利用效率，减少资源浪费。

3. 责任落实原则

责任落实原则指企业应将战略目标分解为具体的任务和责任，落实到具体的责任部门和责任人。在实际操作中，企业应制订详细的战略实施计划，明确各项任务的具体内容、时间节点和责任人。建立有效的责任追究机制，对未能按时完成任务或未达到预期效果的责任人进行问责。加强内部沟通和协作，确保各部门和团队之间的信息共享和协同工作。同时，定期对战略实施情况进行评估和反馈，及时调整计划和责任分配。

4. 协同管理原则

协同管理原则指企业在实施战略管理时，应注重各部门、各团队之间的协同工作和资源整合，实现整体效益的最大化。企业应建立跨部门、跨团队的协作机制，加强信息共享和沟通。优化业务流程和工作流程，减少重复劳动和资源浪费。建立有效的激励机制和奖励制度，激发员工的积极性和创造力。定期对协同管理效果进行评估和反馈，不断改进和优化协同管理机制。

五、战略管理的程序和方法

企业运用战略管理工具方法，一般按照战略分析、战略制定、战略实施、战略评价和控制、战略调整等程序进行（见图2-2）。

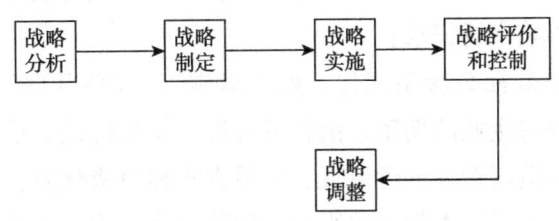

图 2 - 2　战略管理的应用程序

（一）战略分析

战略分析是企业为了制定有效的战略决策，对内外部环境进行系统性评估的过程。这一过程涉及对市场趋势、竞争对手、客户需求以及企业自身资源和能力的深入分析。通过战略分析，企业能够识别潜在的机会和威胁，为战略规划提供坚实的基础。战略分析不仅限于大型企业，中小企业同样可以通过这一过程提升自身的竞争力。

1. 企业外部环境分析

企业外部环境分析是评估影响企业运营和战略决策的外部因素的过程，这种分析有助于企业了解其所处的宏观环境和行业环境，识别机会和威胁，并据此制定相应的战略。企业外部环境分析包括宏观环境分析、产业环境分析、竞争环境分析和市场需求分析四个方面。

（1）宏观环境分析

宏观环境分析涉及评估影响企业运营的政治、经济、社会和技术因素。常用的工具是 PEST 分析模型，涵盖以下几个方面（见图2-3）。

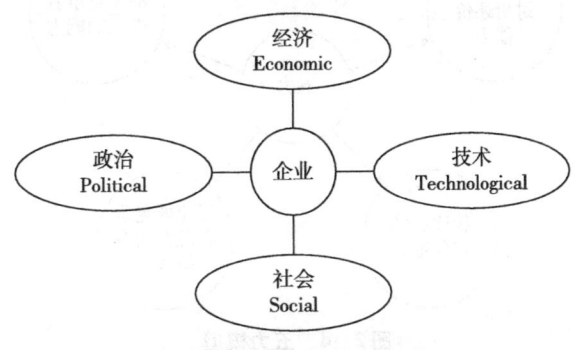

图 2 - 3　PEST 分析模型

政治因素：主要对国际政治形势、区域政治政策、行业政策进行梳理。政治稳定性影响企业的政策风险，政治利益集团的动向和政府行为、法律法规、政局稳定情况、路线方针政策、国际政治法律因素等，都会对企业运营产生影响。

经济因素：主要是对宏微观经济进行分析，从全球、国家、区域、行业等维度展开。包括社会经济结构、经济发展水平、经济体制和经济政策、其他一般经济条件等，经济周期会影响市场需求。

社会因素：主要是社会转型变化，如"双碳"、绿色环保等。包括人口因素、社会流动性、各阶层对企业的期望、消费者心理、文化传统、价值观、社会文化趋势等，这些因素会塑造消费者的价值观、生活方式和消费行为。

技术因素：主要是新技术带来的影响，如数字化、智能化升级等。包括技术水平、技术力量、新技术的发展等，技术变革可以为企业带来新的增长机会，也可能威胁现有业务。

（2）产业环境分析

产业环境分析注重评估企业所在行业的竞争状况，分析工具包括五力模型和产业链分析模型等。

①五力模型

五力模型是迈克尔·波特（Michael Porter）于20世纪80年代初提出的一种行业分析方法。他认为行业中存在决定竞争规模和程度的五种力量，这五种力量综合起来影响着产业的吸引力以及现有企业的竞争战略决策。五种力量分别为行业内竞争者现在的竞争能力、潜在竞争者进入的能力、替代品的替代能力、供应商的讨价还价能力与购买者的讨价还价能力（见图2-4）。

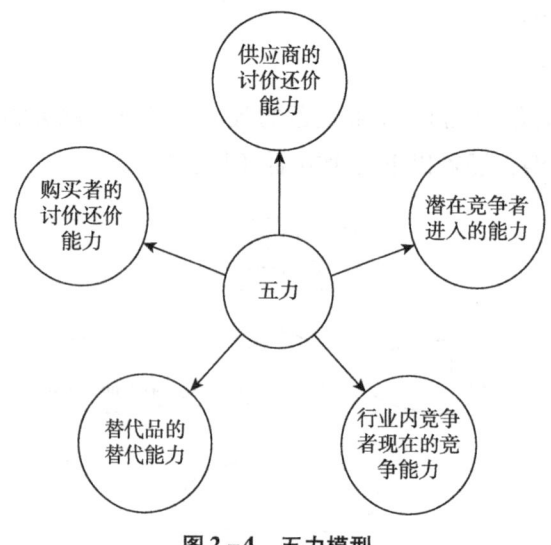

图2-4 五力模型

供应商：主要通过其提高投入要素价格与降低单位价值质量的能力，影响行业中现有企业的盈利能力与产品竞争力。

购买者：通过压低价格、要求更高的产品或服务质量，以及提高议价能力，影响行业中现有企业的盈利能力。

潜在竞争者：给行业带来新生产能力、新资源的同时，会与现有企业发生原材料与市场份额的竞争，最终导致行业中现有企业盈利水平降低，甚至可能危及这些企业的生存。

替代品：两个处于同行业或不同行业的企业，如果它们生产的产品互为替代品，那么可能产生相互竞争的行为。

行业内竞争者：是企业生存的条件，也是企业直接面对的现实竞争力量。

②产业链分析模型

产业链是由一系列相互关联的企业或组织围绕某一特定产品或服务形成的完整链条。这些企业或组织以产品（包括有形产品和无形服务）为对象，进行上下游的价值交换。产业链通常包括上游、中游和下游三个环节。

上游环节：基础产业环节和技术研发环节，负责向下游环节输送产品或服务。

中游环节：制造加工环节，对上游提供的原材料或半成品进行加工处理。

下游环节：市场拓展环节，向上游环节反馈信息，包括销售、营销和售后服务等。

产业链本质是上下游管理企业之间的行业价值链。通过分析产业链，可以明确企业所在位置、竞争对手、与上下游的关系，进而探索如何提升企业自身的竞争力。

产业链分析模型是一种用于研究整个产业链中关键的商业环节，以及如何在这些关键环节上建立竞争优势的分析工具。产业链分析模型的分析过程大致分为以下三个步骤。

步骤一：决定包含的商业环节。根据分析目的，针对每个企业或行业的具体情况，对步骤进行拆分或重组。在此过程中，可以考虑不同流程中团队、设备、技术的应用，以及客户认知等因素。

步骤二：确定关键环节。从成本或客户的重视度（可以是定性分析）出发，成本占比越大或者客户越重视的，应该是重点分析的关键环节。深入分析关键环节上的优劣势，以及影响其表现的主要因素。

步骤三：明确关键环节的成功要素。探究哪些成本是可以调节的，包括分析历史数据、细分市场和竞争对手等。

【课堂活动】查找资料了解行业周期分析法。

（3）竞争环境分析

竞争环境分析涉及评估竞争对手的资源、能力、战略和市场表现，分析工具包括竞争对手分析和战略群组分析等。

①竞争对手分析

竞争对手分析包括竞争对手的未来目标、假设、现行战略和潜在能力。了解竞争对手可以帮助企业识别自身的相对优势和劣势，制定有效的竞争策略。

一是未来目标。预测竞争对手对其目前的市场地位及财务状况的满意程度，推断其改变现行战略的可能性以及对其他企业战略行为的敏感度。

二是假设。了解竞争对手对自身企业的评价和对所处产业以及其他企业的评价。假设往往是企业各种行为取向的最根本动因，有利于正确判断竞争对手的战略意图。

三是现行战略。分析竞争对手的现行战略，目的在于揭示其当前行动和潜在能力。

四是潜在能力。了解竞争对手在各个职能领域中的能力、优势、劣势，在其战略一致性检测方面的表现，以及随着竞争对手的成熟，这些能力的变化。

②战略群组分析

战略群组指在某一个产业中，采用相同或相似战略，或具有相同战略特征的各企业组成的集团。战略群组分析将市场上的企业按照战略相似性进行分组，能够揭示不同群组之间的竞争动态和市场定位，不仅有助于企业了解自身在行业中的位置，而且能帮助其识别潜在的市场机会和威胁。

战略群组分析包括以下步骤。

步骤一：确定战略群组。首先需要确定与企业业务相关的战略群组，包括主要竞争对手和潜在竞争对手。

步骤二：收集信息。收集关于战略群组的信息，包括企业财务报表、市场份额、产品和服务、竞争优势等方面的数据。此外，还应收集行业趋势、市场需求变化、法规政策等信息。

步骤三：分析竞争对手。对战略群组中的竞争对手进行深入分析，包括其战略目标、市场定位、核心竞争力、财务状况等。通过比较企业与竞争对手的差异，可以识别出企业面临的风险和机会。

步骤四：评估风险与机会。根据竞争对手分析的结果，评估企业面临的风险和潜在的市场机会。这些风险可能涉及市场份额下降、产品替代品的出现、竞争加剧等。同时，机会可能涉及新市场的开拓、产品创新、竞争对手的弱点等。

步骤五：制定战略。根据风险和机会的评估结果，制订企业的战略计划。战略计划应包括风险管理措施和利用机会的具体行动计划。同时，需要定期监测战略的执行情况，根据市场环境的变化进行调整。

（4）市场需求分析

市场需求分析旨在评估特定产品或服务在市场上的潜在需求量，以及市场规模的大小。通过市场需求分析，企业可以了解目标市场的消费者需求、偏好和购买行为，制定有效的市场策略，满足消费者需求并提升市场竞争力。

具体来说，市场需求分析通常包括以下几个方面。

市场规模：评估目标市场的总体规模，包括潜在消费者数量、市场规模的增长趋势等。这有助于企业了解市场的整体容量和增长潜力。

市场需求：分析消费者对特定产品或服务的需求量和需求趋势。通过市场调研和数据分析，企业可以了解消费者的需求偏好、购买意愿和支付能力等，预测未来的市场需求变化。

市场竞争：评估市场上的竞争态势，包括竞争对手的数量、市场份额、产品特点和营销策略等。这有助于企业了解市场竞争的激烈程度和自身的竞争优势。

市场机会：识别市场上的潜在机会和威胁，包括新兴市场的开拓、消费者需求的变化、政策环境的变化等。通过抓住市场机会，企业可以拓展市场份额并提高盈利能力。

市场需求分析可以采用多种方法，包括市场调研、数据分析、专家咨询等。以下是两种常用的分析方法。

市场调研：通过问卷调查、访谈、观察等方式收集消费者的需求和偏好信息。市场调研可以帮助企业了解消费者的真实需求和期望，为产品开发和营销策略制定提供依据。

数据分析：利用历史销售数据、市场趋势数据等进行分析，预测未来市场需求的变化。数据分析可以帮助企业发现市场趋势和潜在机会，为市场策略调整提供数据支持。

2. 企业内部环境分析

企业内部环境分析是战略管理中至关重要的环节，它涉及企业资源与能力分析、价值链分析和业务组合分析等多个方面。

（1）企业资源与能力分析

企业资源与能力分析是评估企业内部环境和制定战略的基础。企业资源包括有形资源和无形资源。有形资源包括企业的土地、厂房、生产设备、原材料等实物资源，以及财务资源等。这些资源是企业进行生产经营活动的物质基础，具有稀缺性的有形资源能使企业建立竞争优势。无形资源包括品牌、商誉、专利、商标、商业秘密、企业文化等。这些资源一般难以被竞争对手模仿或替代，是企业核心竞争力的重要组成部分。

企业能力指企业利用这些资源创造价值，主要包括财务能力、营销能力、生产管理能力等。财务能力分析企业的财务状况，包括财务指标分析、现金流分析等，评估企业的偿债能力、营运能力和盈利能力。营销能力体现在产品竞争能力、销售能力、新产品开发能力和市场决策能力上。营销能力的强弱直接影响企业的市场份额和盈利能力。生产管理能力包括生产过程分析、生产能力分析、库存分析、劳动力分析和质量分析等。通过优化生产管理，企业可以提高生产效率、降低成本、提升产品质量。

（2）价值链分析

价值链分析是一种确定企业竞争优势的工具，它将企业的生产经营活动分为基本活动和支持活动。基本活动包括内部后勤（进货物流）、生产运营、外部后勤（出货物流）、市场营销和服务等。这些活动直接涉及产品的生产和销售，是企业创造价值的主要环节。支持活动包括采购管理、基础设施、技术开发和人力资源管理等。这些活动为基本活动提供支持，确保企业生产经营活动的顺利进行。

通过价值链分析，企业可以识别出创造价值的关键环节，存在浪费或低效环节，从而优化内部管理，提高竞争力和经济效益。

（3）业务组合分析

业务组合分析是企业内部环境分析的重要组成部分，它帮助企业评估不同业务的实力和市场吸引力，从而制定合理的业务组合策略。业务组合分析的主要工具为波士顿矩阵和通用矩阵。

波士顿矩阵又称"市场增长率—相对市场份额矩阵"，是一种常用的业务组合分析方法。它将企业的业务分为四种类型：问题业务（高市场增长率、低市场占有率）、明星业务（高市场增长率、高市场占有率）、现金牛业务（低市场增长率、高市场占有率）和瘦狗业务（低市场增长率、低市场占有率）。通过波士顿矩阵，企业可以明确不同业务的战略地位和发展方向（见图2－5）。

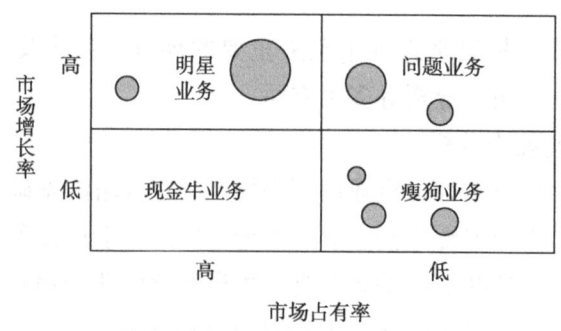

图 2－5　波士顿矩阵

通用矩阵又称"市场吸引力—经营实力矩阵",是美国通用电气(GE)公司提出的多因素业务组合分析矩阵。它综合考虑了市场吸引力(如市场规模、市场增长率、竞争强度等)和业务实力(如市场份额、技术实力、财务状况等)两个维度,将企业的业务划分为不同的区域,指导企业的业务组合策略。

(二)战略制定

战略制定是确定企业使命,识别企业的外部机会与威胁、内部优势与劣势,建立长期目标,以及选择特定的实施战略的过程。它是企业基础管理的一个组成部分,融合科学与艺术,需要不断完善。通过战略制定,企业能够明确发展方向和目标,优化资源配置,提高市场竞争力,实现可持续发展。

战略制定通常包括以下几个步骤。

步骤一:明确企业愿景与使命。愿景描述了企业的长远目标,为企业发展指明方向。使命阐述了企业的存在价值、核心目的和业务范围,为企业行为提供指导。

步骤二:制定战略目标。根据企业愿景与使命,结合外部环境和内部条件的分析结果,制定具体的、可衡量的、可实现的、相关的和有时限的战略目标。

步骤三:制订战略方案。根据战略目标,制订多种可行的战略方案,包括总体战略、业务单位战略和职能层战略。对每种战略方案进行详细的评估和分析,包括其可行性、风险、收益等方面。在多种战略方案中选择最适合企业的方案进行实施。选择时需要考虑企业的实际情况、市场环境、资源条件等因素(见图2-6)。

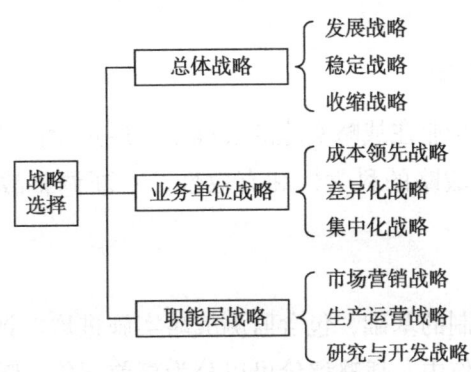

图2-6 企业战略类型

步骤四:制订实施计划。为选定的战略方案制订详细的实施计划,包括时间表、责任分配、资源需求等。确保实施计划与企业其他部门的计划和活动相协调,实现整体协同。

（三）战略实施

战略实施是企业采取实际行动以实现其发展战略目标的过程，包括计划、分配资源、监督和控制部门、传达和宣传新政策以及实施更改等。通过实施战略，企业能够确保其长期目标和任务的实现，提升竞争力和业绩水平。

企业的战略方案确定后，必须通过具体的实际行动，才能实施战略及实现战略目标。一般来说，企业可以从以下三个方面推进战略的实施。

1. 构建组织机构

构建组织机构涉及如何分配企业内部的工作职责和决策权力，为战略实施提供稳定的人员和组织环境。在这个过程中，需要考虑企业的管理层级是高长型还是扁平型，决策权力是集中还是分散，能否适应企业战略的定位。

2. 分解细化战略

将企业的长期发展战略分解为可行的中期战略及其实施计划，以便逐步实现战略目标。制订详细的实施计划，包括时间表、责任分配、资源需求等。完善各种计划，把握战略实施的节奏和进度。同时将战略目标细化到各个部门和个人，确保每个部门和个人都明确自己的任务和责任。

3. 营造良好的组织文化，促进沟通与协调

良好的组织文化能够增强员工的凝聚力和归属感，促进战略实施的顺利进行。企业需要加强内部沟通与协调，确保各部门之间的协同合作，共同推动战略实施。

此外，企业还应建立有效的绩效考核和奖惩制度，激励员工积极参与战略实施，提高实施效果。

（四）战略评价和控制

战略评价和控制指企业在战略实施的过程中，通过检测战略实施进展情况，评价战略执行效果，审视战略的科学性和有效性，不断调整战略决策，以达到预期目标。

1. 战略评价

战略评价是战略控制的基础，包含监测战略实施进展、评价战略执行业绩、修正战略决策。在实际操作中，战略评价可以分为事前评价、随时评价和事后评价。

（1）事前评价

事前评价又被称为战略分析评价，是一种对企业所处现状环境的评价，其目的是发现最佳机遇。它主要关注以下几个方面。

一是企业现行战略和绩效的分析。评估企业当前战略的有效性，包括战略是否与企业目标一致、是否适应市场环境等。同时，分析企业过去的绩效，了解战略实施的效果。

二是不同战略方案的评价。在制定新战略时，企业通常会考虑多个备选方案。事前评价需要对这些方案进行全面评估，包括它们的可行性、潜在风险、预期收益等，以确定最佳战略方案。

三是竞争力的评价。评估企业在市场中的竞争力，包括产品、市场、技术、人才、制度等方面的竞争力。这有助于企业了解自身在市场中的地位和优势，制定更具针对性的战略。

事前评价通常运用 SWOT 分析、PEST 分析模型、五力模型等方法，对企业的内外部环境进行深入研究，为战略制定提供科学依据。

（2）随时评价

随时评价是在战略实施过程中进行的动态评价，它关注战略执行的实时情况，以便及时发现并解决问题。随时评价的主要内容包括以下几个方面。

一是战略执行情况的监测。通过定期收集和分析战略执行过程中的数据和信息，了解战略实施的进展和效果。

二是战略目标差异的及时处理。在战略执行过程中，企业可能会面临各种挑战和变化，导致实际进展与战略目标产生差异。随时评价需要及时发现这些差异，并采取相应的调整措施，确保战略目标的实现。

三是战略灵活性的评估。评估企业在面对市场变化时的灵活性，即企业是否能够迅速调整战略以适应新的市场环境。

随时评价有助于企业保持对战略实施的敏锐洞察力，及时调整战略方向，确保战略的有效性和适应性。

（3）事后评价

事后评价是在战略实施结束后进行的综合评价，它主要关注战略目标的完成情况和战略实施的效果。事后评价的内容包括以下几个方面。

一是战略目标完成情况的分析。对战略实施后的结果进行量化分析，如销售额、市场份额、客户满意度等指标的变化，评估战略目标的实现程度。

二是战略实施效果的评价。从财务指标和非财务指标两个方面对战略实施效果进行全面评价。财务指标包括利润率、投资回报率等；非财务指标包括员工满意度、企业文化、品牌形象等。

三是战略经验的总结与反馈。总结战略实施过程中的经验教训，为未来的战略管理提供借鉴和参考。同时，将评价结果反馈给相关部门和人员，激励其继续努力或改进工作。

事后评价有助于企业了解战略实施的整体效果，为未来的战略管理提供科学依据。同时，通过总结经验教训，企业可以不断提升自身的战略管理能力。

2. 战略控制

在战略具体化和实施过程中，为了达到预期目标，需要对战略进行控制。战略控制是在战略评价的基础上，将实际成效与预定战略目标进行对比，发现战略实施过程中存在的偏差，及时、针对性地提出纠偏措施，确保战略有效指导企业的经营管理活动。

（五）战略调整

战略调整是企业在面对外部环境变化或内部问题时，对原有战略进行修改、调整或重新制定的过程。企业进行战略调整一般出于两种考虑，一是外部环境变化，如市场环境、技术环境、政策环境等，都可能对企业的经营产生影响，需要调整战略以适应新的环境。二是企业内部问题，如组织结构不合理、资源配置不当、运营效率低下等，也可能促使企业进行战略调整。

战略调整的内容包括业务范围调整、市场定位调整、组织结构调整、技术创新调整及合作伙伴调整等。业务范围调整指企业调整其产品或服务的范围，增加新的产品线或削减不具竞争力的产品线，适应市场需求的变化。市场定位调整指企业重新定位其目标市场，调整目标客户群体或市场细分，更好地满足不同客户的需求。企业可能会调整其组织结构，优化资源配置，提高决策效率和执行能力；通过技术创新，引入新的生产工艺、产品设计或服务模式，提高竞争力和市场份额；调整与供应商、合作伙伴或分销渠道的关系，加强合作，降低成本，提高市场覆盖率。

任务 2　　了解战略地图

一、战略地图的概念

战略地图是由罗伯特·卡普兰（Robert S. Kaplan）和戴维·诺顿（David P. Norton）提出的一种管理工具，旨在以可视化形式展现企业的战略目标及其之间的因果关系。它基于平衡计分卡的四个维度：财务、客户、内部业务流程和学习与成长，通过分析四个维度之间的关系绘制企业的战略因果关系图。

《管理会计应用指引第 101 号——战略地图》对战略地图的定义为：为描述企业各维度战略目标之间因果关系而绘制的可视化的战略因果关系图。

战略地图的核心内容是企业通过运用人力资本、信息资本和组织资本等无形资产（学习与成长），创新和建立战略优势和效率（内部流程），使企业把特定价值带给市场（客户），实现股东价值（财务）。这一核心内容体现了战略地图如何将企业的无形资产与价值创造流程联系起来，并描述了它们之间的因果关系。

战略地图的主要目的是展示组织的战略目标及其之间的因果关系，帮助组织将其愿景和使命转化为可行的战略。通过战略地图，可以明确各部门的权责，实现权责对等，以战略目标为导向，提高战略绩效管理的实施效率。同时，战略地图避免了传统的纯粹财务目标的误区，能够显示如何产出，并能够全面考核和激励人员，反映战略追求的成果，兼顾长期及整体效果，充分发挥战略的导向作用，促进战略有效实施。

二、战略地图的设计

企业应用战略地图，通常遵循战略地图设计和战略地图实施等流程。企业设计战略地图，一般按照设定战略目标、确定业务改善路径、定位客户价值、确定内部业务流程优化主题、确定学习与成长主题、进行资源配置、绘制战略地图等程序进行。

（一）设定战略目标

设定战略目标是战略地图设计的首要环节。战略目标是企业对未来发展的明确规划，指导企业的所有行动和决策。在设定战略目标时，企业需要遵循相关指引，如《管理会计应用指引第 100 号——战略管理》等，确保战略目标的合理性和可行性。

（二）确定业务改善路径

确定战略目标后，企业需要分析现有业务，寻找业务改善和增长的路径。这包括分析现有客户（服务对象）、潜在客户以及新产品（新服务），努力寻求合理的业务改善路径。通过分析，企业可以提取业务和财务融合发展的战略主题，为后续的资源配置和战略地图绘制提供基础。

（三）定位客户价值

客户价值是企业战略的重要组成部分。企业需要明确其产品或服务在市场上的定位，以及为客户创造的价值。在定位客户价值时，企业应从产品（服务）质量、技术领先、售后服务和稳定标准等方面进行分析，确定和调整客户价值定位。例如，企业可以设置客户体验、双赢营销关系、品牌形象提升等战略主题，更好地满足客户需求。

（四）确定内部业务流程优化主题

内部业务流程是企业实现战略目标的关键环节。在确定内部业务流程优化主题时，企业需要关注价值链上最能推动财务维度和客户维度目标实现的重要因素。通过分析业务流程及关键增值活动，企业可以确定内部业务流程的管理流程、创新流程、客户管理流程以及遵循法规流程等战略主题，制订相应的战略方案。

（五）确定学习与成长主题

学习与成长是企业持续发展的重要支撑。在确定学习与成长主题时，企业需要分析创新和人力资本等无形资源在价值创造中的作用，识别关键要素，并相应确立激励制度创新、信息系统创新和智力资本利用创新等战略主题。这些主题将为企业财务、客户、内部业务流程维度的战略主题和关键绩效指标（KPI）提供有力支撑。

（六）进行资源配置

资源配置是战略地图设计的重要环节。企业需要根据各维度战略主题的分析结果，进行有形资源和无形资源的战略匹配度分析，并进行相应的资源配置。同时，企业需要关注人力资源、信息资源、组织资源等在资源配置过程中的定位和在价值创造过程中的作用，充分发挥各种资源的效用。

（七）绘制战略地图

在完成上述环节后，企业可以开始绘制战略地图。绘制时，企业可以借助平衡计分卡的四个维度展示企业的战略目标以及实现战略目标的关键路径。具体步骤如下。

一是确立战略地图的总体主题，即对企业整体战略目标的描述。总体主题应清楚地表达企业的愿景和战略目标，与财务维度的战略主题和关键绩效指标连接。

二是根据企业的详细管理情景或管理需求，分别确定四个维度的名称，在相应的战略地图内标注已经确定的四个维度的战略主题。每一主题都可以通过若干关键绩效指标进行描述。

三是用路径线连接各个战略主题与关键绩效指标，形成战略地图。

三、战略地图的实施

战略地图的实施是企业利用管理会计工具，确保企业实现既定战略目标的过程。战略地图的实施一般按照以下程序进行。

（一）设计战略 KPI

战略地图的实施首先需要设计一套科学合理的战略 KPI。这些指标应反映企业战略目标的实现情况，并且可以量化和衡量。在设计 KPI 时，企业需要考虑以下因素。

（1）与企业战略目标一致。KPI 应该与企业的战略目标紧密相连，能够反映战略目标的实现程度。

（2）可衡量性。KPI 应该是可以量化的，以便企业能够准确地评估战略执行的效果。

（3）可达成性。KPI 应该是企业经过努力可以实现的，避免设置过高或过低的目标。

（4）相关性。KPI 应该与企业的核心业务和关键成功因素相关，能够反映企业的核心竞争力。

（二）分解战略 KPI 并签订责任书

企业需要将 KPI 进行分解，落实到具体的责任部门和责任人。这一环节包括以下几个步骤。

一是分解 KPI。企业应从最高层开始，将战略 KPI 分解到各责任部门，再分解到责任团队和个人。每一责任部门、责任团队或责任人都应有对应的 KPI，且每一个 KPI 都能找到对应的具体战略举措。

二是编制责任表。企业可以编制责任表，描述 KPI 中的权、责、利和战略举措的对应关系，以便实施战略管控和形成相应的报告。

三是签订责任书。在明确各责任部门 KPI 的基础上，企业需要签订责任书，督促各执行部门落实责任。责任书应明确规定一定时期内（如一个年度）要实现的 KPI、相应的战略举措及奖惩机制。

（三）战略执行

战略执行是战略地图实施的核心环节。第一，应细化任务与 KPI。各责任团队需要根据责任书，进一步细化任务与 KPI，落实到每个员工。第二，要明确责任分工。各部门需要确定各任务的执行主体与相关负责人，在规定时间内达成目标 KPI。同时，员工需要做好自我控制与评价，确保任务按时完成并达到预期 KPI。

（四）编制战略执行报告

编制战略执行报告是战略地图实施过程中的重要环节。企业需要定期编制战略执行报告，反映各责任部门的战略执行情况，分析偏差原因，提出具体管控措施。战略执行报告一般可分为以下三个层级。

战略层报告：如董事会报告，包括战略总体目标的完成情况和原因分析。

经营层报告：包括责任人的战略执行方案中相关指标的执行情况和原因分析。

业务层报告：包括战略执行方案下具体任务的完成情况和原因分析。

（五）持续改进

持续改进是战略地图实施过程中的必要环节。企业需要根据战略执行报告，分析责任人战略执行情况与既定目标是否存在偏差，并对偏差进行原因分析，形成纠偏建议。同时，企业需要关注以下问题。

一是临时性波动。分析产生的偏差是否为临时性波动，以便采取相应的应对措施。

二是战略 KPI 分解与执行。检查战略 KPI 分解与执行是否有误，确保各项任务能够按照计划顺利推进。

三是外部环境变化。关注外部环境是否发生重大变化，是否会导致原定战略目标脱离实际情况。如果外部环境发生变化，企业需要及时调整战略目标，确保战略的有效性和适应性。

（六）战略评价

战略评价是战略地图实施的最后环节。企业需要依据《管理会计应用指引第100 号——战略管理》中战略评价的有关要求，对战略实施情况进行评价。根据评价结果，企业需要按照绩效管理的有关要求进行激励，引导责任人自觉地、持续地积极工作，有效利用企业资源，提高企业绩效，实现企业战略目标。

【课堂活动】请绘制企业设计战略地图程序的思维导图。

项目小结

本项目主要阐述了企业战略、战略管理、战略地图的概念，介绍了战略管理的特征与制定原则，重点讲解了战略管理的程序和方法、战略地图的设计与实施程序。本项目的重点是学习和应用各种战略分析工具，如 PEST 分析模型、五力模型和波士顿矩阵分析法等，这些工具可以帮助企业分析竞争优势、行业趋势，进行战略选择。

技能提升

一、理论夯实

（一）单项选择题

1. （   ）主要关注如何更好地支持业务单位战略的实现。这个层次的战略旨在提高各个职能部门的运作效率和效果，确保企业整体战略的成功实施。

    A. 总体战略   B. 业务单位战略   C. 全局战略   D. 职能战略

2. 战略管理是对企业全局或长远的发展方向、目标、任务和政策，以及（   ）作出决策和管理的过程。

    A. 人事管理   B. 财务管理   C. 资源配置   D. 外部环境

3. 下列各项中，按照波士顿矩阵分析法，应该予以淘汰的产品是（　　）。

A. 明星类产品　B. 现金牛类产品　　C. 问题类产品　D. 瘦狗类产品

4. （　　）指企业在实施战略管理时，应注重各部门、各团队之间的协同工作和资源整合，实现整体效益的最大化。

A. 协同管理原则 　　　　　　　　　B. 目标可行原则

C. 责任落实原则 　　　　　　　　　D. 资源匹配原则

5. （　　）是分析宏观环境的分析工具。

A. 行业周期分析法 　　　　　　　　B. 波士顿矩阵分析法

C. PEST 分析模型 　　　　　　　　 D. 五力模型

6. （　　）指在某一个产业中，采用相同或相似战略，或具有相同战略特征的各企业组成的集团。

A. 战略群组 　　　　　　　　　　　B. 产业链分析

C. 竞争对手分析 　　　　　　　　　D. 价值链分析

7. （　　）的主要目的是展示组织的战略目标及其之间的因果关系，帮助组织将其愿景和使命转化为可行的战略。

A. 战略管理　　B. 战略调整　　　C. 战略地图　　D. 战略控制

8. 以下各项中，不属于战略地图的四个维度的是（　　）。

A. 客户　　　　B. 财务　　　　　C. 员工　　　　D. 学习与成长

9. 将战略 KPI 分解为责任部门的 KPI，企业应从（　　）开始。

A. 最低层　　　B. 最高层　　　　C. 中间层　　　D. 以上都不是

10. 下列各项中，属于学习与成长维度的是（　　）。

A. 营业收入增长 　　　　　　　　　B. 品牌形象提升

C. 遵循法规和社会责任 　　　　　　D. 信息系统创新

（二）多项选择题

1. 企业战略包含以下层次（　　）。

A. 总体　　　　B. 业务单位　　　C. 全局　　　　D. 职能

2. 以下属于战略管理特征的是（　　）。

A. 全局性　　　B. 系统性　　　　C. 定期性　　　D. 灵活性

3. 企业运用战略管理工具方法，一般按照（　　）等程序进行。

A. 战略分析　　B. 战略实施　　　C. 战略制定　　D. 战略评价和控制

E. 战略调整

4. 产业链通常包括（　　）环节。

A. 上游　　　　B. 中游　　　　　C. 下游　　　　D. 以上都不是

5. 以下属于五力模型内容的是（　　　）。

A. 潜在竞争者进入的能力　　B. 同行业内现有竞争者的竞争能力

C. 替代品的替代能力　　D. 购买者的讨价还价能力

E. 企业产品的研发能力

（三）判断题

1. "战略"一词源于军事。（　　）

2. 企业战略管理的起点是战略分析。（　　）

3. 分析环境的目的在于发现机会与威胁。（　　）

4. 战略地图通常以财务、运营、内部业务流程、学习与成长四个维度为主要内容，通过分析各维度的相互关系来绘制。（　　）

5. 在定位客户价值时，企业应从产品（服务）质量、技术领先、售后服务和稳定标准等方面进行分析，确定和调整客户价值定位。（　　）

二、实训案例

【实训资料】

任选一个行业，收集与行业相关的信息，运用行业周期分析法和五力模型对行业进行以下分析。

【实训要求】

分析主要包括：

1. 该行业目前所属的周期

2. 影响该行业兴衰的因素

（1）技术进步；（2）政府政策；（3）产业组织创新；（4）社会习惯改变等。

3. 该行业的市场结构分析

答案扫一扫

学习评价

学习任务完成评价表

评价范围	评价标准		自我评价（五星制打分）	小组评价（五星制打分）	教师评价（五星制打分）
职业知识	能够阐述企业战略与战略管理的含义				
	能够说出战略管理的特征				
	能够说出3种以上战略管理的方法，并阐述其内容				
	能够描述战略地图的含义				
职业能力	能够进行企业战略分析前的资料准备工作				
	能够熟练运用战略分析方法对企业进行战略分析				
	能够绘制战略地图				
职业素质	工作态度	服从安排，不做与项目无关的事情			
		工作积极主动，完成度较高			
	团队合作	按规定流程操作，进行有效沟通			
	创新精神	能够主动探索，具有独立解决问题的能力			
	职业道德	严谨认真，实事求是			

项目三　全面预算管理

"凡事预则立，不预则废。"

——《礼记·中庸》

学习目标

知识目标	能力目标	思政目标
1. 理解预算管理的概念、作用和基本原则； 2. 掌握预算编制的基本方法； 3. 掌握全面预算的编制。	1. 能够根据企业实际情况，编制准确的预算； 2. 培养团队协作能力，有效参与预算编制和控制过程； 3. 提高对预算管理的实际应用能力，解决实际工作中的预算问题。	1. 培养学生严谨细致的工作素养； 2. 培养学生实事求是的态度，认真负责； 3. 培养学生做好职业规划。

知识框架图

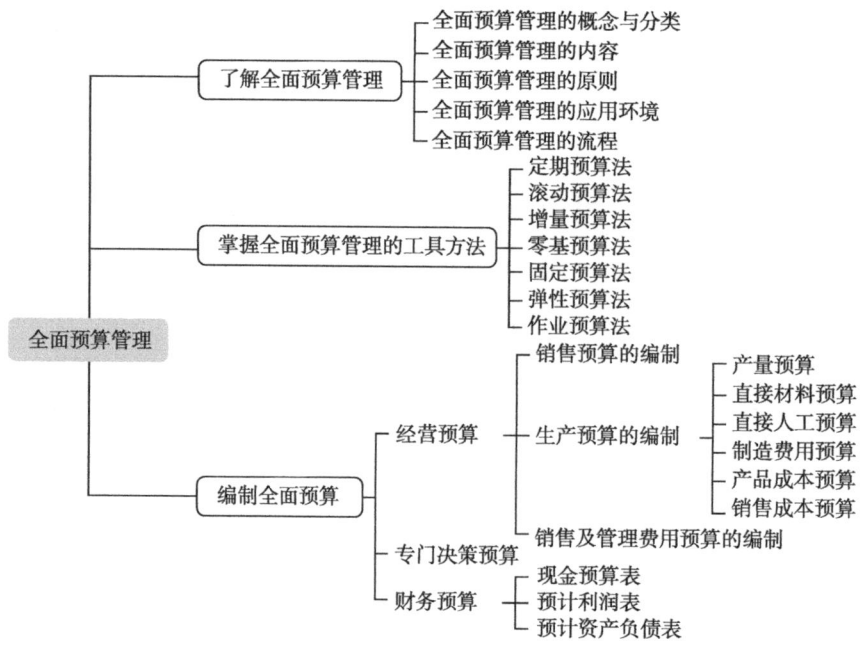

思政课堂

做好"碳预算"，推进"双碳"目标实现

为了应对全球气候变化，2020年9月22日，国家主席习近平在第七十五届联合国大会上宣布，中国力争于2030年前二氧化碳排放达到峰值，努力争取2060年前实现碳中和。因此，"碳达峰碳中和"被称为"双碳"目标。

碳达峰指全球、国家、城市、企业等主体的碳排放量由增转降的历史拐点，碳排放的最高点即为碳峰值。绝大多数发达国家已经实现碳达峰，碳排放进入下降时期。目前，我国碳排放量仍呈增长趋势，尚未达峰。碳中和一般指国家、企业、产品、活动或个人在一定时间内直接或间接产生的二氧化碳或温室气体排放总量，通过植树造林、节能减排等形式，以抵消自身产生的二氧化碳或温室气体排放量，实现相对"零排放"。

节能减排和实现碳中和是我国生态文明建设的重要抓手。实现"双碳"目标是实现中华民族伟大复兴和绿色低碳转型发展的重要体现，以碳预算管理为重要手段，加速推进绿色低碳高质量建设，是协同推进生态环境高水平保护与经济高质量发展的现实需要。通过碳预算管理，可以走出一条生态美、产业兴、百姓富的发展道路，奋力谱写美丽中国建设新篇章。

党的二十届三中全会提出，在"双碳"领域要建立1个机制、2个体系、3个制度，积极稳妥推进碳达峰碳中和。2024年9月19日，国家发展改革委宣布，将积极推动省市两级建立碳排放预算管理制度，并着手研究制定碳达峰碳中和综合评价考核办法。这些措施旨在加速我国绿色低碳发展，确保实现碳达峰碳中和的长期目标。

自主学习任务单

一、学习指南
1. 课题名称
《数字化管理会计》——全面预算管理
2. 达成目标
（1）通过阅读教材熟悉预算管理的内容；
（2）通过学习对点案例掌握预算管理的方法；
（3）完成《自主学习任务单》规定的内容。
3. 学习方法建议
（1）注意理论联系实际，活学活用；
（2）善于分析总结，深度理解基础知识。

4. 课堂学习形式预告

    （1）自主预习；

    （2）课堂讲授；

    （3）案例分析；

    （4）知识问答。

二、学习任务

通过观看教学录像及搜索相关资料自主学习，完成下列学习任务：

    1. 了解全面预算管理的概念、内容；

    2. 搜索并了解企业预算编制的方法。

三、自主测试 + 测试答案

（一）自主测试

1. 预算的编制起点是（　　）。

A. 销售预算　　　　B. 现金预算　　　　C. 预计资产负债表　　　　D. 材料采购预算

2. 直接人工预算的编制基础是（　　）。

A. 销售预算　　　B. 产品成本预算　　C. 生产预算　　　　　D. 制造费用预算

3. 直接材料预算的编制基础是（　　）。

A. 销售预算　　　B. 直接人工预算　　C. 财务预算　　　　　D. 生产预算

4. 适用于经营业务稳定、生产产品产销量稳定的预算方法是（　　）。

A. 增量预算法　　B. 弹性预算法　　C. 固定预算法　　　　D. 滚动预算法

5. 不受前期费用项目和费用水平限制，能够克服增量预算法缺点的预算方法是（　　）。

A. 弹性预算法　　B. 固定预算法　　C. 零基预算法　　　　D. 滚动预算法

（二）测试答案

1. A　　2. C　　3. D　　4. C　　5. C

四、困惑与建议

任务1　了解全面预算管理

一、全面预算管理的概念与分类

（一）全面预算管理的概念

20 世纪 60 年代，西方国家的一些企业开始推行全面预算管理。到 20 世纪 80 年代，全面预算管理在西方国家的大多数企业中得到全面推广。改革开放以后，西方的管理会计、财务管理数据被引进中国，同时全面预算的概念也被引进中国。

自 2017 年开始，财政部颁布了一系列《管理会计应用指引》，其中《管理会计应用指引第 200 号——预算管理》指出，预算管理指企业以战略目标为导向，通过对未来一定期间内的经营活动和相应的财务结果进行全面预测和筹划，科学、合理配置企业各项财务和非财务资源，并对执行过程进行监督和分析，对执行结果进行评价和反馈，指导经营活动的改善和调整，进而推动实现企业战略目标的管理活动。全面预算管理是一种全员参与的系统化管理，企业利用预算对各部门的各种资源（包括财务与非财务）进行分配、考核、控制，这种系统化控制可以有效地组织和协调集团的生产经营活动，完成企业既定的经营目标。

全面预算管理中的"全面"二字，主要体现在以下几个方面。

1. 全员参与

全面预算管理的"全员"参与，要求企业内部上至最高负责人，下到各部门负责人、各岗位员工都必须参与预算编制与实施。

2. 全过程控制

全面预算管理涵盖预算编制、审批、执行、控制、调整、监督、考评等一系列活动，不能仅停留在预算目标编制、汇总与审批环节，需要对预算执行情况进行控制，并通过预算考核等手段完成预算目标，最终实现企业的发展战略，真正发挥预算管理的权威性和对审计工作的指导作用。全面预算管理的"全过程"，体现在企业组织各项经济活动的事前、事中和事后都应被纳入预算管理。

3. 全业务覆盖

预算管理不能仅关注日常经营活动，还应关注投融资活动。全面预算管理的"全业务"体现在企业的一切经济活动中，包括经营、投资、财务等各项活动，企业的人、财、物各个方面以及产、供、销各个环节，这些都应被纳入预算管理。

（二）全面预算管理的分类

1. 按时间跨度分类

全面预算按其时间跨度可分为短期（如月度、季度）预算和长期（一年以上）预算。短期预算主要关注企业短期内的经营和财务状况，长期预算主要用于企业的战略规划和长期目标设定。

2. 按内容分类

根据内容不同，全面预算可分为业务预算（经营预算）、专门决策预算和财务预算。业务预算主要涉及企业日常经营活动的预算，如销售预算、生产预算等；专门决策预算主要涉及企业重大投资、筹资等决策的预算；财务预算是对企业整体财务状况的预测和规划，包括现金预算、利润表预算等。

3. 按涉及的范围和层次分类

根据涉及的范围和层次不同，全面预算可分为总预算和专门预算。总预算是对企业整体经营和财务状况的全面预测和规划，专门预算是对某一具体业务或部门的预算计划。

二、全面预算管理的内容

全面预算管理主要包括经营预算、专门决算预算和财务预算。图 3-1 为全面预算管理的主要内容框架体系。

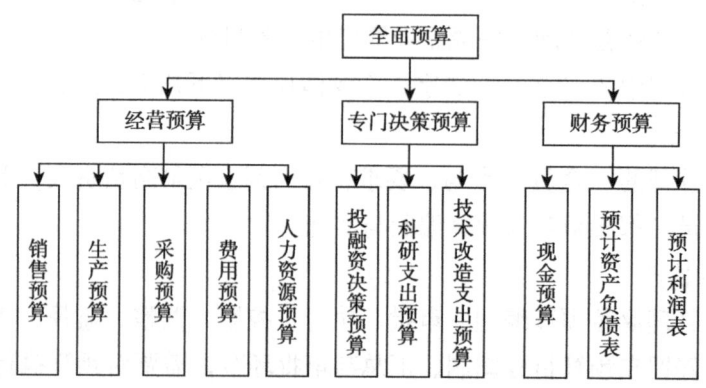

图 3-1　全面预算管理的主要内容框架体系

经营预算又称业务预算，指与企业日常业务直接相关的一系列预算，包括销售预算、生产预算、采购预算、费用预算（如制造费用预算、经营费用预算、管理费用预算）、人力资源预算等。

专门决策预算指企业重大的或不经常发生的、需要根据特定决策编制的预算，包括投融资决策预算、科研支出预算、技术改造支出预算等。

财务预算指与企业资金收支、财务状况或经营成果等有关的预算，包括现金预算、预计资产负债表、预计利润表等。

三、全面预算管理的原则

企业进行预算管理时，一般遵循战略导向原则、过程控制原则、平衡管理原则、融合性原则和权变性原则。

1. 战略导向原则

全面预算管理要围绕企业的战略规划展开，以实现战略目标为最高要求。第一，全面预算编制必须与企业战略紧密结合，在此基础上对未来经营活动所需的财务和非财务资源进行预测。第二，全面预算管理的执行和控制不能偏离战略目标，需要及时发现预算偏离并作出调整。

2. 过程控制原则

在全面预算执行过程中，要持续监督预算执行情况，定期比较分析预算指标和实际的差异，找出差异原因并及时采取有效措施。

3. 平衡管理原则

全面预算管理一方面要综合考虑企业的长短期目标，一般而言，根据短期发展目标编制的全面预算要更详尽；另一方面，企业的资源是有限的，全面预算管理要协调各个部门的预算指标，避免冲突，实现企业资源的有效配置，推动企业可持续发展。

4. 融合性原则

全面预算管理要以企业的业务活动为引领，财务为协同，预算范围要覆盖企业生产经营活动的各个环节，通过预算将所有经营活动联系起来，实现整体分析和统筹规划。

5. 权变性原则

全面预算管理通过分解和下达预算指标，对企业的各项经营活动具有约束和监督作用。全面预算管理要兼备刚性约束和灵活性调整，预算目标要及时根据内外部环境的变化进行相应的调整。

四、全面预算管理的应用环境

全面预算管理的应用环境主要包括战略目标、业务计划、组织架构、内部管理制度、信息系统等。

（一）战略目标

企业应按照战略目标，确定预算管理的方向、重点和目标。

企业战略管理首先要确定企业的愿景，在此基础上明确企业的使命，形成企业的战略目标。战略目标是企业愿景和使命的具体化，时间跨度一般为 5 年或 5 年以上，内容较为抽象和概括。战略目标的实现，是一个长期的过程，在这个过程中，需要一个内容更为具体、目标更为确切的规划，这就是企业的战略规划。战略规划是企业战略目标的实施步骤和策略，时间跨度一般为 3 年。

（二）业务计划

业务计划指按照战略目标对业务活动进行具体描述和详细计划。企业应将战略目标和业务计划具体化、数量化作为预算目标，促进战略目标的实现。

经营目标以战略规划为导向，反映企业在一定时期内生产经营要达到的预期目标。企业年度经营目标的制定必须从企业的战略出发，而不是从企业拥有的资源出发，以确保年度经营目标与企业的战略目标一致。因此，企业的年度经营目标应该能够反映企业战略管理的意图。

战略目标、战略规划、经营目标与全面预算管理之间既有区别，又有联系，它们的关系如图 3-2 所示。

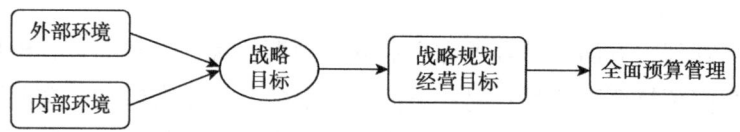

图 3-2 战略目标、战略规划、经营目标、全面预算管理之间的关系

企业的战略目标需要战略规划和经营目标来细化与分解，战略规划和经营目标又需要全面预算管理来具体执行。全面预算管理是实现战略目标和战略规划、落实经营目标的具体行动方案。战略规划和经营目标是编制全面预算的基本依据，全面预算管理不能偏离战略规划和经营目标。

（三）组织架构

预算管理的机构设置、职责权限和工作程序应与企业的组织架构和管理体制互相协调，保障预算管理各个环节职能衔接，流程顺畅。

1. 组织体系框架

全面预算管理的组织体系通常由全面预算管理的决策机构、工作机构和执行机构组成，具体框架如图 3-3 所示。

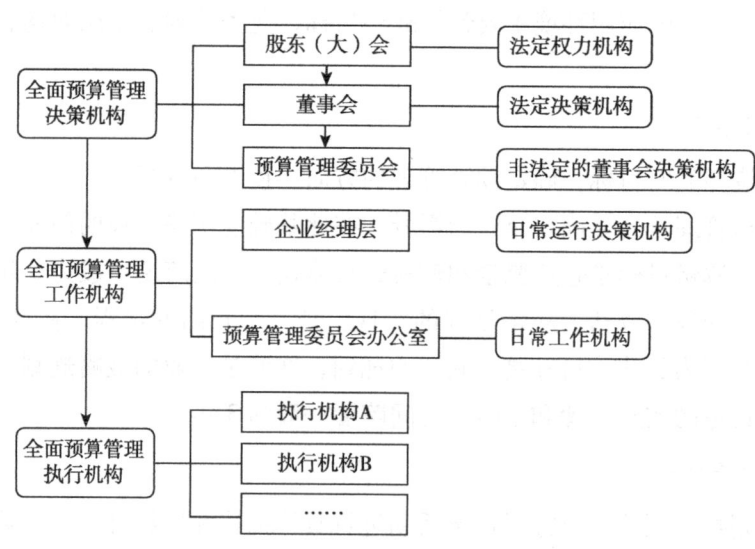

图 3-3 全面预算管理组织体系框架

2. 具体职责

（1）全面预算管理决策机构的相关内容阐释如表 3-1 所示。

表3-1　全面预算管理决策机构相关阐释

全面预算管理决策机构	内容阐释
股东（大）会	全面预算管理的法定权力机构。一般来说，股东（大）会负责审议批准公司的年度财务预算方案、决算方案。
董事会	全面预算管理的法定决策机构。一般来说，董事会负责制订公司的年度财务预算方案、决算方案。
预算管理委员会	全面预算管理的专门机构，主要对董事会负责。预算管理委员会并非法定的董事会决策机构，其由于企业的性质、规模等因素不同，设立方式有所不同。上市公司可以将预算管理委员会设立为董事会的专门委员会之一，成员由董事会选举产生，主任委员由会计专业的独立董事担任；非上市公司预算管理委员会一般由董事长或总经理任主任委员、总会计师或分管财务的副总经理任副主任委员。

预算管理委员会的主要职责包括：制定和颁布企业全面预算管理制度，包括预算管理的政策、措施、办法、要求等；根据企业战略规划和年度经营目标，拟订预算目标，并确定预算目标分解方案、预算编制方法和程序；组织编制、综合平衡预算草案；下达经批准的正式年度预算；协调解决预算编制和执行中的重大问题；审议预算调整方案，依据授权进行审批；审议预算考核和奖惩方案；对企业全面预算总体执行情况进行考核；其他全面预算管理事宜。

（2）全面预算管理工作机构的相关内容阐释如表3-2所示。

表3-2　全面预算管理工作机构相关阐释

全面预算管理工作机构	内容阐释
企业经理层	全面预算管理的日常运行决策机构，负责组织执行全面预算，决定和处理全面预算管理的日常运行事项。
预算管理委员会办公室	负责全面预算管理的组织领导和日常工作。一般设在财务部门，其主任一般由总会计师（或财务总监、分管财会工作的副总经理）兼任，工作人员除财务部门人员外，还应包括计划、人力资源、生产、销售、研发等业务部门人员。

全面预算管理工作机构的主要职责一般包括：拟订企业各项全面预算管理制度，负责检查落实预算管理制度的执行；拟订年度预算总目标分解方案及有关预算编制程序、方法的草案，报预算管理委员会审定；组织和指导各级预算单位开展预算编制工作；预审各预算单位的预算初稿，进行综合平衡，提出修改意见和建议；汇总编制企业全面预算草案，提交预算管理委员会审查；跟踪、监控企业预算执行情况；定期汇总、分析各预算单位预算执行情况，向预算管理委员会提交预算执行分析报告，为委员会进一步采取行动拟订建议方案；接受各预算单位的预算调整申请，根据企业预算管理制度进行审查，集中制订年度预算调整方案，报预算管理委员会审议；协调解决企业预算编制和执行中的有关问题；提出预算考核和奖惩方

案，报预算管理委员会审议；组织开展对企业二级预算执行单位［企业内部各职能部门、所属分（子）企业等］预算执行情况的考核，提出考核结果和奖惩建议，报预算管理委员会审议；预算管理委员会授权的其他工作。

（3）全面预算管理执行机构的相关内容阐释如表 3-3 所示。

表 3-3　全面预算管理执行机构相关阐释

全面预算管理执行机构	内容阐释
企业内部单位，包括企业内部各职能部门、所属分（子）企业等	企业内部预算责任单位可以分为投资中心、利润中心、成本中心、费用中心和收入中心。组织开展本部门或本企业全面预算的编制工作，严格执行批准下达的预算。

全面预算管理执行机构的主要职责一般包括：提供编制预算的各项基础资料；负责本单位全面预算的编制和上报工作；将本单位预算指标层层分解，落实到各部门、各环节和各岗位；严格执行经批准的预算，监督检查本单位预算执行情况；及时分析、报告本单位的预算执行情况，解决预算执行中的问题；根据内外部环境变化及企业预算管理制度，提出预算调整申请；组织实施本单位内部的预算考核和奖惩工作；配合预算管理部门做好企业总预算的综合平衡、执行监控、考核奖惩等工作；执行预算管理部门下达的其他预算管理任务。

（四）内部管理制度（四项制度）

全面预算管理制度体系一般涵盖全面预算管理的组织体系、编制制度、执行与控制制度、调整制度、分析与报告制度、考评制度等方面。

（1）预算编制制度。企业应建立和完善预算编制的工作制度，明确预算编制依据、编制内容、编制程序和编制方法，确保预算编制依据合理、内容全面、程序规范、方法科学，确保形成各层级广泛接受、符合业务假设、可实现的预算控制目标。

（2）预算授权控制制度。企业应建立预算授权控制制度，强化预算责任，严格预算控制。

（3）预算执行监督、分析制度。企业应建立预算执行的监督、分析制度，提高预算管理对业务的控制能力。

（4）预算考核制度。企业应建立健全预算考核制度，将预算考核结果纳入绩效考核体系，切实做到奖惩分明。

（五）信息系统

企业应充分利用现代信息技术，规范预算管理流程，提高预算管理效率。从功能的角度出发，全面预算信息系统通常包括预算编制、预算调整、执行控制、分析预警、预算考核等模块。全面预算信息系统应与会计核算系统、财务报销系统、人力资源系统或企业资源计划（ERP）系统对接，避免预算成为"信息孤岛"。

【课堂活动】结合身边的案例，想一想全面预算管理还可以应用在哪些场景中？

五、全面预算管理的流程

全面预算管理是一个持续改进的过程，其流程主要包括预算编制、预算执行和预算考核。

（一）预算编制

预算编制是企业实施全面预算管理的起点。

1. 确定预算目标

确定预算目标的目的是为企业战略落地提供量化指引，通过将长期规划转化为短期可衡量的财务与非财务指标，确保资源配置与战略重点高度协同，同时建立激励约束机制，引导组织行为与战略目标趋同。主要做法包括：一是基于内外部环境分析，结合行业趋势、市场容量及企业竞争地位，设定具有挑战性的目标值；二是运用历史数据、行业标准等，将目标量化为收入、成本、利润等关键指标，并明确时间节点与责任主体，为后续预算编制与执行提供明确方向。

2. 全面预算的编制方式

全面预算的编制方式主要有权威式预算（自上而下）和参与式预算（自下而上）。实务中的预算编制方式一般融合了权威式预算和参与式预算，即混合式（上下结合）的预算编制方式。全面预算的编制方式的内容阐释如表3-4所示。

表3-4　全面预算的编制方式的内容阐释

编制方式	内容阐释
权威式预算	从企业的战略目标至单个部门的具体预算，均由企业的决策层决定，较低层级只是按照预算原则执行预算； 权威式预算虽然能从企业全局出发，实现资源的合理配置，但主观性太强，较低层级缺乏责任感和动力，影响预算目标的实现； 较低层级因担心本期费用的节省、投资的减少会对下期预算（可控资源）产生影响，出现"用完预算"的现象。
参与式预算	各个层级共同制定预算，最高管理层和董事会保留最后的批准权； 在参与式预算中，虽然下级的士气和动力有所提高，但是预算执行者为了逃避最终责任，可能造成预算松弛问题，编制低标准预算，制定容易实现的目标。例如高报成本预算目标或低报销售预算目标。此外，当上下级存在信息不对称时，心理因素就会导致行为扭曲。
混合式预算	综合了权威式预算与参与式预算优点的编制方式。

3. 全面预算的编制流程

实务中，集团层面编制全面预算，通常采用上下结合、分级编制、逐级汇总的方式进行，具体包括下达预算编制指导意见、上报预算草案、审查平衡、审议批准、下达执行等流程。全面预算的编制流程的内容阐释如表3-5所示。

表3-5　全面预算编制流程的内容阐释

流程	内容阐释
下达预算编制指导意见	集团层面对各层级预算机构编制年度预算的总体性要求，其内容一般包括预算总体目标、预算编制要点、预算表格填制说明、预算管理要求。
上报预算草案	下一级预算执行机构根据集团层面下达的预算总体目标、预算编制要点等要求，结合本单位业务战略、经营特点以及外部因素的变化或实际情况等编制年度预算草案，并在规定的时间内上报集团层面。
审查平衡	预算管理委员会办公室对各预算执行单位上报的预算草案进行初步审查、汇总，根据预算管理委员会的要求，组织对汇总后的预算草案进行审查和平衡。
审议批准	经审查平衡，预算管理委员会办公室汇总编制集团层面年度预算方案，报预算管理委员会审议，预算管理委员会召开专门会议审议并形成全面预算草案，提交董事会。董事会审议通过后，全面预算草案应当报经股东（大）会最终审议批准。
下达执行	集团项目的年度预算草案经过有关决策机构审议通过后，应及时以文件形式下达执行。

（二）预算执行

预算执行一般按照预算控制、预算调整等程序进行。

1. 预算控制

预算控制指企业以预算为标准，通过预算分解、过程监督、差异分析等促使日常经营不偏离预算标准的管理活动。

企业应当建立预算分析制度，由预算管理委员会定期召开预算执行分析会议，全面掌握预算的执行情况，研究、解决预算执行中存在的问题，纠正预算的执行偏差。

2. 预算调整

预算调整指当企业的内外部环境或企业的经营策略发生重大变化，致使预算的编制基础不成立，或者导致企业的预算执行结果产生重大偏差，原有预算已不再适合进行的预算修改。

年度预算经批准后，原则上不作调整。企业应在制度中严格明确预算调整的条件、主体、权限和程序等事宜，如果内外部环境发生重大变化或突发重大事件，导致预算编制的基本假设发生重大变化，就可进行预算调整。

（三）预算考核

全面预算考核指通过对各预算执行单位的预算完成结果进行检查、考核与评价，为企业实施奖惩提供依据，为改进预算管理提供建议和意见，是企业进行有效激励与约束、提高企业绩效的重要内容。

全面预算考核是企业预算管理中的重要一环，具有承上启下的作用。全面预算考核是一种动态考核和综合考核，企业在特定预算期间的预算执行过程中和完成后都适时进行考核，以便更好地实现企业战略和预算管理目标。

1. 对全面预算目标完成情况的考核

预算考核应以预算完成情况为核心，通过预算执行情况与预算目标的比较，确定差异并查明产生差异的原因，进而据此评价各责任中心的工作业绩，并通过与相应的激励制度挂钩，促进其与预算目标一致。

全面预算目标完成情况的考核，是对企业各预算执行单位主要预算指标完成情况的考核。通过对超额完成的责任主体进行奖励，对未达标者进行惩罚，鼓励各预算执行单位超额完成预算目标，促进企业价值的最大化。

2. 对全面预算组织工作的考核

对全面预算组织工作的考核，实质是对预算管理各环节工作质量的评价，其目的是提高企业的预算管理水平。主要考核的内容包括：预算编制是否准确、及时、规范；预算分析工作是否及时，是否发现经营中存在的问题和风险，是否提出相应的改进建议；预算控制是否到位；预算调整是否按程序进行等。

预算考核主体和考核对象的界定应坚持上级考核下级、逐级考核、预算执行与预算考核职务相分离的原则。

任务2　掌握全面预算管理的工具方法

预算管理方法一般包括定期预算法、滚动预算法、增量预算法、零基预算法、固定预算法、弹性预算法、作业预算法等。企业应当本着遵循经济活动规律，充分考虑符合企业自身经济业务特点、基础数据管理水平、生产经营周期和管理需要的原则，选择恰当的工具方法。

一、定期预算法

定期预算法是以不变的会计期间（如日历年度或财年）作为预算期间的一种预算编制的方法。定期预算法的优缺点及适用范围如表3-6所示。

表3-6　定期预算法的优缺点及适用范围

特点	内容
优点	能够使预算期间与会计期间对应，有利于比较实际数和预算数，有利于对各预算执行单位的预算执行情况进行分析和评价。
缺点	1. 不能使预算的编制常态化，不能使企业的管理人员有一个长期的计划和打算，导致一些短期行为的出现； 2. 不利于各个时期的预算衔接，不能适应连续的业务活动过程的预算管理。
适用	适用于企业内外部环境相对稳定的企业。

二、滚动预算法

滚动预算法与定期预算法相对，指企业根据上一期的预算执行情况和新的预测结果，按既定的预算编制周期和滚动频率，对原有的预算方案进行调整和补充，逐期滚动，持续推进的预算编制方法。

预算编制周期指每次预算编制涵盖的时间跨度。

滚动频率指调整和补充预算的时间间隔，一般以月度、季度、年度等为滚动频率。

根据预算周期的时间长短，滚动预算可分为中期滚动预算与短期滚动预算。

中期滚动预算的编制周期通常为 3 年或 5 年，以年度作为预算滚动频率。企业实行中期滚动预算的，应在中期预算方案的框架内滚动编制年度预算；第一年的预算约束对应年度的预算，后续期间的预算指引后续对应年度的预算。

短期滚动预算的编制周期通常为 1 年，以月度、季度作为预算滚动频率。短期滚动预算服务于年度预算目标的实施；企业实行短期滚动预算的，应以年度预算为基础，分解编制短期滚动预算。

滚动预算法的优缺点及适用范围如表 3-7 所示。

表 3-7　滚动预算法的优缺点及适用范围

特点	内容
优点	通过持续滚动预算编制、逐期滚动管理，动态反映市场、建立跨期综合平衡，有效指导企业营运，强化预算的决策与控制职能。
缺点	1. 预算滚动的频率越高，对预算沟通的要求越高，预算编制的工作量越大； 2. 过高的滚动频率容易增加管理层的不稳定感，导致预算执行者无所适从。
适用	适用于运营环境变化较大、最高管理者希望从更长远的视角进行决策的企业。

企业应建立先进、科学的信息系统，及时获取充足、可靠的市场外部数据和企业内部数据，满足编制滚动预算的需要。

三、增量预算法

增量预算法是一种非常常用的预算类型，又称调整预算方法，指以基期成本费用水平为基础，结合预算期业务量水平及有关影响成本的因素的未来变动情况，通过调整原有费用项目而编制预算的一种方法。增量预算法的优缺点及适用范围如表 3-8 所示。

表 3 – 8　增量预算法的优缺点及适用范围

特点	内容
优点	编制简单，省时省力。
缺点	预算规模会逐步增加，可能会造成预算松弛及资源浪费。
适用	1. 企业原有的业务活动是必须进行的； 2. 原有的各项业务基本上是合理的。

四、零基预算法

零基预算法与增量预算法相对，以零为基础编制计划和预算，指在编制成本费用预算时，不考虑以往会计期间发生的费用项目或费用数额，而是将所有的预算开支均以零为出发点，一切根据实际需要，逐项审议预算期内各项费用的内容及开支标准是否合理，在综合平衡的基础上编制费用预算的一种方法。零基预算法的优缺点及适用范围如表 3 – 9 所示。

表 3 – 9　零基预算法的优缺点及适用范围

特点	内容
优点	1. 以零为起点编制预算，不受历史期经济活动中的不合理因素影响，能够灵活应对内外部环境的变化，预算编制更贴近预算期企业经济活动的需要； 2. 有助于增加预算编制的透明度，有利于进行预算控制。
缺点	1. 预算编制工作量较大，成本较高； 2. 预算编制的准确性受企业管理水平和相关数据标准准确性的影响较大。
适用	1. 为减轻编制零基预算相关的时间和费用，一般情况下间隔几年编制一次零基预算； 2. 在不编制零基预算的年份，采用其他预算方法，或者企业的各个部门轮流编制零基预算，每个年度只在一个或较少几个部门中实施零基预算。

五、固定预算法

固定预算法指按照固定的业务量定期编制预算的一种方法。它是根据某一预算期间内正常的、可实现的某一业务量水平编制的预算。固定预算法的优缺点及适用范围如表 3 – 10 所示。

表 3 – 10　固定预算法的优缺点及适用范围

特点	内容
优点	由于业务量固定、期间固定，编制相对简单，容易使管理者理解。
缺点	不能适应运营环境的变化，容易造成资源错配和重大浪费。
适用	适用于业务量水平较为稳定的生产和销售业务的成本费用预算的编制，如直接材料预算、直接人工预算和制造费用预算等。

六、弹性预算法

弹性预算法与固定预算法相对，是基于弹性的业务量编制预算的一种方法。企业可以假定三种业务量、乐观的业务量、悲观的业务量、基准（最可能实现）的业务量。弹性预算是为了更准确地匹配组织的销售预测。

业务量指企业的销售量、产量、作业量等与预算项目相关的弹性变量。

企业通常采用公式法或列表法构建具体的弹性预算模型，形成基于不同业务量的多套预算方案。

（一）公式法

公式法一般利用回归分析，将预算总额近似地表示为：

$$y = a + bx \qquad\qquad (3-1)$$

其中，a 表示固定成本，b 表示单位变动成本，x 为业务量指标，y 表示预算总额。

【例3-1】某公司202×年A产品的制造费用与工时密切相关，A产品的制造费用如表3-11所示。

表3-11 某公司202×年制造费用弹性预算

项目	固定费用（元/月）	变动费用（元/工时）
管理人员工资	1500	—
保险费	500	—
维修费	600	0.25
水电费	50	0.15
辅助材料	400	0.30
辅助工人工资	—	0.45
检验员工资	—	0.35
合计	3050	1.50

要求：请根据公式法建立制造费用与工时之间的模型方程，并计算预算工时为200小时，预计制造费用总额、维修费和水电费。

【解析】

A产品的制造费用与工时之间的模型方程为：$y = 3050 + 1.5x$

维修费与工时之间的模型方程为：$y = 600 + 0.25x$

水电费与工时之间的模型方程为：$y = 50 + 0.15x$

因此，当工时为200小时时，

制造费用总额为：$y = 3050 + 1.5 \times 200 = 3350$（元）

维修费用为：$y = 600 + 0.25 \times 200 = 650$（元）

水电费为：$y = 50 + 0.15 \times 200 = 80$（元）

（二）列表法

列表法指企业通过列表的方式，在业务量范围内依据已划分的若干个不同等级，分别计算并列示该预算项目与业务量相关的不同预算方案的方法。

【例 3 - 2】已知某公司 202 × 年制造费用的明细项目如下。

直接人工和间接人工：基本工资为 3000 元，另外每工时补助金为 0.1 元；

物料费：每工时应负担 0.5 元；

折旧费：5000 元；

维护费：固定的维护费为 2000 元，另外每工时应负担 0.08 元；

水电费：固定部分为 1000 元，另外每工时负担 0.2 元。

要求：根据上述资料，为该公司在生产能力为 3000 ~ 6000 工时的范围内，采用列表法编制一套能适应多种业务量的制造费用弹性预算（间隔为 1000 工时）。

【解析】

某公司的制造费用弹性预算如表 3 - 12 所示。

表 3 - 12　制造费用预算

业务量（工时）		3000	4000	5000	6000
固定费用					
直接人工		3000	3000	3000	3000
折旧费		5000	5000	5000	5000
维护费		2000	2000	2000	2000
水电费		1000	1000	1000	1000
小计		11000	11000	11000	11000
变动费用	分配率（元/工时）				
间接人工	0.1	300	400	500	600
物料费	0.5	1500	2000	2500	3000
维护费	0.08	240	320	400	480
水电费	0.2	600	800	1000	1200
小计		2640	3520	4400	5280
制造费用合计		13640	14520	15400	16280

企业预算管理责任部门应审核、评价和修正各预算方案，根据预算期可能实现的业务量水平确定预算控制标准，并上报企业预算管理委员会等专门机构审议后报董事会审批。

弹性预算法的优缺点及适用范围如表 3 - 13 所示。

表 3 – 13　弹性预算法的优缺点及适用范围

特点	内容
优点	1. 能够适应不同经营情况的变化，在一定程度上避免了对预算的频繁修改，有利于预算控制作用的更好发挥； 2. 能够使各责任中心实施更为细致的差异分析，为业绩评价建立更加客观合理的基础。
缺点	1. 相较于固定预算法，弹性预算法编制工作量大，较为麻烦； 2. 市场及其变动趋势的准确性、预算项目与业务量之间依存关系的判断水平等因素会对弹性预算的合理性造成较大影响。
适用	所有与企业有关的各种预算，特别是市场、产能等，实务中主要用于编制成本费用预算和利润预算。

七、作业预算法

与传统的按职能部门确定预算编制单位不同，作业预算法关注作业（特别是增值作业）并按作业成本确定预算编制单位。作业预算法的优缺点及适用范围如表 3 – 14 所示。

表 3 – 14　作业预算法的优缺点及适用范围

特点	内容
优点	1. 基于作业需求量配置资源，避免了资源的盲目配置； 2. 通过总体作业实现最低的资源费用耗费，创造最大的产出成果； 3. 作业预算可以促进员工对业务和预算的支持，有利于预算的执行。
缺点	预算的建立过程复杂，需要详细地评估生产和销售对作业和资源费用的需求量，并测定作业消耗率和资源消耗率，数据收集成本较高。
适用	适用于产品数量、部门数量、生产过程以及如设备调试等方面比较复杂的企业。

任务 3　编制全面预算

全面预算主要包括经营预算、专门决策预算及财务预算，具体的体系框架如图 3 – 4 所示。

全面预算体系有助于企业综合考虑经营活动、投资决策和财务状况，为企业的经营决策和资金安排提供全面的参考依据。

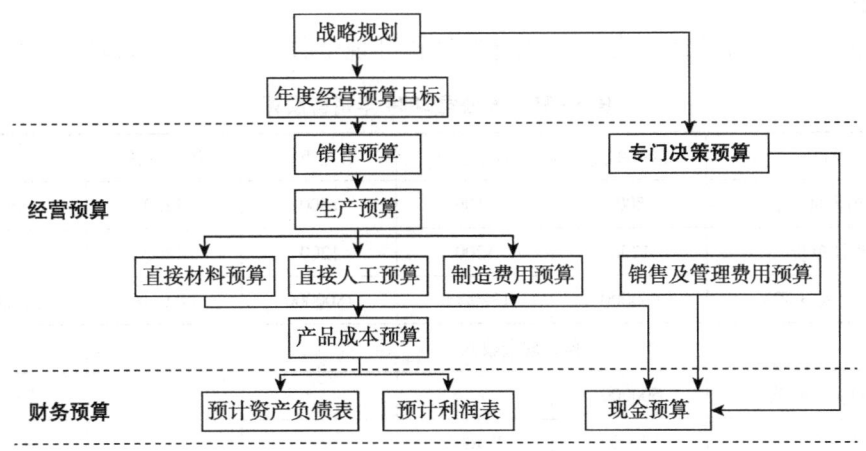

图 3 - 4　全面预算的体系框架

一、经营预算

(一) 销售预算的编制

销售预算指在销售预测的基础上，根据企业年度目标利润确定的预计销售量、销售单价和销售收入等参数编制的，用于规划预算期内销售活动的一种日常业务预算。其相关计算公式如下：

$$销售收入 = 销售量 \times 销售单价 \qquad (3 - 2)$$

销售预算作为预算编制的起点，编制的准确程度对整个企业的科学合理的预算编制具有至关重要的作用。

销售预算通常要分品种、分月份、分销售区域、分推销员来编制。销售预算一般包括预计现金收入的计算，其目的是为编制现金预算提供必要的资料。

【例 3 - 3】A 公司是一家以加工定制零件为主业的小型机械加工企业。凭借质优价廉的产品和良好的信誉，该公司深得几家大型机械制造商的青睐。2023 年末，A 公司接到了一单大生意，2024 年全年为公司的一位老客户——某大型机械制造商生产 4600 件某种专用备件。该公司的经理估计，如果接下这份订单，公司将再无剩余生产能力生产其他产品。

根据合同规定，该专用备件的价格是每件 1200 元，该公司需按季度向客户交货，四个季度的供货量分别为 800 件、1100 件、1500 件和 1200 件。合同规定的付款方式为：各季度的货款应在当季支付 60%，其余 40% 在下季付讫。目前，该客户尚欠 A 公司 50 万元货款，预计将在 2024 年第一季度付清。

要求：编制 A 公司 2024 年销售预算表和预计现金收入计算表。

【解析】

根据资料，编制 2024 年销售预算表和预计现金收入计算表，如表 3 – 15 所示。

表 3 – 15　A 公司 2024 年销售预算

季度	第一季度	第二季度	第三季度	第四季度	全年
预计销售量（件）	800	1100	1500	1200	4600
预计单价	1200	1200	1200	1200	1200
销售收入（元）	960000	1320000	1800000	1440000	5520000
预计现金收入					
期初应收账款	500000				500000
第一季度	576000	384000			960000
第二季度		792000	528000		1320000
第三季度			1080000	720000	1800000
第四季度				864000	864000
现金收入合计	1076000	1176000	1608000	1584000	5444000
预计年末应收账款					
期初应收账款	500000				
加：预计全年销售收入	5520000				
减：预计全年收回货款	5444000				
期末应收账款	576000				

【课堂活动】 想一想有哪些因素会影响销售预算?

（二）生产预算的编制

基于销量预测和销售预算，企业遵循以销定产的逻辑编制生产预算。

生产预算的编制通常先确定产量预算，然后根据生产流程中各项资源消耗和成本项目编制直接材料预算、直接人工预算和制造费用预算，最后形成产品成本预算和期末产成品存货预算。

1. 产量预算

产量预算是根据预计的销售量和预计的期初、期末产成品存货量计算的每一个产品的预计产量。其计算公式为：

预计产量 = 预计销售量 + 预计期末产成品存货量 - 预计期初产成品存货量

$$(3 - 3)$$

产量预算一般不涉及成本金额，通常企业在生产时，除满足销售数量外，还需要留出一定的存货以保证出现意外时按时供货，从而做到均衡生产，节省赶工支付的额外费用。

【例3-4】承【例3-3】，该公司预计，为保证供货的连续性，预算期内各季度的期末产品库存量应达到下期销售量的20%。同时，从与客户的长期合作关系来看，公司预计年末的产品库存量应维持和年初一致的水平，大约为200件，能够保证及时为客户供货。

要求：编制A公司2024年生产预算表。

【解析】

根据资料，编制A公司2024年生产预算表，如表3-16所示。

表3-16　A公司2024年生产预算

季度	第一季度	第二季度	第三季度	第四季度	全年
预计销售量（件）	800	1100	1500	1200	4600
加：预计期末产品存货	220	300	240	200	200
减：预计期初产品存货	200	220	300	240	200
预计生产量	820	1180	1440	1160	4600

【课堂活动】企业编制生产预算表时，如何合理准确地估计存货数量？

2. 直接材料预算

确定预计产量后，将单位产品的直接材料消耗量乘以预计产量可得到本期生产需求量，同时考虑预计期初、期末的材料存货量可得到直接材料采购量，据此编制直接材料预算。在编制直接材料预算时考虑期初、期末存货的目的在于避免因材料存货不足影响生产，或材料存货过多造成资金的积压和浪费。

直接材料预算用于规划预算期、直接材料采购金额。作为生产成本的重要项目，它按照标准成本法确定单位产品的材料耗用标准，以此作为依据，通过直接材料预算编制实现事前的成本管控。直接材料采购量的计算公式为：

$$预计直接材料采购量 = 预计产量 \times 单位产品材料耗用量$$
$$+ 预计期末材料存货 - 预计期初材料存货（3-4）$$

预计直接材料采购量不仅可以用于安排预算期内的材料采购计划，而且可以用于计算直接材料的采购预算。直接材料采购预算的计算公式为：

$$直接材料采购预算 = 预计直接材料采购量 \times 直接材料预计单价（3-5）$$

【例3-5】承【例3-4】，A公司生产该备件主要使用一种合金材料。根据以往的加工经验，平均每件产品需用料5千克。这种合金材料一直由公司以每千克200元的价格跟一位长期合作的供应商订购，并且双方约定，购货款在购货当季和下季各付一半。目前，A公司尚欠该供应商货款400000元，预计将在2024年第一季度付清。公司为保证生产的连续性，规定预算期内各期末的材料库存量应达到下期生产需要量的10%，同时规定各年末的预计材料库存应维持在600千克左右。

要求：编制 A 公司 2024 年直接材料预算表。

【解析】

根据资料，编制 A 公司 2024 年直接材料预算表，如表 3 – 17 所示。

表 3 – 17　A 公司 2024 年直接材料预算

季度	第一季度	第二季度	第三季度	第四季度	全年
预计生产量（件）	820	1180	1440	1160	4600
单位产品材料用量（千克）	5	5	5	5	5
生产需用量	4100	5900	7200	5800	23000
加：预计期末材料存货	590	720	580	600	600
减：预计期初材料存货	600	590	720	580	600
预计材料采购量	4090	6030	7060	5820	23000
材料单价（元/千克）	200	200	200	200	200
预计采购金额	818000	1206000	1412000	1164000	4600000
预计现金支出					
期初应付账款	400000				400000
第一季度	409000	409000			818000
第二季度		603000	603000		1206000
第三季度			706000	706000	1412000
第四季度				582000	582000
合计	809000	1012000	1309000	1288000	4418000
预计年末应付账款					
期初应付账款	400000				
加：预计全年采购金额	4600000				
减：预计全年支付货款	4418000				
期末应付账款	582000				

3. 直接人工预算

直接人工预算用于规划预算期各类工种的人工成本金额，其编制依据是生产预算中的预计产量、标准单位产品直接人工工时和标准工资率（包括基本工资、各种津贴以及社会保险等）。其计算公式如下：

$$预计直接人工总成本 = 预计生产量 × 单位产品直接人工工时 × 小时工资率 \quad (3-6)$$

如果在生产过程中直接人工为两种或两种以上工种，须按不同工种分别计算，再进行汇总。一般情况下，直接人工费用需要在当期全部支付，因此，现金支出和直接人工费用一致。

【例3-6】承【例3-3】，A公司根据以往的加工经验，预计生产一件备件大约需要7个工时。而依据公司与工人签订的劳动合同规定，每工时需要支付工人10元。

要求：编制A公司2024年的直接人工预算表。

【解析】

根据资料，编制A公司2024年直接人工预算表，如表3-18所示。

表3-18 A公司2024年直接人工预算

季度	第一季度	第二季度	第三季度	第四季度	全年
预计生产量（件）	820	1180	1440	1160	4600
单位产品工时（小时）	7	7	7	7	7
人工总工时	5740	8260	10080	8120	32200
每小时人工成本（元）	10	10	10	10	10
人工总成本	57400	82600	100800	81200	322000

4. 制造费用预算

制造费用预算是除直接材料和直接人工外的其他产品成本预算。这些成本按照其与生产量的相关性（成本性态）可分为变动制造费用和固定制造费用。对于不同性态的制造费用，预算的编制方法不同。变动制造费用与生产量之间存在线性关系，其计算公式为：

$$变动制造费用预算 = 预计生产量 × 单位产品预定分配率 \qquad (3-7)$$

固定制造费用与生产量之间不存在线性关系，其预算通常根据上年的实际水平，经过适当调整得到。此外，固定资产折旧作为一项固定制造费用，由于不涉及现金支出，需要从固定制造费用中扣除。

【例3-7】承【例3-6】，A公司根据以往的生产经验，估计公司下一年度可能会发生以下几项制造费用：辅助材料与水电费为变动费用，每工时的开支额分别为3元和2元；车间管理人员工资和设备折旧费为固定费用，估计每季度的开支总额分别为10000元和15250元；设备维护费为混合成本，每季度要进行一次基本维护，费用大约为15000元，日常维护费用与开工时数有关，估计每工时的维护费约为2元。

要求：编制A公司2024年的制造费用预算表。

【解析】

根据资料，编制A公司2024年制造费用预算表，如表3-19所示。

表 3 – 19　A 公司 2024 年制造费用预算

季度	第一季度	第二季度	第三季度	第四季度	全年
变动制造费用					
人工总工时	5740	8260	10080	8120	32200
辅助材料（3 元/工时）	17220	24780	30240	24360	96600
水电费（2 元/工时）	11480	16520	20160	16240	64400
设备维护费（2 元/工时）	11480	16520	20160	16240	64400
合计	40180	57820	70560	56840	225400
固定制造费用					
管理人员工资	10000	10000	10000	10000	40000
设备折旧费	15250	15250	15250	15250	61000
设备维护费	15000	15000	15000	15000	60000
合计	40250	40250	40250	40250	161000
预计现金支出					
变动制造费用合计	40180	57820	70560	56840	225400
固定制造费用合计	40250	40250	40250	40250	161000
减：设备折旧费	15250	15250	15250	15250	61000
现金支出额	65180	82820	95560	81840	325400

5. 产品成本预算及销售成本预算

（1）产品成本预算是在生产预算的基础上，按预计的各项产品成本归集计算得到。其计算公式为：

产品成本预算 = 直接材料预算 + 直接人工预算 + 变动制造费用预算

+ 固定制造费用预算　　　　　　　　　（3 – 8）

结合产品生命周期，企业应该预计预算年度内的生产进度，将产品成本预算在完工产品和未完工产品成本之间分配。据此可得到预算年度内的预计单位产品成本。其计算公式为：

产品销售成本预算 = 预计单位产品成本 × 预计销售量　　　（3 – 9）

（2）期末产成品存货预算。期末存货影响生产预算，其预计金额关乎预计资产负债表和预计利润表。其编制需要通过对期末存货进行计价来计算产品的销售成本。期末存货可采用加权平均法或先进先出法计价，期末存货的计算公式为：

期末产成品存货预期 = 产成品的预计单位成本 × 预计期末产成品存货量

（3 – 10）

（3）销售成本预算用于计算预算期末产品的销售成本，其编制依据是生产成本预算、期初存货成本、期末存货成本。销售成本预算计算公式如下：

销售成本预算 = 生产成本预算 + 期初存货成本 – 期末存货成本

（3 – 11）

【例3-8】 承【例3-5】和【例3-7】，A公司依据直接材料、直接人工、制造费用三项预算，结合2024年预计销售量和期末产品库存量情况，可编制2024年产品成本预算表。

要求：编制A公司2024年单位产品成本预算表。

【解析】

根据资料，编制A公司2024年单位产品成本预算表，如表3-20所示。

表3-20　A公司2024年单位产品成本预算

成本项目	单位产品成本			生产成本 （4600件）	期末存货 （200件）	销售成本 （4600件）
	每千克或每小时	投入量	成本			
直接材料	200	5	1000	4600000	200000	4600000
直接人工	10	7	70	322000	14000	322000
变动制造费用	7	7	49	225400	9800	225400
固定制造费用	5	7	35	161000	7000	161000
合计	—	—	1154	5308400	230800	5308400

（三）销售及管理费用预算的编制

销售及管理费用用于规划预算期产品制造业务范围以外预计发生的各种销售、管理费用明细项目金额。其编制以销售预算为基础，分析销售收入、销售利润和销售费用的关系。

【例3-9】 承【例3-3】，A公司预计2024年的销售费用只有运输费一项，按照与运输公司的合同约定，每季度支付13000元运费；管理费用包括管理人员工资、办公费和房租三项，均属于固定成本，每季度开支额分别为6000元、4000元和10000元。

要求：编制A公司2024年销售及管理费用预算表。

【解析】

根据资料，编制A公司2024年销售及管理费用预算表，如表3-21所示。

表3-21　A公司2024年销售及管理费用预算　　　　　　　　　单位：元

季度	第一季度	第二季度	第三季度	第四季度	全年
销售费用					
运输费	13000	13000	13000	13000	52000
管理费用					
管理人员工资	6000	6000	6000	6000	24000
办公费	4000	4000	4000	4000	16000
房租	10000	10000	10000	10000	40000
合计	20000	20000	20000	20000	132000

【课堂活动】如果在销售及管理费用中存在单位变动销售费用，该如何处理？或者在销售及管理费用中存在折旧费，又该如何处理？

二、专门决策预算

专门决策预算涉及长期建设项目的投资资金的投放与筹措等，经常跨年度，因此，除个别项目外，一般不纳入经营预算，但应计入与此有关的现金预算和预计资产负债表，此部分预算不单独列表。

三、财务预算

财务预算指企业在计划期间内反映有关预计的现金收支、经营成果和财务状况的预算，主要包括现金预算、预计利润表、预计资产负债表。

（一）现金预算表

现金预算用于反映企业在预算期内现金收支、余缺及其筹集和运用的情况。现金预算表是企业现金管理的重要工具，有助于企业合理安排和使用资金，提高资金使用率、降低资金使用成本。

【例 3 - 10】承**【例 3 - 3】**至**【例 3 - 9】**的资料，A 公司财务部门根据公司的经营特点和现金流转状况，确定公司的最佳现金持有量是 10000 元。当预计现金收支净额不足 10000 元时，通过变现有价证券及申请短期银行借款来补足；预计现金收支净额超过 10000 元时，超出部分用于归还借款和购入有价证券。A 公司估计，2024 年初公司大约会有 23000 元的有价证券储备。此外，公司已和银行商定了为期 1 年的信贷额度，公司随时可按 6% 的年利率向银行借款，借款为 1000 元的整数倍。

除日常经营活动引起的各项现金收支外，A 公司估计 2024 年还会发生以下现金支付业务：

（1）公司的一台专用机床必须在第一季度更新，预计需要支出购置及安装等费用共计 130000 元。

（2）公司将在 2024 年初向股东派发 2023 年度的现金股利 20000 元。

（3）估计公司每个季度需要缴纳所得税税款 5600 元。

要求：编制 A 公司 2024 年现金预算表。

【解析】

根据资料，编制 A 公司 2024 年现金预算表，如表 3 - 22 所示。

表 3 – 22　A 公司 2024 年现金预算　　　　　　　单位：元

季度	第一季度	第二季度	第三季度	第四季度	全年
期初现金余额	10000	10820	10800	10650	10000
加：销售现金收入	1076000	1176000	1608000	1584000	5444000
减：各项现金支出					
材料采购	809000	1012000	1309000	1288000	4418000
直接人工	57400	82600	100800	81200	322000
制造费用	65180	82820	95560	81840	325400
销售及管理费用	33000	33000	33000	33000	132000
所得税	5600	5600	5600	5600	22400
购置设备	130000				130000
分配利润	20000				20000
支出合计	1120180	1216020	1543960	1489640	5369800
现金收支净额	– 34180	– 29200	74840	105010	84200
现金筹集和运用					
出售有价证券	23000				23000
购入有价证券				95000	95000
申请银行借款	22000	40000			62000
归还银行借款			62000		62000
短期借款利息			2190		2190
期末现金余额	10820	10800	10650	10010	10010

【课堂活动】现金预算在企业财务管理中有什么作用？

（二）预计利润表

预计利润表又称利润预算，是在各项经营预算的基础上，按照权责发生制的原则和期末利润表的编制方法编制而成。预计利润表揭示企业未来的盈利情况，企业管理者可据此安排或调整其经营策略。

知识拓展

【例 3 – 11】承【例 3 – 3】至【例 3 – 10】的资料，A 公司财务人员估计，如果各项日常业务预算和现金预算都能在预算期内予以落实，那么公司在 2024 年的盈利前景是相当乐观的。并且，估计公司 2024 年的股利分配额能在 2023 年的基础上增长 50%，达到 30000 元。

要求：编制 A 公司 2024 年预计利润表。

【解析】

根据资料，编制 A 公司 2024 年预计利润表，如表 3 – 23 所示。

表 3 - 23　A 公司 2024 年预计利润　　　　　　单位：元

项目	金额	资料来源
销售收入	5520000	销售预算
销售成本	5308400	产品成本预算
毛利	211600	
销售及管理费用	132000	销售及管理费用预算
利息费用	2190	现金预算
利润总额	77410	
所得税	22400	现金预算
净利润	55010	
加：年初未分配利润	580800	公司预计值
可供分配的利润	635810	
减：利润分配	30000	公司预计值
年末未分配利润	605810	

（三）预计资产负债表

预计资产负债表是在预算期初资产负债表的基础上，根据经营预算、资本支出预算和现金预算表等的有关结果，对其相关项目进行调整后编制而成的。

预计资产负债表反映企业预算年度期末各资产负债账户的预计余额，企业管理者可以据此了解企业未来一期的财务状况，以便采取有效措施，防止不良财务状况出现。

【例 3 - 12】承【例 3 - 3】至【例 3 - 11】的资料，A 公司结合预算期内的各项业务活动的情况，编制 2024 年预计资产负债表。

要求：编制 A 公司 2024 年预计资产负债表。

【解析】

根据资料，编制 A 公司 2024 年预计资产负债表，如表 3 - 24 所示。

表 3 - 24　A 公司 2024 年预计资产负债　　　　　　单位：元

项目	年初数	年末数	资料来源
资 产			
现金	10000	10010	现金预算
短期投资	23000	95000	现金预算
应收账款	500000	576000	销售预算
材料存货	120000	120000	直接材料预算
产品存货	230800	230800	产品成本预算
固定资产	1100000	1230000	预计购置 130000 元
累计折旧	183000	244000	制造费用预算，预计提取折旧 61000 元
资产总额	1800800	2017810	

续表

项目	年初数	年末数	资料来源
负债及所有者权益			
应付账款	400000	582000	直接材料预算
应付利润	20000	30000	预计利润表
实收资本	800000	800000	
未分配利润	580800	605810	预计利润表
负债及所有者权益合计	1800800	2017810	

项目小结

本项目主要阐述了全面预算管理。深刻理解预算不仅是一种规划工具，而且是企业协调和控制资源的有效手段。本项目介绍了多种预算编制的方法，如定期预算、固定预算、弹性预算、作业预算等，每种方法都有其特点和适用范围。同时说明预算编制的流程、编制全面预算，包括经营预算、专门决策预算、财务预算。总之，预算管理是企业管理中不可或缺的一部分，为企业的战略规划和运营决策提供了有力支持。

技能提升

一、理论夯实

（一）单项选择题

1. 全面预算管理的核心目标是（　　）。

A. 降低成本　B. 提高销售额　C. 实现企业战略目标　D. 提高生产效率

2. 下列属于全面预算分类的是（　　）。

A. 静态预算与动态预算　　B. 固定预算与弹性预算

C. 短期预算与长期预算　　D. 以上都是

3. 编制销售预算时，最重要的参考依据是（　　）。

A. 上年度财务报表　　B. 生产能力

C. 市场需求预测　　D. 现金流状况

4. 固定预算的缺点是（　　）。

A. 灵活性差　B. 易于调整　C. 适应性强　　D. 易于反映市场变化

5. 更适应快速变化的市场环境的是（　　）。

A. 静态预算　B. 固定预算　　C. 动态预算　　　　　D. 传统预算

6. 不属于全面预算管理的基本环节的是（　　）。

A. 预算编制　B. 预算执行　　C. 预算审批　　　　　D. 预算拍卖

7. 在全面预算体系中，现金预算属于（　　）。

A. 业务预算　B. 财务预算　　C. 管理预算　　　　　D. 资本预算

8. 编制生产预算的主要依据是（　　）。

A. 采购预算　B. 销售预算　　C. 财务预算　　　　　D. 现金流预算

9. 滚动预算的主要优势是（　　）。

A. 预算固定性强　　　　　　B. 更加灵活，适应环境变化

C. 只适用于短期规划　　　　D. 无须频繁调整

10. 预算调整的主要依据是（　　）。

A. 外部经济环境的变化　　　B. 部门间的矛盾

C. 初步预算的错误　　　　　D. 实际执行与预算的差异

11. 财务预算的编制通常需要重点考虑（　　）。

A. 各部门间的协调　　　　　B. 现金流入和流出

C. 外部投资机会　　　　　　D. 市场占有率

12. 企业在全面预算管理中，常采用（　　）监控实际业绩与预算的差异。

A. 绩效考核体系　　　　　　B. 战略管理流程

C. 员工培训计划　　　　　　D. 市场推广方案

13. 对预算管理进行内部控制的关键在于（　　）。

A. 建立完善的信息反馈机制　B. 提高预算额度

C. 设立更多审批环节　　　　D. 外部审计

14. 预算编制方式更注重成本的细致控制的是（　　）。

A. 增量预算法　　　　　　　B. 零基预算法

C. 定额预算法　　　　　　　D. 弹性预算法

15. 预算信息系统的重要功能是（　　）。

A. 数据采集和处理　　　　　B. 制定企业战略

C. 决定薪酬分配　　　　　　D. 直接降低成本

（二）多项选择题

1. 在全面预算管理中，预算执行的控制方法包括（　　）。

A. 事前控制　B. 事中控制　　C. 事后控制　　　　　D. 外部审计

2. 财务预算通常包括（　　）。

A. 现金预算　　　　　　　　B. 资本支出预算

C. 预计资产负债表　　　　　D. 预计利润表

3. 零基预算的优点包括（　　）。

A. 强化成本控制　　　　　　B. 提高资源配置效率

C. 简化预算编制流程　　　　D. 促进创新思维

4. 预算调整的主要原因包括（　　）。

A. 外部环境变化　　　　　　B. 经营目标调整

C. 法律法规更新　　　　　　D. 企业文化变更

5. 业务预算通常包括（　　）。

A. 销售预算　　B. 生产预算　　C. 采购预算　　　　D. 研发预算

（三）判断题

1. 全面预算管理是企业管理的重要工具之一。（　　）

2. 预算编制只涉及财务部门的工作。（　　）

3. 固定预算具有较强的灵活性，能够适应快速变化的市场环境。（　　）

4. 现金预算是财务预算的重要组成部分。（　　）

5. 预算执行过程中无须进行定期跟踪与分析。（　　）

6. 全面预算管理可以帮助企业提高资源配置效率。（　　）

7. 预算差异只关注成本和支出方面的偏差。（　　）

8. 编制销售预算时应充分考虑市场需求和竞争状况。（　　）

9. 预算控制的最终目的是实现企业利润最大化。（　　）

10. 全面预算管理有助于提高企业的决策科学性和管理水平。（　　）

二、实训案例

【实训1】企业销售预算编制

假设你所在的企业预计下一年度销售产品 A、B 和 C。已知市场需求预测分别为 A 产品 10000 件，B 产品 8000 件，C 产品 6000 件，单价分别为 50 元、80 元和 100 元。请编制下一年度的销售预算表。

【实训2】成本费用预算编制

某制造企业预计下一年度生产 X 产品 20000 件，每件产品的直接材料成本为 30 元，直接人工成本为 20 元，制造费用为 10 元。请编制产品 X 的成本费用预算表。

【实训3】现金预算编制

某企业预计第一季度的销售收入为 300 万元，现金销售占比为 60%，剩余部分在次季度收回。第一季度的现金支出包括采购成本 100 万元、管理费用 50 万元和其他费用 20 万元。请编制第一季度的现金预算表。

答案扫一扫

学习评价

学习任务完成评价表

评价范围		评价标准	自我评价（五星制打分）	小组评价（五星制打分）	教师评价（五星制打分）
职业知识		能够阐述全面预算管理的含义			
		能够说出全面预算管理的内容			
		能够说出 3 种以上全面预算管理的工具方法			
		能够说出全面预算管理的应用场景			
职业能力		能够进行企业全面预算前的资料准备工作			
		能够熟练运用全面预算管理的方法对企业进行经营管理预算			
		能够编制全面预算			
职业素质	工作态度	服从安排，不做与项目无关的事情			
		工作积极主动，完成度较高			
	团队合作	按规定流程操作，进行有效沟通			
	创新精神	能够主动探索，具有独立解决问题的能力			
	职业道德	严谨认真，实事求是			

项目四　成本管理

"节用而爱人，使民以时。"

——孔子《论语》

学习目标

知识目标	能力目标	思政目标
1. 理解成本的概念，了解成本的不同分类； 2. 理解成本管理的概念及其基本原则； 3. 掌握成本管理常用的工具方法。	1. 能够运用大数据，进行营运管理、预测分析、成本管控、科学决策和绩效评价等，出具决策分析报告； 2. 掌握在不同内外部环境下可选择的成本管理工具方法，结合企业的具体情况对其进行熟练的应用； 3. 提升业务调研、数据挖掘、财务分析、决策管理等核心能力。	1. 培养学生爱岗敬业、尽职尽责的职业精神； 2. 培养学生收集与处理信息的能力； 3. 培养学生耐心细致、严谨认真的品质。

知识框架图

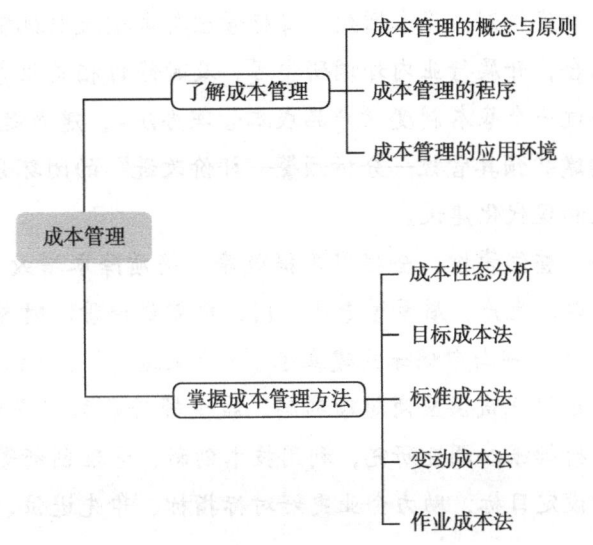

75

思政课堂

扬帆奋进正当时，精益管控谱新篇

在经济全球化的今天，我国科学技术水平显著提高，企业面临的国内市场竞争不断加剧，同时，需要应对来自国外市场竞争的压力与冲击。在激烈的竞争背景下，创造核心竞争力和保持竞争优势直接关系到企业的存亡。企业不得不提高自身经营发展能力，以期有效应对市场中的风险和机遇。加强成本管理是企业增加经营利润、提高发展能力的关键举措，也是企业战略管理的必然选择。结合案例资料，分析成本管理的重要性和成本管理方法的创新。

面对国家战略调整和高质量发展的要求，以及市场竞争的加剧，湖南中烟工业有限责任公司（以下简称湖南中烟）一直坚持向管理要效益，践行"品质立企、品牌强企"方针，深入开展以"围绕品牌抓管理、深化精益上水平"为主题的企业管理提升行动，以实际行动提升精益管理水平。湖南中烟在成本管理、提质增效方面的主要做法有以下几点。

一是顶层设计，统筹推进。湖南中烟成立由总经理牵头的成本管控领导小组，分管财务的副总经理亲自部署、跟踪落实，财务协同企管、技术、原料、物资等部门全力推进、具体落实，明确工作目标、指导思想、重点突破领域和具体开展方式，推动成本管控各项工作开展。结合"十四五"规划，将打造成本领先与降本增效紧密衔接，为成本管控持续深入开展奠定了坚实基础。同时，逐步建立涵盖全要素、全价值链、全生命周期的成本费用管控体系，聚焦研发设计创新、采购供应、生产运营、人力资源和资产管理等重点领域，切实保障成本管控工作顺利推进。

二是完善企业制度机制，降本增效。目标管理与考核激励机制相结合、自上而下和自下而上相结合，开展行业内外调研学习，及时修订相关业务流程、管理制度和指标体系等，通过一个基本制度《产品成本管理办法》，建立起"1＋N"的成本管理制度体系。构建"预算管控—分析预警—评价改进"的闭环分析管控机制，护航企业高质量发展和现代化建设。

三是业务协同，整体管控，全程覆盖提效率。提质降本增效是一个系统工程，不仅需要技术、采购、生产、质量等专业部门，更需要企管、财务、信息等职能部门做实"八柱"支撑。湖南中烟探索建立了"4个渠道、4个方面、2个角度、1个维度"工作机制，通过压减供应商超额利润，减少辅料采购"寻租空间"。聚集各条各线专家力量，持续深入调查研究，利用技术创新、管理创新等不断优化降本增效方式方法，科学设定目标，助力企业更好对标指标、争先进位、持续提升核心竞争力。同时，湖南中烟贯彻落实"双新一体"发展战略，坚持从技术创新、产能规划、交易模式、生产消耗全链条开展成本管控工作，统筹提升管理水平和生产经营效益。以烟叶工作为例，在品牌战略环节，烟叶储备严格按照规划配比进行采购；在研发环节，采取规划新品成本、配方技术升级等措施降本增效；在烟叶采购及复烤环节，持续加强采购质量管控，推行跨等级结构跨产地配打等方式，全面提升烟叶资源综合利用水平；在卷烟制造环节，通过精益管理减少过程浪费，降低生产损耗……湖南中烟通过全流程成本管控，实现了烟叶成本有效降低。

于实践中探索，在变革中前行。湖南中烟通过集成政策、资源和力量，不断释放生产制造"四梁八柱"集群效应、联动效应和链式效应，真正做到了生产、质量、设备、管理各业务条线目标一致、方向一致、行动一致，顺利实现了以业务协作"小支点"撬动提质降本增效"大杠杆"。

资料来源：帆悬风正今又是——湖南中烟以高质量成本管控深化精益管理上水平，https：//baijiahao.baidu.com/s？id＝1825736890643418733&wfr＝spider&for＝pc。

自主学习任务单

一、学习指南
1. 课题名称 　　《数字化管理会计》——成本管理
2. 达成目标 　　（1）通过阅读教材熟悉成本管理的内容； 　　（2）通过学习对点案例掌握成本管理的方法； 　　（3）完成《自主学习任务单》规定的内容。
3. 学习方法建议 　　（1）注意理论联系实际，活学活用； 　　（2）善于分析总结，深度理解基础知识。
4. 课堂学习形式预告 　　（1）自主预习； 　　（2）课堂讲授； 　　（3）案例分析； 　　（4）知识问答。
二、学习任务
通过观看教学录像及搜索相关资料自主学习，完成下列学习任务： 　　1. 了解成本管理的概念、内容； 　　2. 搜索并了解企业成本管理的方法。

三、自主测试 + 测试答案

（一）自主测试

1. 成本管理的核心目标是（　　）。

A. 提高产品质量　　　　　　　　B. 降低生产成本

C. 增加销售收入　　　　　　　　D. 提高市场份额

2. 成本性态分析中，固定成本的特点是（　　）。

A. 随产量增加而增加　　　　　　B. 随产量增加而减少

C. 不随产量变化而变化　　　　　D. 随产量增加呈阶梯式变化

3. 目标成本法的核心是（　　）。

A. 以市场价格为基础确定成本　　B. 以历史成本为基础确定成本

C. 以竞争对手成本为基础确定成本　D. 以企业内部成本为基础确定成本

4. 变动成本法下，产品成本包括（　　）。

A. 直接材料、直接人工和变动制造费用

B. 直接材料、直接人工和固定制造费用

C. 直接材料、直接人工和全部制造费用

D. 直接材料、直接人工和销售费用

5. 变动成本法下，固定制造费用的处理方式是（　　）。

A. 计入产品成本　　　　　　　　B. 计入期间费用

C. 计入销售费用　　　　　　　　D. 计入管理费用

（二）测试答案

1. B　2. C　3. A　4. A　5. B

四、困惑与建议

任务1　了解成本管理

一、成本管理的概念与原则

（一）成本管理的概念

成本管理指企业在营运过程中实施成本预测、成本决策、成本计划、成本控制、成本核算、成本分析和成本考核等一系列管理活动的总称。

成本预测指以现有条件为前提，在历史成本资料的基础上，根据未来可能发生的变化，利用科学的方法，对未来的成本水平及发展趋势进行描述和判断的成本管理活动。

成本决策指在成本预测及有关成本资料的基础上，综合经济效益、质量、效率和规模等指标，运用定性和定量的方法对各个成本方案进行分析并选择最优方案的成本管理活动。

成本计划指以营运计划和有关成本数据、资料为基础，根据成本决策确定的目标，通过一定的程序，运用一定的方法，针对计划期企业的生产耗费和成本水平进行的具有约束力的成本管理活动。

成本控制指成本管理者根据预定的目标，对成本发生和形成的过程以及影响成本的各种因素条件施加主动的影响或干预，把实际成本控制在预期目标内的成本管理活动。

成本核算指根据成本核算对象，按照国家统一的会计制度和企业管理要求，对营运过程中实际发生的各种耗费按照规定的成本项目进行归集、分配和结转，取得不同成本核算对象的总成本和单位成本，向有关使用者提供成本信息的成本管理活动。

成本分析指利用成本核算提供的成本信息及其他有关资料，分析成本水平与构成的变动情况，查明影响成本变动的各种因素和产生的原因，并采取有效措施控制成本的成本管理活动。

成本考核指对成本计划及有关指标实际完成情况进行定期总结和评价，根据考核结果和责任制的落实情况，进行相应的奖励和惩罚，监督和促进企业加强成本管理责任制，提高成本管理水平的成本管理活动。

成本管理是企业管理的一个重要组成部分，其目的是充分组织企业全体人员对生产经营过程的各个环节进行科学合理的管理，力求以最少的生产耗费取得最多的生产成果。企业进行成本管理时，要做到系统、全面、科学、合理。通过成本管理，企业可以降低成本，增加利润，提高经济效益，获得竞争优势。

（二）成本管理的原则

企业进行成本管理，一般应遵循以下原则。

1. 融合性原则

成本管理应以企业业务模式为基础，将成本管理嵌入业务的各领域、各层次、各环节，实现成本管理责任到人、控制到位、考核严格、目标落实。

2. 适应性原则

成本管理应与企业生产经营特点和目标相适应，尤其要与企业发展战略或竞争战略相适应。

3. 成本效益原则

成本管理应用相关工具方法时，应权衡其为企业带来的收益和企业付出的成本，避免获得的收益小于其投入的成本。

4. 重要性原则

成本管理应重点关注对成本具有重大影响的项目，可以适当简化处理不具有重要性的项目。

二、成本管理的程序

企业成本管理可以分为三个阶段，即事前成本管理、事中成本管理和事后成本管理，具体流程和内容如图 4 - 1 所示。

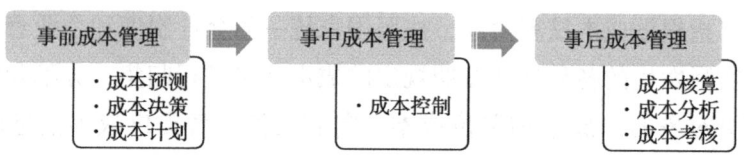

图 4 - 1　成本管理的三个阶段

1. 事前成本管理

事前成本管理主要是对未来的成本水平及其发展趋势进行预测和规划，包括成本预测、成本决策和成本计划。

2. 事中成本管理

事中成本管理主要是对营运过程中发生的成本进行监督和控制，根据实际情况对成本预算进行科学合理的调整和修正。

3. 事后成本管理

事后成本管理主要是对成本进行核算、分析，找出成本差异产生的原因，进而制定相应的改进措施，并据此对成本管理活动实施评价、考核，主要包括成本核算、成本分析和成本考核。

【课堂活动】成本管理各项活动之间存在什么样的联系？

三、成本管理的应用环境

企业成本管理的应用环境包括管理制度、流程以及相关的外部环境等。

从管理制度方面来看，企业应建立健全成本管理的制度体系，包括费用申报制度、定额管理制度和责任成本制度等，加强存货的计量验收管理，建立存货的计量、验收、领退和清查制度。

从流程方面来看，企业应建立健全与成本相关的原始记录，加强和完善成本数据的收集、记录、传递、汇总和整理工作，确保成本基础信息记录真实、完整。

此外，企业还应充分利用现代信息技术，规范成本管理流程，提高成本管理的效率。

任务 2 掌握成本管理方法

一、成本性态分析

（一）成本的概念

管理会计中的成本指企业生产经营过程中以货币表现的、为达到一定目的而消耗的各种经济资源的价值。

管理会计中的成本概念与财务会计和经济学中的成本概念相比更宽泛，它们的区别表现在：

（1）前者不仅包括已经发生的各项费用支出，而且包括某项经济业务将要发生的和可能发生的各项费用消耗。

（2）后者仅考虑与某项经济业务相关的成本，剔除了已经发生但与当前业务无关的成本。

（3）前者不仅可以按产品归集成本，而且可以根据需要按不同经济管理目的和用途确定成本归集对象。

值得注意的是，管理会计中的成本内涵不是一成不变的，而是随着管理需要不断丰富和发展的。例如，变动成本法下的产品成本包括直接材料、直接人工和变动制造费用；完全成本法下的产品成本除上述内容外，还包含固定制造费用。管理会计在履行预测、决策、规划控制和业绩评价职能时，所需成本信息各不相同，可以依据不同标准对成本进行多种分类。

成本是管理会计的核心对象，在管理会计中具有十分重要的作用。在决策方案的评价过程中，有两个判断方案优劣的标准：成本最低或收益最大。成本往往对收益具有制约作用，因此，在决策会计中，对有关方案的相关成本的预计是决策程序中的重要环节。例如，在定价决策中，无论是成本加成定价法还是最优价格定价法，都需要计算成本或边际成本；在零部件自制与外购决策中，需要比较自制成本和外购成本；在固定资产更新决策中，需要比较新旧设备的年使用成本。在对经营活动实施控制的过程中，主要是对经营过程中发生的成本进行控制，如执行会计中的标准成本控制、存货成本控制和责任成本控制。可以看出，成本在管理会计中始终处于中心地位。

（二）成本性态分析的概念

成本性态又称成本习性，指成本与业务量之间的依存关系。其中，业务量是企业在一定的生产经营期内投入或完成的工作量的统称，如产出量、销售量、人工工时、机器工时等；业务量是进行成本性态研究、变动成本法计算以及本量利分析的依据。

成本性态分析指在明确各种成本的性态的基础上，按照一定的程序和方法，将全部成本区分为固定成本、变动成本和混合成本，并建立相应的成本函数模型的过程。

（三）固定成本

1. 固定成本总额与单位固定成本

固定成本指成本总额在一定期间和一定业务量范围内，不受业务量变动的影响而保持不变的成本。例如，行政管理人员的工资、办公费、财产保险费、不动产税，以及按直线法计提的固定资产折旧、职工教育培训费等，均属于固定成本。在成本曲线上，固定成本表现为一条水平线。

单位固定成本是成本总额除以业务量的结果，在成本曲线上表现为边际递减的凹曲线，即随着业务量的增加，单位固定成本呈下降趋势，但是下降速度逐渐放缓。利用固定成本的特征，企业可以开展相应的成本管理，尤其是对于固定成本比重较高的"重资产"企业而言，将固定成本的特性应用于成本管理中对企业创造更多的盈利较为重要。

【例4-1】假设某公司只生产一种产品，每月最大生产能力为900件。采用直线法计提折旧，每月计提折旧9000元。其产量在一定范围内变动对固定成本的影响如表4-1所示。

表4-1　固定资产折旧与产品产量的关系

产量（件）	固定资产月折旧额（元）	单位产品负担的折旧费（元）
150	9000	60
300	9000	30
450	9000	20
600	9000	15
750	9000	12
900	9000	10

根据表4-1所列资料，产量变动对固定成本总额和单位固定成本的影响分别如图4-2和图4-3所示。

从图4-2可以看出，当产量在相关范围内（0～900件）变动时，固定资产每月折旧额保持不变，始终为9000元，体现出"在相关范围内，固定成本总额保持不变"的特点。

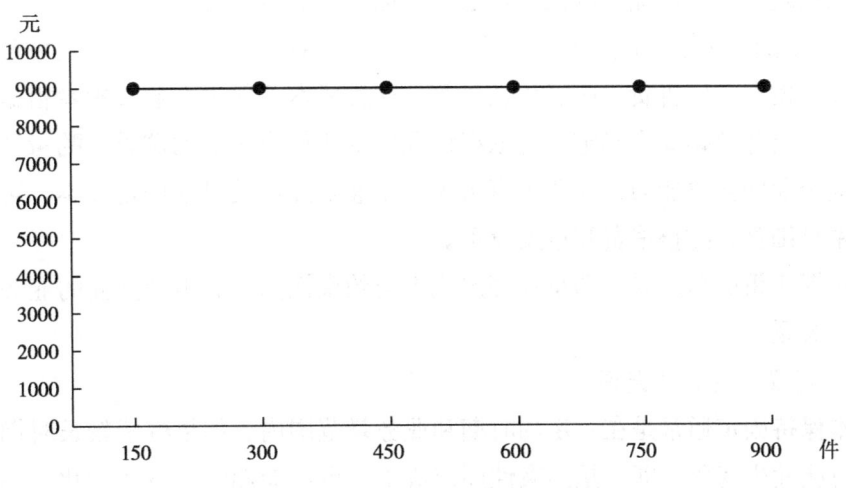

图 4 – 2　固定成本总额与业务量的关系

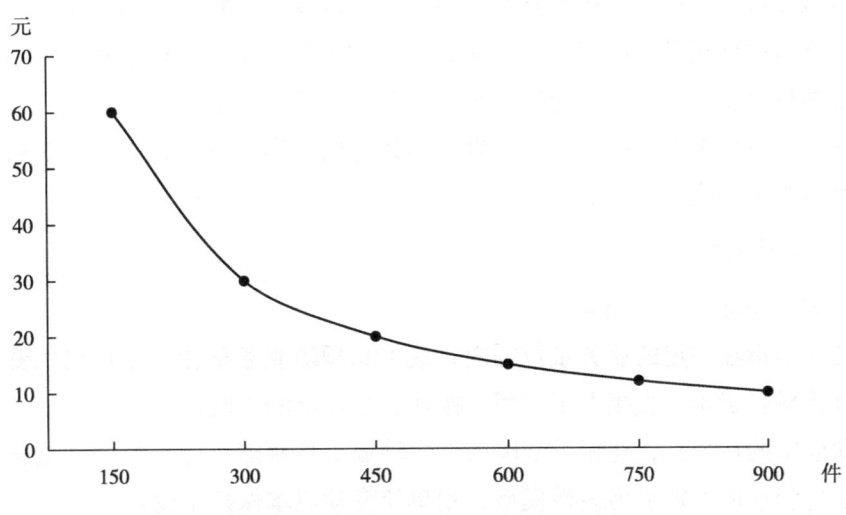

图 4 – 3　单位固定成本与业务量的关系

从图 4 – 3 可以看出，当产量在相关范围内（0～900 件）变动时，单位产品负担的折旧成本随产量的增加而减少，体现出"在相关范围内，单位固定成本与业务量呈反比例变动"特点。

2. 固定成本的分类

按受约束的程度不同，固定成本可分为约束性固定成本和酌量性固定成本。

（1）约束性固定成本。它指管理者当前的经营决策行为不能改变支出数额的固定成本，如保险费、财产税、管理人员的基本工资、厂房和机器设备的折旧费等。这类成本与企业的生产能力直接相关，一般由既定的生产能力决定，是维持企业正常生产经营的必要成本，具有很强的约束性。企业要降低约束性固定成本，只能通过合理利用现有的生产能力降低单位成本，而非降低成本总额。

（2）酌量性固定成本。它指管理者的短期经营决策行为能改变支出数额的固定成本，如研发费、广告费、职工培训费等。这类成本一般由企业管理者根据企业的具体情况和财务负担能力确定，可依据情况的变化作出相应的调整。酌量性固定成本会影响企业的竞争能力，并非可有可无。企业要降低酌量性固定成本，可以厉行节约、精打细算，防止浪费和过度投资。

从短期决策的角度看，酌量性固定成本与约束性固定成本和企业的业务量水平均无直接关系。

3. 固定成本的相关范围

成本保持固定通常是在一定的时期和业务量范围内。如果处于较长时期，所有成本都可能发生变化，即使是约束性固定成本，也可能随时间发生变化。例如，随着时间推移，企业的经营规模发生变化，厂房扩大、设备更新、行政管理人员增加等，均会增加折旧费用、财产保险费、不动产税以及行政管理人员薪金，使固定成本的水平呈阶段性跃升。同理，一旦业务量超过一定水平，企业要扩大厂房、更新设备和增加行政管理人员，固定成本随着业务量的增加而上升。

因此，从长期来看，成本按性态划分是相对的。当原有的相关范围被打破，固定成本就不再是一成不变的。

（四）变动成本

1. 变动成本的含义和特征

变动成本指在一定的业务量范围内，成本总额随业务量变动呈正比例变动的成本，如直接材料费用、直接人工费用、按业务量计提的折旧费等。

变动成本的特征是，在相关范围内，变动成本总额随业务量的变动呈正比例变动，如果将变动成本定义为线性模型，则单位变动成本保持不变。

在制造业中，典型的变动成本包括直接材料费用、直接人工费用（计件工人薪金）销售费用中的推销佣金以及按加工量计算的固定资产折旧（工作量法折旧）等。

【例4-2】假设某公司只生产一种产品，每月最大生产能力为900件，单位产品承担的直接人工费用为15元。其产量在一定范围内变动对变动成本的影响如表4-2所示。

表4-2 直接人工费用与产品产量的关系

产量（件）	直接人工费用总额（元）	单位产品承担的直接人工费用（元）
150	2250	15
300	4500	15

续表

产量（件）	直接人工费用总额（元）	单位产品承担的直接人工费用（元）
450	6750	15
600	9000	15
750	11250	15
900	13500	15

根据表4-2所给资料，产量变动对变动成本总额和单位变动成本的影响分别如图4-4和图4-5所示。

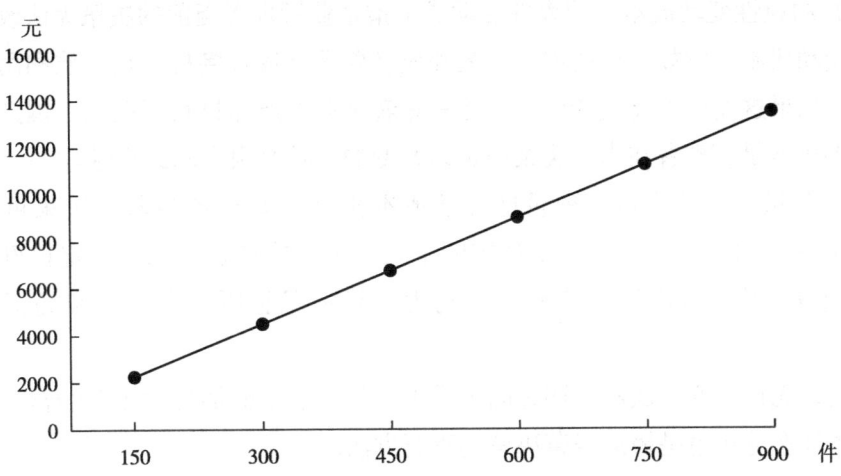

图4-4　变动成本总额与业务量的关系

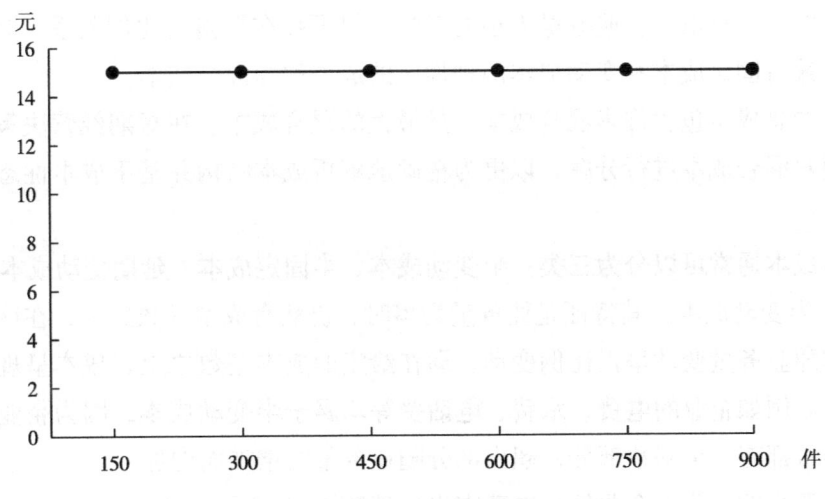

图4-5　单位变动成本与业务量的关系

从图4-4可以看出，当产量在相关范围内（0~900件）变动时，直接人工费用总额随产量的变动呈正比例变动，体现出"在相关范围内，变动成本总额随业务量变动呈正比例变动"的特点。

从图 4 - 5 可以看出，当产量在相关范围内（0 ~ 900 件）变动时，单位产品承担的直接人工费用保持不变，体现出"在相关范围内，单位变动成本不随业务量变动而变动，即单位变动成本保持不变"的特点。

2. 变动成本的分类

按决策能否改变变动成本数额，其进一步分为约束性变动成本和酌量性变动成本。

（1）约束性变动成本。约束性变动成本指企业管理者当前的决策无法改变支出数额的变动成本。例如，企业加工工艺和质量要求导致直接材料在品质和用量上难以改变，如果这类成本发生变化，往往意味着企业的产品进行了改型，因此，这类直接材料成本是管理者在当前决策中难以改变的，具有很大的约束性。

（2）酌量性变动成本。酌量性变动成本指企业管理者当前的决策可以改变支出数额的变动成本，如按产量计酬的工人薪金、按销售收入的一定比例计算的销售佣金等，均可以由管理者根据劳动力市场情况和所销产品的市场情况等进行调整。

由此，无论是变动成本，还是固定成本，其性态特征都是对短期经营决策而言的。成本性态分析也是短期经营决策的重要方法。

（五）混合成本

在现实中，企业的成本可能不严格符合变动成本或固定成本的性态特征，例如，成本的发生额虽然受业务量大小的影响，但不存在严格的比例关系。对此，管理会计将兼有固定成本和变动成本两种性态的成本称为混合成本。

企业的总成本包含许多混合成本，是最大的混合成本。在短期经营决策中，会计师需要对混合成本进行分解，以更为精确地解析成本结构并基于成本性态开展成本管理。

混合成本通常可以分为三类：半变动成本、半固定成本、延期变动成本。

（1）半变动成本。其特征是业务量为零时，仍然有成本基数发生，在该基数之上，成本随业务量变动呈正比例变动，即在给定的成本基数之上，成本呈现出变动成本性态。例如企业的电费、水费、电话费等均属于半变动成本，因为企业支付上述费用通常都有一个基数部分，超出部分随业务量的增加而增加。

以电费为例，假设企业每月电费支出的基数为 1000 元，超过基数的费用为 0.2 元/千瓦（kW），每生产 1 件产品需耗电 5kW。假如企业本月共生产 2000 件产品，其支付的电费总额为 3000 元。若以 y 代表企业支付的电费总额，a 代表每月电费基

数 （1000 元），b 代表单位产品所需电费 （0.2×5 元），x 代表产品产量 （2000 件），则本例中各数据之间的关系可以通过 " $y = a + bx = 1000 + (0.2 \times 5)x$ " 这一成本函数模型表示，如图 4-6 所示。

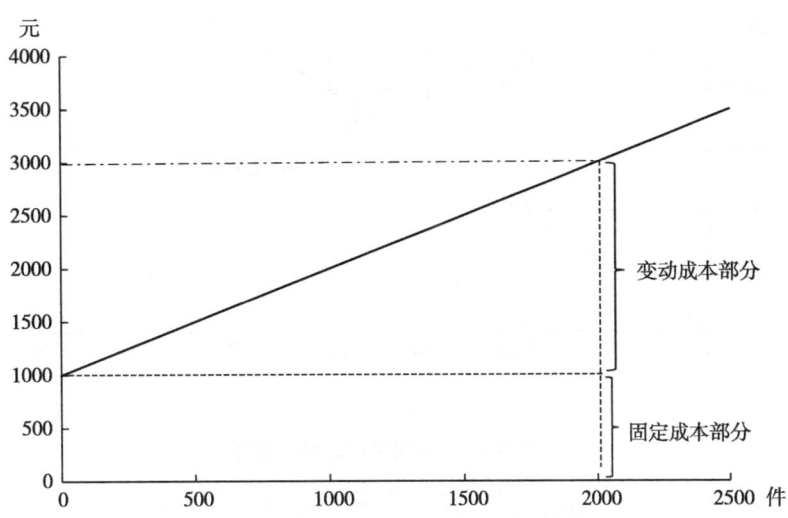

图 4-6　半变动成本性态模型

（2）半固定成本，又称阶梯式变动成本。其特征是在一定业务量范围内，成本具有固定成本性态，但在业务量的增长达到一定水平后，成本总额会跃升到一个新的水平，且在业务量增长的一定限度内（即一个新的相关范围内），成本又保持不变，从而随业务量增加呈阶梯式增加。

在现实中，企业的某些岗位薪酬呈现出半固定成本的性态，如化验员、质检员的工资等。假设某企业的产品下线后，需经专门的质检员检查方能入成品库，每个质检员最多检验 500 件产品，也就是说产量每增加 500 件就必须增加一名质检员。那么，该企业质检员的工资成本就属于半固定成本。随着产品产量的增加，该项成本呈现阶梯式跃升，即产量每增加 500 件，须增加一名质检员。假设质检员的工资标准为 2000 元，则企业对质检员工资的支出如图 4-7 所示。

当产量的变动范围较小（如上例中，产量在 500~1000 件变动）时，半固定成本可以被视为固定成本。当产量的变动范围较大（如产量在 500~2500 件变动）时，半固定成本应该被视为变动成本。因为在这种情况下，质检员工资固定不变的相关产量范围只占整个产量的很小一部分。此时，需要用平滑的方式将半固定成本描述为一种近似的变动成本性态，即图 4-7 中虚线所示的成本线性拟合。其数学模型与变动成本总额的数学模型相同，即 $y = bx$ ，其变动率 b （图中虚线的斜率）为 4 元/件（企业为单位产品支付的质检员工资）。

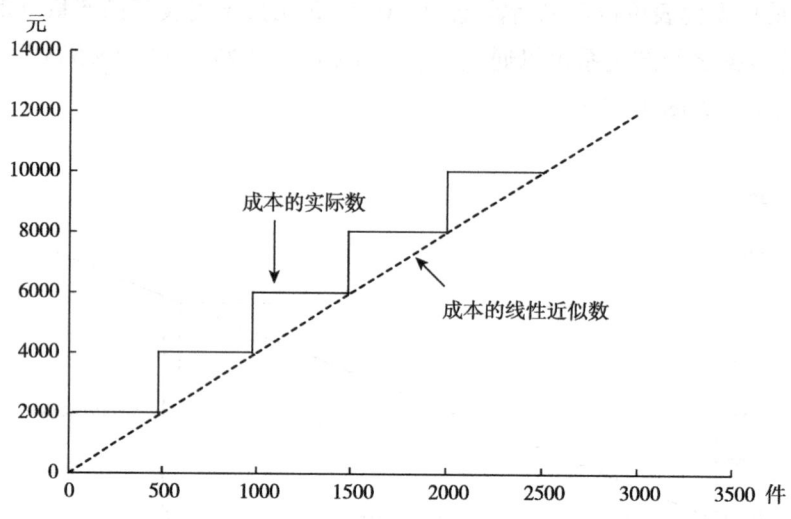

图4-7 半固定成本性态模型

（3）延伸变动成本。其特征是在业务量的某一临界点以下表现为固定成本，超过这一临界点表现为变动成本，即随着业务量的"延伸"，原本固定不变的成本成为变动成本。例如，企业支付给职工的正常工作时间内的工资总额是固定不变的，但职工的工作时间一旦超过了正常水平，企业需按规定支付加班工资，并且加班工资的高低与加班时间的长短存在正比例关系。

假设某企业职工正常工作时间为3000小时，正常工资总额为30000元，即小时工资率为10元，职工加班时按规定需支付双薪。该企业工资总额的成本性态如图4-8所示。

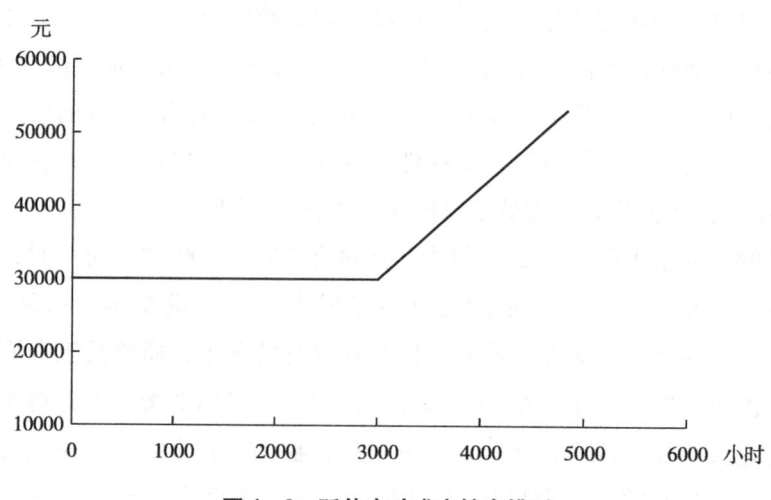

图4-8 延伸变动成本性态模型

比较图4-6与图4-8，可以看出，延伸变动成本就是将纵轴延伸至业务量临界点（正常工作时间为3000小时）时的半变动成本。

现实生活中，成本种类繁杂、形态各异，上文所讲的变动成本、固定成本和各种混合成本不能囊括业务量（小时）成本的全部内容，但可以将其近似地描述为某种性态。

知识拓展

二、目标成本法

（一）目标成本法的含义及适用要求

1. 目标成本的含义

目标成本是保证企业目标利润实现所必须达到的成本水平，它是企业经营目标的重要组成部分，指为获取预定的市场份额所需的、顾客愿意支付的竞争性价格（目标价格）与企业要求达到的目标利润之间的差额。目标成本计算是致力于降低产品总生命周期成本的综合性成本管理工具，在保证产品功能的前提下，它追求全面的成本降低管理，包括产品研发与设计阶段，生产、营销与客户服务阶段，回收与处置阶段发生的总成本的降低。目标成本的计算公式如下：

$$单位产品目标成本 = 单位产品预计售价 - 单位产品应纳税费$$
$$- 单位产品目标利润 \qquad (4-1)$$

在数智化经济发展的今天，企业间的竞争主要还是市场份额的竞争，而市场份额的竞争主要表现为产品功能和价格的竞争。产品功能竞争表现为新产品开发能力的竞争，价格竞争的实质是成本水平的竞争，不断降低成本是提升企业竞争力的根本保证。

2. 目标成本法的含义

目标成本法指企业以市场为导向，以目标售价和目标利润为基础，确定产品的目标成本，从产品设计阶段开始，通过各部门、各环节乃至与供应商的通力合作，共同实现目标成本的一种成本管理方法。

目标成本法起源于欧美。20世纪60年代，丰田汽车制造公司运用目标成本法并将其推广。目前，在日本各行各业的生产链中，目标成本法已得到运用。一些日本企业对产品的成本设计、产品的零部件成本控制以及产品售后的成本都有很系统、很详细的研究，这促进了日本企业的发展和进步，显著增强了日本企业的国际竞争力。

3. 目标成本法的适用要求

目标成本法一般适用于制造业企业成本管理，也可适用于物流、建筑、服务等行业。一般而言，在企业管理过程中应用目标成本法，应遵循以下要求。

（1）企业应用目标成本法，要求其处于比较成熟的买方市场环境中，且产品的设计、性能、质量、价值等需呈现较为明显的多样化特征。

（2）企业应以创造和提升客户价值为前提，以成本降低或成本优化为主要手段，谋求竞争中的成本优势，保证目标利润的实现。

（3）企业应成立由研究与开发、工程、供应、生产、营销、财务、信息等有关部门组成的跨部门团队，负责目标成本的制定、计划、分解、下达与考核，并建立相应的工作机制，有效协调相关部门之间的分工与合作。

（4）企业能及时、准确地取得目标成本计算所需的产品售价、成本、利润以及性能、质量、工艺、流程、技术等方面的各类财务和非财务信息。

（二）目标成本法的应用

1. 目标成本法应用的一般程序

企业应用目标成本法，一般按照确定应用对象、成立跨部门团队、收集相关信息、计算市场容许成本、设定目标成本、分解可实现目标成本、落实目标成本责任、考核成本管理业绩以及持续改善目标成本等程序进行。

（1）确定应用对象。企业应根据目标成本法的应用目标及其应用环境和条件，综合考虑产品的产销量和盈利能力等因素，确定应用对象。企业一般应将拟开发的新产品作为目标成本法的应用对象，或者选择功能与设计存在较大弹性空间、产销量较大且处于亏损状态或盈利水平较低、对企业经营业绩具有重大影响的老产品作为目标成本法的应用对象。

（2）成立跨部门团队。在企业负责目标成本管理的跨部门团队中，可以建立成本规划、成本设计、成本确认、成本实施等小组，各小组根据管理层授权协同合作完成相关工作。

（3）收集相关信息。目标成本计算是从销售部门对销售价格的详细测定开始的，即从产品在市场上被承认接受的价格开始，一个工序接一个工序地剖析其潜在的效益，从后向前核定。例如，公司在现有汽车上添加功能，生产出新型汽车，新型汽车的市场价格由在原有汽车售价基础上的价格增量部分决定。因此，采用目标成本法需要收集原有的成本资料、生产工艺的改进对成本的影响、人力资源成本的升降等信息。

（4）计算市场容许成本。市场容许成本指目标售价减去目标利润之后的余额。企业一般采取价值工程、拆装分析、流程再造、全面质量管理、供应链全程成本管理等措施和手段，寻求消除当前成本或设计成本与容许成本之间差异的措施，使容许成本转化为可实现的目标成本。

（5）设定目标成本。企业应将容许成本与新产品设计成本或老产品当前成本进行比较，确定差异及成因，设定可实现的目标成本。应用目标成本法一般需经过目标成本的设定、分解、达成、再设定、再分解、再达成的多重循环，以持续改进产品方案。

（6）分解可实现目标成本。企业应按主要功能对可实现的目标成本进行分解，确定产品包含的每一个零部件的目标成本。在分解时，首先，企业应确定主要功能的目标成本，其次，寻求实现这种功能的方法，并把主要功能和主要功能级目标成本分配给零部件，形成零部件级目标成本。最后，企业应将零部件级目标成本转化为供应商的目标售价。

（7）落实目标成本责任。企业应将设定的可实现目标成本、功能级目标成本、零部件级目标成本和供应商目标售价进一步量化为可控制的财务和非财务指标，落实到各责任中心，形成各责任中心的责任成本和成本控制标准，并授予相应的权限，将达成的可实现目标成本落到实处。

（8）考核成本管理业绩。企业应依据各责任中心的责任成本和成本控制标准，按照业绩考核制度和办法，定期进行成本管理业绩的考核与评价，为各责任中心和人员的奖惩奠定基础。

（9）持续改善目标成本。企业应定期将产品实际成本与设定的可实现目标成本进行对比，确定其差异及性质。分析差异的成因，提出消除各种重要不利差异的可行途径和措施，进行可实现目标成本的新设定、再达成，推动成本管理的持续优化。

2. 目标成本法的实际应用——价值工程法

目标成本控制经常采用拆卸分析、价值工程和再造工程等方法，其中价值工程是评价设计方案最基础的方法。

（1）价值工程是一项以功能分析为核心，用最低成本实现产品或作业必要功能的有组织的活动，具有以下三个方面的特征。

第一，价值工程以最低成本实现某种产品或作业应具备的必要功能，使产品或作业达到最佳价值。这里的功能指产品和作业的必要功能，即产品和作业必须具备的用途，以满足消费者需求为前提，避免功能过剩和功能不足。这里的成本指产品生命周期成本，包括生产成本（设计成本、开发成本、制造成本和非制造成本）和使用成本（运行成本、维修成本和保养成本）。

第二，价值工程的核心是对产品或作业进行功能分析。产品或作业设计的核心是功能分析，确定实现必要功能的最优方案。价值分析可以发现哪些功能是消费者需要的、存在哪些过剩和不足的功能，通过改进方案使产品或作业的功能结构更加合理。

第三，价值工程是一项有组织的活动。价值工程用最低成本达到必要功能，需要各部门专业人员联手，发挥集体智慧，因此，它是一项有计划、有组织的活动。

（2）价值工程法的实施步骤包括计划阶段、执行阶段、检查评价阶段和处理阶段。目标成本的制定发生在计划阶段，通过功能分析选择最佳方案，在此基础上确定某一功能的目标成本，并将其分解到各个零部件。具体步骤如下。

第一步，选择价值分析对象。企业不可能对所有产品或作业都进行价值分析，只能针对薄弱环节，选择重点对象进行分析。实践中通常选择成本高于同类产品或高于功能相近产品的产品作为研究对象。

第二步，收集信息。根据选定对象的性质、范围和要求，了解和把握本企业与国内外同行业同类产品的成本构成及成本水平，包括材料费、加工费、外购件成本等。

第三步，功能评价。实现某一功能可以有多个方案，功能评价通过比较不同方案的最低成本和目前成本，确定实现该功能的目前最优方案。该方案是在当前条件下相对比较合理的一个方案。功能评价通常采用"功能价值"和"成本降低蝠度"作为评价标准，其计算公式如下：

功能价值 = 实现某一功能的最低成本 ÷ 实现某一功能的目前成本

$$(4-2)$$

成本降低幅度 = 实现某一功能的目前成本 − 实现某一功能的最低成本

$$(4-3)$$

功能价值越大，说明该方案目前成本越接近最低成本，该方案相对较优。成本降低幅度越小，说明该方案改进的潜力越小，该方案相对较优。

第四步，制订方案。在功能分析的基础上，选择实现该功能的目前最优方案。对选定方案提出进一步的改进对策，包括提出改进方案、评价改进方案和选定最优改进方案三个步骤。

第五步，确定目标成本。首先，针对选择的最优改进方案，运用"目标成本 = 目标售价−目标利润"原理，确定产品目标成本。其次，计算各个零部件的"功能评价系数"。其步骤为：①在作业成本法分析的基础上，找出成本比重较大的零部件，按顺序排列，依据功能重要程度一一对比，重要零部件得 1 分，次要零部件得 0 分。②将各个零部件得分加以累计，再除以全部零部件总分数，可求得各个零部件的"功能评价系数"。③采用"功能评价系数"将产品目标成本分配给各个零部件，计算出零部件的目标成本，作为事前控制的依据。④将产品目标成本乘以各个零部件的"功能评价系数"，可得到各个零部件的目标成本。

（三）目标成本法的评价

1. 目标成本法的主要优点

（1）突出从原材料到产品出货全过程的成本管理，有助于提高成本管理的效率和效果。

（2）强调产品生命周期成本的全过程和全员管理，有助于提高客户价值和产品市场竞争力。

（3）谋求成本规划与利润规划活动的有机统一，有助于提升产品的综合竞争力。

2. 目标成本法的主要缺点

目标成本法在实际应用中不仅要求企业拥有各类人才，更要求企业有关部门和人员的通力合作，对管理水平要求较高，其实施有一定的难度。

【例4-3】假设某公司是一家生产多媒体音箱的企业。该公司2024年销售额为11310万元，2024年生产成本中的直接材料费用为6202万元，直接人工费用为918万元，制造费用为1923万元（其中制造工程部390万元，喇叭生产车间460万元，音箱车间1073万元），管理费用为1105万元，销售费用为71万元，财务费用为135万元。实现利润964万元。

经董事会决定，2025年在全公司实行目标成本法，努力降低成本，并提出以下措施。

（1）由于市场竞争日益激烈，在音箱市场价格会下跌25%的情况下，销售量保持不变。

（2）确保目标利润总额不低于880万元。

（3）直接材料费用、直接人工费用和制造费用均下降25%。

（4）制造费用中制造工程部负担部分下降20%，喇叭生产车间负担部分下降25%，其余费用由音箱车间负担。

（5）销售费用保持上年水平。

（6）管理费用和财务费用兜底，按同等比例下降。

试算2025年的成本管理费用。

【解析】

（1）计算预算年度的销售额＝11310×（1-25%）＝8482.5（万元）

（2）市场容许成本＝8482.5-880＝7602.5（万元）

（3）直接材料费用＝6202×（1-25%）＝4651.5（万元）

（4）直接人工费用＝918×（1-25%）＝688.5（万元）

（5）制造费用＝1923×（1-25%）＝1442.25（万元）

其中：

制造工程部制造费用＝390×（1-20%）＝312（万元）

喇叭生产车间制造费用＝460×（1-25%）＝345（万元）

音箱车间负担制造费用＝1442.25-312-345＝785.25（万元）

（6）销售费用保持上年水平，即 71 万元。

（7）管理费用和财务费用总额 = 7602.5 – 4651.5 – 688.5 – 1442.25 – 71 = 749.25（万元）

其中：

管理费用 = 749.25 × 1105 ÷（1105 + 135）= 667.68（万元）

财务费用 = 749.25 × 135 ÷（1105 + 135）= 81.57（万元）

三、标准成本法

（一）标准成本法的概念

标准成本法指企业以预先制定的标准成本为基础，通过比较标准成本与实际成本，计算和分析成本差异，揭示成本差异动因，实施成本控制、评价经营业绩的一种成本管理方法。其中，标准成本是通过调查分析、运用技术测定等方法制定的，在有效经营条件下所能达到的目标成本。

标准成本是在正常生产经营条件下应该实现的，作为控制开支、衡量效率、评价效益的依据和尺度的一种目标成本。根据要求达到的不同效率目标，标准成本可分为理想标准成本、正常标准成本和现实标准成本。

1. 理想标准成本

理想标准成本是在最佳工作状态下可以达到的成本水平，是排除了一切失误、浪费和资源闲置等因素，根据理论耗用量、价格以及满负荷生产能力制定的标准成本。理想标准成本是影响成本的所有因素都在最佳状态时的成本水平，然而这种情况实际上是不存在的，因此只是"理想成本"，它指出了企业努力的方向和目标。

2. 正常标准成本

正常标准成本是在正常生产经营条件下应该达到的成本水平，是根据正常的耗用水平、价格和生产经营能力利用程度制定的标准成本。正常标准成本通常反映过去一段时期实际成本水平的平均值，反映该行业平均的生产能力和技术能力，在生产技术和经营管理条件变化较小的情况下，是一种可以在较长时间内采用的标准成本。

知识拓展

3. 现实标准成本

现实标准成本是在现有的生产条件下应该达到的成本水平，是根据现在的价格水平、生产耗用量以及生产经营能力利用程度制定的标准成本。现实标准成本最接近实际成本、最切实可行，通常是员工经过努力可以达到的标准，并为管理层提供衡量的依据。与正常标准成本不同的是，它需要根据现实情况的变化不断修改，而正常标准成本可以在较长一段时间内固定不变。

通常来说，理想标准成本低于正常标准成本。理想标准成本要求异常严格，一般很难达到，正常标准成本具有客观性、现实性、激励性、稳定性等特点，在实践中得到广泛应用。

（二）标准成本的制定

制定标准成本时，要分别确定用量标准和价格标准，两者相乘得到标准成本，即

$$标准成本 = 用量标准 \times 价格标准$$

其中，用量标准指每单位产品所需消耗资源的数量限定标准，包括单位产品材料消耗量、单位产品直接人工工时、单位产品机器工时等。用量标准的潜在来源主要有历史经验、工艺研究及生产操作人员的意见。价格标准指每单位资源的价格限定标准，包括原材料单价、小时工资率、小时制造费用分配率等。制定价格标准是生产、采购、人事和会计部门的共同责任。

产品成本由直接材料费用、直接人工费用和制造费用组成。无论确定哪一个项目的标准成本，都需要分别确定其用量标准和价格标准，两者的乘积就是每一成本项目的标准成本，将各项目的标准成本汇总，即得到单位产品的标准成本。其计算公式为：

$$单位产品的标准成本 = 直接材料标准成本 + 直接人工标准成本$$
$$+ 制造费用标准成本$$
$$= \sum（用量标准 \times 价格标准） \tag{4-4}$$

1. 直接材料标准成本的制定

直接材料的标准成本由材料的用量标准和价格标准确定。

直接材料的用量标准指在现有生产技术条件下，生产单位产品所需的材料数量。它包括构成产品实体的材料、有助于产品形成的材料，以及生产过程中的合理损耗和难以避免的损失所耗用的材料。材料的用量标准一般应根据科学的统计调查，以技术分析为基础计算确定。

直接材料的价格标准通常采用企业编制的计划价格，一般以订货合同的价格为基础，考虑未来物价、供求等各种变动因素后按材料种类分别计算，包括买价、运杂费、保险费、包装费、检验费和运输途中的合理损耗等成本费用。直接材料的标准成本一般由财务部门、采购部门等共同制定。

单位产品直接材料标准成本的计算公式为：

$$单位产品直接材料标准成本 = \sum（单位产品的材料用量标准 \times 材料价格标准）$$
$$\tag{4-5}$$

【例4-4】宇兴公司生产甲产品需要使用 A、B 两种材料，相关资料及标准成

本计算如表 4 - 3 所示。

表 4 - 3　直接材料标准成本

项目	A 材料	B 材料
价格标准（元）		
买价	10	12
采购费用	0.8	0.8
每千克材料价格标准	10.8	12.8
用量标准（千克）		
正常耗用量	19	19
合理损耗量	0.6	0.2
废品损耗量	0.4	0.8
单位产品用量标准	20	20
各材料标准成本（元）	216	256
单位产品直接材料标准成本（元）	472	

2. 直接人工标准成本的制定

直接人工的标准成本由直接人工的用量标准和直接人工的价格标准确定。

直接人工用量标准，即工时用量标准，指在现有的生产技术条件下，生产单位产品所耗用的必要的工作时间，包括对产品直接加工工时、必要的间歇或停工工时，以及不可避免的废次品所耗用的工时等。直接人工的标准成本一般由生产技术部门、劳动工资部门等运用特定的技术测定方法和分析统计资料后确定。

直接人工的价格标准就是标准工资率，通常由劳动工资部门根据用工情况制定。当采用计时工资时，标准工资率就是小时标准工资率，由标准工资总额与标准总工时的商确定，即

标准工资率 = 标准工资总额／标准总工时　　　（4 - 6）

因此，

直接人工标准成本 = 标准工时 × 标准工资率　　　（4 - 7）

【例 4 - 5】宇兴公司生产甲产品的直接人工标准成本计算及结果如表 4 - 4 所示。

表 4 - 4　直接人工标准成本

项目	第一车间	第二车间
工资总额（元）	6600	6800
总工时（小时）	275	400
小时标准工资率（元）	24	17
直接加工工时（小时）	7	8

项目	第一车间	第二车间
必要的间歇和停工时间（小时）	0.4	0.5
废品所耗用时间（小时）	0.6	0.5
单位产品标准工时（小时）	8	9
各车间单位产品直接人工标准成本（元）	192	153
单位产品直接人工标准成本（元）	345	

3. 制造费用标准成本的制定

制造费用的标准成本由制造费用的用量标准和制造费用的价格标准确定。制造费用的标准成本一般先按车间分别编制，然后将同一产品涉及的各车间单位制造费用标准汇总，得出整个产品制造费用标准成本。

制造费用按成本性态分为变动制造费用和固定制造费用，因此，制造费用标准成本也分为变动制造费用标准成本和固定制造费用标准成本。

（1）变动制造费用标准成本的制定。

变动制造费用的用量标准通常采用单位产品直接人工工时标准，在制定直接人工标准成本时已经确定。用量标准的选择需要考虑用量与成本的相关性，有的企业采用机器工时和其他用量标准。

变动制造费用的价格标准是单位工时变动制造费用的标准分配率，它根据变动制造费用预算数和直接人工（或机器）总工时计算得出。其计算公式为：

$$变动制造费用分配率 = 变动制造费用预算数／直接人工（或机器）标准总工时$$

$$(4-8)$$

确定用量标准和价格标准后，两者相乘可得出变动制造费用标准成本，即

$$变动制造费用标准成本 = 标准工时 × 变动制造费用分配率 \qquad (4-9)$$

【例 4-6】宇兴公司生产甲产品的变动制造费用标准成本计算及结果如表 4-5 所示。

表 4-5　变动制造费用标准成本

项目	第一车间	第二车间
变动制造费用预算（元）		
间接人工费	7500	4500
间接材料费	750	300
燃料费	10500	7800
其他	500	900
合计	19250	13500
直接人工总工时（小时）	275	400

续表

项目	第一车间	第二车间
变动制造费用分配率	70	33.75
单位产品标准工时（小时）	8	9
各车间变动制造费用标准成本	560	303.75
单位产品变动制造费用标准成本	863.75	

（2）固定制造费用标准成本的制定。

固定制造费用的用量标准通常采用单位产品直接人工工时、机器工时和其他用量标准。为了进行差异分析，它与变动制造费用的用量标准要保持一致。

固定制造费用的价格标准是单位工时固定制造费用的标准分配率，它根据固定制造费用预算数和直接人工（或机器）总工时计算得出。其计算公式为：

固定制造费用分配率 = 固定制造费用预算数／直接人工（或机器）标准总工时

(4-10)

确定用量标准和价格标准后，两者相乘可得出固定制造费用标准成本，即

固定制造费用标准成本 = 标准工时 × 固定制造费用分配率　(4-11)

【例4-7】宇兴公司生产甲产品的固定制造费用标准成本计算及结果如表4-6所示。

表4-6　固定制造费用标准成本

项目	第一车间	第二车间
固定制造费用预算（元）		
折旧费	15000	13500
管理人员工资	9000	9000
保险费	150	150
维修费	150	120
其他	450	350
合计	24750	23120
直接人工总工时（小时）	275	400
固定制造费用分配率	90	57.8
单位产品标准工时（小时）	8	9
各车间固定制造费用标准成本	720	520.2
单位产品固定制造费用标准成本	1240.2	

将以上确定的直接材料费用、直接人工费用和制造费用的标准成本按产品进行汇总，可得出甲产品的标准成本，如表4-7所示。通常，宇兴公司通过编制"标准成本卡"反映产品标准成本的具体构成。在每种产品生产前，它的标准成本卡要

送达有关部门及职工，包括各生产车间负责人、会计部门、仓库保管员等，作为领料、派工和支出其他费用的依据。

表4-7 甲产品的单位产品标准成本卡

成本项目	用量标准	价值标准	标准成本
直接材料费用			
A 材料	20 千克	10.8 元/千克	216 元
B 材料	20 千克	12.8 元/千克	256 元
直接材料费用合计			472 元
直接人工费用			
第一车间	8 小时	24 元/时	192 元
第二车间	9 小时	17 元/时	153 元
直接人工费用合计			345 元
变动制造费用			
第一车间	8 小时	70 元/时	560 元
第二车间	9 小时	33.75 元/时	303.75 元
变动制造费用合计			863.75 元
固定制造费用			
第一车间	8 小时	90 元/时	720 元
第二车间	9 小时	57.8 元/时	520.2 元
固定制造费用合计			1240.2 元
单位产品固定制造费用标准成本	2920.95 元		

（三）标准成本的差异分析

1. 标准成本差异分析概述

标准成本是目标成本的一种。由于各种原因，产品的实际成本与目标成本往往不一致，实际成本与标准成本之间的差额被称为标准成本差异，或简称成本差异。成本差异反映了实际成本偏离预定目标的程度。

企业进行标准成本差异分析的主要目标是找出差异产生的原因，提出可行的对策，以便采取措施加以纠正，提高工作效率，不断改善产品成本。

当实际成本高于标准成本时，形成超支差异；当实际成本低于标准成本时，形成节约差异。

标准成本差异分为直接材料成本差异、直接人工成本差异和制造费用差异，其中，制造费用差异又分为变动制造费用差异和固定制造费用差异。

直接材料、直接人工和变动制造费用都属于变动成本，其成本差异分析的基本方法相同。由于实际成本取决于实际用量和实际价格，标准成本取决于标准用量和标准价格，成本差异可以归结为两类：一类是实际价格偏离标准价格形成的价格差异，另一类是实际用量偏离标准用量造成的数量差异。其计算公式为：

成本差异 = 实际成本 − 标准成本

　　　　 = 实际用量 × 实际价格 − 标准用量 × 标准价格

　　　　 = 实际用量 × 实际价格 − 实际用量 × 标准价格 + 实际用量 × 标准价格

　　　　　 − 标准用量 × 标准价格

　　　　 = 实际用量 ×（实际价格 − 标准价格）+（实际用量 − 标准用量）

　　　　　 × 标准价格

　　　　 = 价格差异 + 用量差异　　　　　　　　　　　　　　　　（4 − 12）

其中

$$价格差异 = 实际用量 ×（实际价格 − 标准价格）\qquad (4 − 13)$$

$$用量差异 =（实际用量 − 标准用量）× 标准价格\qquad (4 − 14)$$

【课堂活动】公式中的"标准成本"和"标准用量"是实际产量下的还是预算产量下的项目？

2. 直接材料成本差异分析

直接材料成本差异是直接材料实际成本与标准成本之间的差额，由直接材料价格差异和直接材料用量差异组成。其中，直接材料价格差异是直接材料实际价格偏离标准价格形成的差异，按实际用量计算；直接材料用量差异是直接材料实际用量偏离标准用量形成的差异，按标准价格计算。其计算公式为：

$$直接材料成本差异 = 实际成本 − 标准成本 = 直接材料价格差异$$
$$+ 直接材料用量差异\qquad (4 − 15)$$

$$直接材料价格差异 =（实际价格 − 标准价格）× 实际用量\qquad (4 − 16)$$

$$直接材料用量差异 =（实际用量 − 标准用量）× 标准价格\qquad (4 − 17)$$

【例4 − 8】宇兴公司本月生产产品400件，使用材料2000千克，每件材料单价为1.5元，每件产品的直接材料标准用量为6千克，每千克材料的标准价格为1.2元。按照上述公式计算成本差异如下：

$$直接材料成本差异 = 2000 × 1.5 − 400 × 6 × 1.2 = 120（元）$$

$$直接材料价格差异 =（1.5 − 1.2）× 2000 = 600（元）$$

$$直接材料用量差异 =（2000 − 400 × 6）× 1.2 = − 480（元）$$

直接材料成本差异等于直接材料价格差异与直接材料用量差异之和，即600 +（−480）=120（元），可据此验算差异分析计算的正确性。

分析成本差异应注意以下几点。

（1）不能简单依据成本差异的方向（节约或超支）判断优劣。成本的发生是为了满足预期目标，进而实现价值增值，因此，在实现预期目标的过程中，成本的达成或节约才是有利的（也是有价值的）；反之，如果不能实现预期目标，则成本的节约是不利的（也是没有价值的）。例如，从北京到广州出差，如果任务紧急，坐飞机显然是最优选择；如果任务不紧急，坐火车也是可以的。任务与成本相比，任务第一，成本第二，成本是为了保证任务实现。

（2）要确定成本差异的责任部门。材料价格差异通常应由采购部门负责，因为影响材料采购价格的因素（如采购批量、供应商的选择、交货方式、材料质量、运输工具等）一般由采购部门控制并受其决策影响。材料用量差异通常应由生产部门负责，因为影响材料用量的因素（如任务安排、人员调配、设备使用、现场组织等）一般由生产部门控制并受其决策影响。

（3）要明确成本差异产生的原因并确定责任。虽然材料价格差异通常应由采购部门负责，但有些因素是采购部门无法控制的。例如，通货膨胀因素的影响、市场对原材料价格的调整等。因此，要对材料价格差异进一步分析研究，查明产生差异的真正原因，厘清各部门的责任。只有在科学分析的基础上，才能进行有效控制。同理，影响材料用量的因素也是多种多样的，包括生产工人的技术熟练程度和对工作的责任感、材料的质量、生产设备的状况等。一般而言，用量超过标准大多是工人粗心大意、缺乏培训或技术水平较低等造成的，应由生产部门负责，但用量差异有时会由其他部门造成。例如，采购部门购入低质量的材料，导致生产部门用料过多，由此产生的材料用量差异应由采购部门负责；再如，由于设备管理部门使生产设备不能完全发挥其生产能力，造成材料用量差异，应由设备管理部门负责。找出和分析造成差异的原因是进行有效控制的基础。

【课堂活动】直接材料价格差异和用量差异产生的原因还有哪些？

3. 直接人工成本差异分析

直接人工成本差异是直接人工实际成本与标准成本之间的差额，由直接人工工资率差异和直接人工效率差异组成。其中，直接人工工资率差异属于价格差异，是直接人工实际工资率偏离标准工资率形成的差异，按实际工时计算；直接人工效率差异属于用量差异，是直接人工实际工时偏离标准工时形成的差异，按标准工资率计算。其计算公式为：

$$直接人工成本差异 = 实际成本 - 标准成本 = 直接人工工资率差异$$
$$+ 直接人工效率差异 \qquad (4-18)$$
$$直接人工工资率差异 = （实际工资率 - 标准工资率）× 实际工时 \qquad (4-19)$$
$$直接人工效率差异 = （实际工时 - 标准工时）× 标准工资率 \qquad (4-20)$$

【例4-9】承【例4-8】，宇兴公司本月生产产品400件，实际工时总量为1650小时，支付工资5000元。每件产品的标准工时为3小时，标准工资率为4元/

小时。按照上述公式计算成本差异如下：

$$直接人工成本差异 = 5000 - 400 \times 3 \times 4 = 200(元)$$
$$直接人工工资率差异 = (5000/1650 - 4) \times 1650 = -1600(元)$$
$$直接人工效率差异 = (1650 - 400 \times 3) \times 4 = 1800(元)$$

直接人工成本差异等于直接人工工资率差异与直接人工效率差异之和，即 $-1600 + 1800 = 200$（元），可据此验算差异分析计算的正确性。

直接人工工资率差异的形成原因比较复杂，直接生产工人升级或降级使用、工资率调整、加班或使用临时工、出勤率变化等都将导致工资率差异。一般而言，这种差异的责任主要在人力资源部门，但形成差异的具体原因可能还会涉及生产部门或其他部门。

直接人工效率差异的形成原因也是多方面的，包括工作环境不良、工人经验不足、工人劳动情绪不佳、太多新工人上岗、机器或工具选用不当、设备故障较多、生产计划安排不当、产量规模太小而无法发挥经济批量优势等。直接人工效率差异主要是生产部门的责任，但也有例外。例如，材料质量不高会影响生产效率，由此产生的直接人工效率差异主要由采购部门负责。

4. 变动制造费用差异分析

变动制造费用差异是实际变动制造费用与标准变动制造费用之间的差额，由变动制造费用耗费差异和变动制造费用效率差异组成。其中，变动制造费用耗费差异属于价格差异，反映耗费水平的高低，是变动制造费用的实际分配率偏离标准分配率形成的差异，按实际工时计算；变动制造费用效率差异属于用量差异，反映工作效率变化引起的费用节约或超支，是实际工时偏离标准工时形成的差异，按变动制造费用标准分配率计算。其计算公式为：

$$\begin{aligned} 变动制造费用差异 &= 实际变动制造费用 - 标准变动制造费用 \\ &= 变动制造费用耗费差异 + 变动制造费用效率差异 \end{aligned}$$

$$(4-21)$$

$$\begin{aligned} 变动制造费用耗费差异 = &(变动制造费用实际分配率 \\ &- 变动制造费用标准分配率) \times 实际工时 \end{aligned} \quad (4-22)$$

$$\begin{aligned} 变动制造费用效率差异 = &(实际工时 - 标准工时) \\ &\times 变动制造费用标准分配率 \end{aligned} \quad (4-23)$$

【例4-10】承【例4-8】和【例4-9】，宇兴公司本月生产产品400件，实际工时总量为1650小时，实际发生变动制造费用3500元。每件产品的标准工时为3小时，变动制造费用标准分配率为2.5元/小时。按照上述公式计算成本差异如下：

$$变动制造费用差异 = 3500 - 400 \times 3 \times 2.5 = 500(元)$$
$$变动制造费用耗费差异 = (3500/1650 - 2.5) \times 1650 = -625(元)$$

　　变动制造费用效率差异 ＝（1650 － 400 × 3）× 2.5 ＝ 1125（元）

　　变动制造费用差异等于变动制造费用耗费差异与变动制造费用效率差异之和，即 － 625 ＋ 1125 ＝ 500（元），可据此验算差异分析计算的正确性。

　　变动制造费用耗费差异是实际支出与按实际工时和标准分配率计算的预算数之间的差额。后者是在承认实际工时为必要的前提下计算的弹性预算数，该项差异反映耗费水平即每小时业务量支出的变动制造费用偏离标准的情况。耗费差异由部门经理负责，他们有责任将变动制造费用控制在弹性预算限额内。

　　变动制造费用效率差异是由于实际工时偏离了标准工时，多用工时导致费用增加，其形成原因与直接人工效率差异相似。

　　5. 固定制造费用差异分析

　　固定制造费用差异指固定制造费用项目实际成本与标准成本之间的差额。固定制造费用属于固定成本，在一定业务量范围内不随业务量的变动而变化。因此，固定制造费用差异不能简单地分为价格差异和数量差异。为了计算固定制造费用标准分配率，必须设定一个预算工时，实际工时与预算工时之间的差异造成的固定制造费用差异被称为固定制造费用生产能力利用程度差异。固定制造费用差异相关计算公式如下：

　　固定制造费用差异 ＝ 固定制造费用项目实际成本 － 固定制造费用项目标准成本

$$(4 - 24)$$

　　【例 4 - 11】2024 年 12 月，宇兴公司车间实际发生的固定制造费用总额是 5000元。该月固定制造费用预算总成本为 32000 元，预算总工时为 18.75 小时。甲产品的单位标准工时为 3 小时/件。分析计算甲产品的固定制造费用成本差异如下：

$$制造费用标准分配率 ＝ 3 ÷ 18.75 ＝ 0.16$$
$$制造费用标准成本 ＝ 32000 × 0.16 ＝ 5120（元）$$
$$制造费用差异 ＝ 5000 － 5120 ＝ － 120（元）$$

　　以上计算结果表明，甲产品固定制造费用形成了 120 元的有利差异。

　　固定制造费用由各个部门的众多明细项目构成，其预算应按每个部门及明细项目分别编制，固定制造费用差异的分析和控制应按每个部门及明细项目分别进行。

　　（1）按照"二八"定律，对数量占 20% 但金额占 80% 的项目逐一进行分析，以确保重点控制的有效性。

　　（2）根据经验数据、预算数据和管理要求确定各明细项目的标准，编制预算，进行控制。如按定岗、定员、定编的要求确定员工的类别、数量、工资标准等，为工资费用的控制提供依据。

　　（3）将固定制造费用各明细项目的固定预算与实际发生数进行对比分析，按成本效益原则对差异进行评价，采取必要的控制措施。就预算差异而言，其产生的原因可能是资源价格的变动（如办公用品价格的变动、工资率的增减、电价和水价的提高等），某些固定成本（如职工培训费、折旧费、办公费等）因管理决定而变化，资源数量比预算有所增减（如职工人数的增减），为了完成预算而推迟某些固定成本的开支等。这些都应根据不同情况进行分析和控制。

（四）标准成本的评价

标准成本法的优点：（1）能及时反馈各成本项目的不同性质，有利于考核相关部门及人员的业绩。（2）标准成本的制定及其差异和动因的信息可以使企业预算的编制更为科学和可行，有助于企业作出科学的经营决策。

标准成本法的缺点：（1）要求企业产品的成本标准比较准确、稳定，在使用条件上存在一定的局限性。（2）对标准管理水平要求较高，系统维护成本较高。（3）标准成本需要根据市场价格波动频繁更新，导致成本差异可能缺乏可靠性，降低成本控制效果。

标准成本法一般适用于产品及其生产条件相对稳定，或生产流程与工艺标准化程度较高的企业。

四、变动成本法

（一）变动成本法的含义及适用要求

变动成本法又称直接成本计算法，指企业以成本性态分析为前提条件，仅将生产过程中消耗的变动生产成本（直接材料、直接人工和变动制造费用）作为产品成本的构成内容，将固定生产成本（固定制造费用）和非生产成本（管理费用、销售费用和财务费用）作为期间成本，直接由当期收益予以补偿的一种成本管理方法。

变动成本法通常用于分析产品的盈利能力，为正确制定经营决策，科学进行成本计划、成本控制和成本评价与考核等提供有用信息。应用变动成本法应遵循：企业所处的市场竞争环境激烈，需要频繁进行短期经营决策；市场相对稳定，产品差异化程度不大，有利于企业进行价格等短期决策；企业应保证成本基础信息记录完整，财务会计核算基础工作完善；企业应建立较好的成本性态分析基础，具有划分固定成本与变动成本的科学标准、划分标准的使用流程与规范；企业能够及时、全面、准确地收集与提供有关产量、成本、利润以及成本性态等方面的信息。

（二）混合成本的分解

成本按性态分析的重要内容是将现实中各项混合成本进行分解，使成本数据呈现出固定成本与变动成本的性态特征，从而在成本管理中有效运用这些成本变化规律。

混合成本的分解方法随着数理分析技术的运用和相关成本管理软件模块的开发

逐步迭代升级。企业采用成本分析方法要从成本数据中找到关键的影响因素，并用数学模型刻画，洞悉成本变化的规律，使成本管理不再单纯依靠主观经验或局限于数据表象。

历史成本法是以历史成本数据开展统计推断，拟合出成本总额与业务量之间的函数关系，探寻成本总额中具有变动成本性态和固定成本性态的部分。

1. 高低点法

高低点法是历史成本法中最简便的一种分解方法。基本做法是以某一期间内最高业务量（高点）的混合成本与最低业务量（低点）的混合成本的差数，除以最高业务量与最低业务量的差数，商数即业务量的成本变量（单位业务量的变动成本额），进而确定混合成本中的变动成本部分和固定成本部分。

在一定的相关范围内，混合成本可以用"$y = a + bx$"的线性模型近似地描述，其中，a是固定成本，bx是变动成本。在相关范围内，依据业务量和成本总额选择高点和低点，形成坐标图上的两个样本点，将两点连成一条直线，则完成了对混合成本函数"$y = a + bx$"的拟合。

运用高低点法分解混合成本的过程如下：

设高点的成本性态为：

$$y_1 = a + b x_1 \qquad (4-25)$$

低点的成本性态为：

$$y_2 = a + b x_2 \qquad (4-26)$$

式（4-25）减式（4-26），有：

$$y_1 - y_2 = b(x_1 - x_2) \qquad (4-27)$$

式（4-27）表明总成本的差量是业务量的差量与单位变动成本的乘积，即全部为变动成本。移项后可求解b。将b求解的结果代入式（4-25）或式（4-26）中并移项，可求解a。

【例4-12】假定宇兴公司2024年全年的产量和电费的有关数据如表4-8所示。

表4-8　宇兴公司2024年全年的产量和电费数据

月份	产量（件）	电费（元）	月份	产量（件）	电费（元）
1	800	2000	7	1000	2460
2	600	1700	8	1000	2520
3	900	2250	9	900	2320
4	1000	2550	10	700	1950
5	800	2150	11	1100	2650
6	1100	2750	12	1200	2900

2024年产量最高的月份是12月，为1200件，相应电费为2900元；产量最低

的月份是 2 月，为 600 件，相应电费为 1700 元。按上文的运算过程计算如下：

$$b = \frac{2900 - 1700}{1200 - 600} = 2(元／件)$$

$$a = 2900 - 2 \times 1200 = 500(元)$$

以上计算表明，该企业电费这项混合成本中包含 500 元的固定成本；单位变动成本为每件 2 元。用数学模型描述这项混合成本，即 $y = 500 + 2x$。

运用高低点法分解混合成本有其局限性，因为高点和低点的业务量为该项混合成本相关范围的两个极点，从中找到一条成本曲线（直线）不能充分拟合其他成本数据点，会造成一些偏差。如果加入更多的观察值，应采用更科学的方法，从以上多个散点中找到成本曲线（直线）。

2. 回归直线法

回归直线法运用数理统计中的线性回归原理，具体做法是从一组成本数据的散点中找到一条直线，近似地拟合成本散点数据的分布，围绕各项因素将成本数据刻画成线性模型。因此，回归直线法是探索成本变化规律的一个数理统计方法，通过将成本拟合成线性模型，使混合成本数据显现出变动成本与固定成本的性态。

现在假设企业有 n 个成本数据的观测值 (x,y)，y 代表成本，x 代表业务量。采用回归直线法将这组成本数据拟合成线性模型，用 $y = a + bx$ 表示，截距项 a 是固定成本，斜率 b 代表单位变动成本。通过回归直线法得到 a、b 的回归估计值 (a, b)，将混合成本分解为变动成本部分（bx）和固定成本部分（a）。

回归直线模型常见的估计方法是最小二乘法。

假定有 n 个成本的观测值 (x,y)，一组决定回归直线的联立方程式可表示为：

$$\sum y = na + b \sum x \tag{4-28}$$

各观测值与最终确定的回归直线的离差平方和最小，计算过程如下：

$$\delta = \sum_{i=1}^{n} \left[y_i - (a + b x_i) \right]^2$$

δ 为方差，现在求解 δ 最小时的 a 和 b。为此，需要对 δ 求一阶导数，令导数为 0，即可估计出 a 和 b 的值。计算公式如下：

$$b = \frac{n \sum xy - \sum x \sum y}{n \sum x^2 - \left(\sum x \right)^2} \tag{4-29}$$

$$a = \frac{\sum x^2 \sum y - \sum x \sum xy}{n \sum x^2 - \left(\sum x \right)^2} \tag{4-30}$$

【例 4-13】承接【例 4-12】，具体说明如何用回归直线法对混合成本进行分解。为了便于说明和计算，计算所需的有关数据如表 4-9 所示。

表 4-9 基础数据

月份	产量（件）x_i	电费（元）y_i	$x_i y_i$	x_i^2
1	800	2000	1600000	640000
2	600	1700	1020000	360000
3	900	2250	2025000	810000
4	1000	2550	2550000	1000000
5	800	2150	1720000	640000
6	1100	2750	3025000	1210000
7	1000	2460	2460000	1000000
8	1000	2520	2520000	1000000
9	900	2320	2088000	810000
10	700	1950	1365000	490000
11	1100	2650	2915000	1210000
12	1200	2900	3480000	1440000
合计	11100	28200	26768000	10610000

将表 4-9 中的有关数据代入公式，有：

$$b = \frac{n\sum xy - \sum x \sum y}{n\sum x^2 - \left(\sum x\right)^2} = \frac{12 \times 26768000 - 11100 \times 28200}{12 \times 10610000 - (11100)^2} = 1.99(\text{元／件})$$

$$a = \frac{\sum x^2 \sum y - \sum x \sum xy}{n\sum x^2 - \left(\sum x\right)^2} = \frac{10610000 \times 28200 - 11100 \times 26768000}{12 \times 10610000 - (11100)^2}$$

$$= 505.40(\text{元})$$

注意，当 b 值确定后，可以通过 $\sum y = na + b\sum x$ 得到 a 值，但 b 值应该尽量保留尾数，否则误差会因不断积累而变大。在该例中，如果 b 值取 1.99，则通过公式计算的 a 值为：

$$a = \frac{\sum y - b\sum x}{n} = \frac{28200 - 1.99 \times 11100}{12} = 509.25(\text{元})$$

如果 b 值取 1.99416，则计算的 a 值为 505.40。

在现代管理实践中，回归直线法可以通过软件模块完成计算，会计人员只需选择需要成本拟合的数据，导入软件，就可以得到混合成本的线性模型估计结果，完成混合成本的分解。

3. 账户分析法

企业在开展混合成本分解时，除要运用数理统计等技术手段进行成本分解外，还要明确哪些成本数据需要分解，这要求首先确定成本核算账户包含的内容，通过职业判断识别成本核算内容与成本动因之间的关系，确定其成本性态。这种针对账户内容开展成本性态分析的方法，被称为账户分析法。

账户分析法的基本做法是根据各成本、费用账户的具体内容，判断它们是更接近固定成本还是更接近变动成本，进而直接将其确定为固定成本或变动成本。例如，"管理费用"账户内各项目发生额的大小在正常产量范围内与产量变动没有关系，或没有明显关系，就将管理费用全部视为固定成本；"制造费用"账户中的车间管理部门办公费、按折旧年限计算的设备折旧费等，虽与产量的关系比管理费用与产量的关系密切，但基本特征仍属"固定"，因此也应视为固定成本；"制造费用"账户内的燃料动力费、维修费等，虽然不像直接材料费那样与产量呈正比例变动，但其发生额的大小与产量变动的关系很明显，因此可以将其视为变动成本。

【例4-14】假设以宇兴公司的某一生产车间作为分析对象，某月的成本数据如表4-10所示。

表4-10　成本数据

项目	成本（元）
生产成本——材料	240000
——工资	30000
制造费用——燃料、动力	12000
——修理费	4000
——工资	8000
——折旧费	20000
——办公费	6000
合计	320000

如果该车间只生产单一产品，那么本月发生的320000元费用将构成该产品的全部成本。如果生产多种产品，并假定上述属于共同费用的数据是在合理分配的基础上得到的，则有关成本的分解过程如表4-11所示。

表4-11　成本分解

项目	总成本（元）	固定成本（元）	变动成本（元）
生产成本——材料	240000		240000
——工资	30000		30000
制造费用——燃料、动力	12000		12000
——修理费	4000		4000
——工资	8000		8000
——折旧费	20000	20000	
——办公费	6000	6000	
合计	320000	26000	294000

　　直接材料和直接人工（"生产成本"账户成本项目）通常为变动成本；燃料动力费、修理费、间接人工费虽然不与产量呈正比例变动关系，但有明显的变动关系，因此确定为变动成本；折旧费和办公费与产量变动没有明显关系，因此确定为固定成本。可以看出，上述分解过程是在一定的假设条件下进行的：假设生产工人的工资实行计件工资制，那么直接人工费用属于变动成本；假设生产设备的折旧额不按加工量或加工时间计算，那么折旧费属于固定成本。对于特定的分解对象而言，相应的假设条件由于经常被使用而约定俗成为既定前提。因此，对于一些常见的成本费用，如折旧费、直接材料费用、直接人工费用等，可以依据前述的既定前提，直接将其确定为固定成本或变动成本。

　　根据表 4 – 11，该车间的总成本被分解为固定成本和变动成本，其中：

$$a = 26000（元）$$

　　假设该车间当月产量为 1000 件，则：

$$b = \frac{294000}{1000} = 294（元／件）$$

　　以数学模型描述该车间的总成本，即

$$y = 26000 + 294x$$

　　账户分析法是混合成本分解的诸多方法中最为简便的一种，也是相关决策分析中应用比较广泛的一种。其分析结果的可靠性在很大程度上取决于有关分析人员的判断能力，不可避免地带有片面性和局限性。

　　就账户分析法的应用对象而言，这一方法通常用于特定期间内总成本的分解，对成本性态的确认通常只限于成本性态比较典型的成本项目；对于成本性态不典型的成本项目，应该选择其他的成本分解方法。

　　从混合成本分解的各种方法中可以看出，成本分解的过程是一个对成本性态进行探索的过程。在现代企业管理中，随着管理信息系统的完善与成本核算数据的逐步累积，许多企业已具备对成本开展更精确分析的基础，与成本管理有关的实务人士也更加精通企业成本的变化规律，包括成本性态及其分解。

　　（三）变动成本法与完全成本法的对比

　　1. 变动成本法与完全成本法的区别

　　变动成本法与完全成本法对固定制造费用的不同处理方式导致了一系列差异，主要表现在产品成本的构成内容、存货成本的构成内容以及各期损益三个方面。

知识拓展

　　（1）产品成本的构成内容不同。

　　完全成本法将所有成本分为制造成本（或称生产成本，包括直接材料费用、直接人工费用和制造费用）和非制造成本（包括管理费用、销售费用和财务费用），将制造成本完全计入产品成本，将非制造成本计入期间费用。

变动成本法的产品成本包括直接材料费用、直接人工费用和变动制造费用，固定制造费用与非制造成本都属于期间费用。

两种方法在产品成本计算上的差异可以从图4-9中看出。

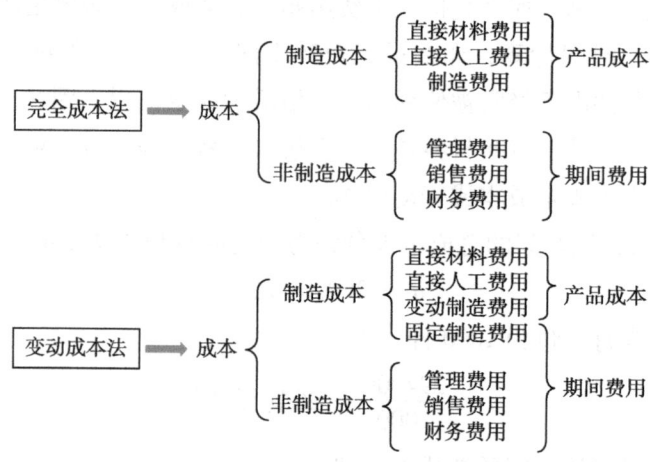

图4-9 变动成本法与完全成本法的构成

现举例说明两种成本法下产品成本计算的差异。

【例4-15】宇兴公司2024年12月初没有在产品和产成品存货。当月共生产某种产品50件，销售40件，月末结存10件。该产品的制造成本资料和企业的非制造成本资料如表4-12所示。

表4-12 成本资料

成本项目	单位产品成本（元）	总成本（元）
直接材料费用	200	10000
直接人工费用	60	3000
变动制造费用	20	1000
固定制造费用		2000
管理费用		3000
销售费用		2500
财务费用		1500
合计		23000

如果采用变动成本法，则单位产品成本为280（200＋60＋20）元；如果采用完全成本法，则需要将固定制造费用分配至本期生产的50件产品上，单位产品成本不仅包含直接材料费用、直接人工费用，而且包含单位产品分担的变动制造费用和固定制造费用，具体为320（200＋60＋20＋2000÷50）元。

变动成本法将固定制造费用处理为期间费用，其单位产品成本比完全成本法下的单位产品成本低。变动成本法下的期间费用为 9000（2000 + 3000 + 2500 + 1500）元，完全成本法下的期间费用为 7000（3000 + 2500 + 1500）元。

产品成本的构成内容不同是变动成本法与完全成本法的主要区别，两种方法在其他方面的区别均由此产生。

（2）存货成本的构成内容不同。

产品成本的构成内容不同，存货成本的构成内容也随之不同。采用变动成本法，无论是库存产成品、在产品还是已销产品，其成本均只包括制造成本中的变动部分，期末存货计价也只包括这一部分。采用完全成本法，无论是库存产成品、在产品还是已销产品，其成本均包括一定份额的固定制造费用，期末存货计价相应地也包括这一份额。

显然，变动成本法下的期末存货计价必然小于完全成本法下的期末存货计价。前例中，如假设该月末无在产品，按变动成本法计算，期末存货的成本为 2800（280 × 10）元；按完全成本法计算，期末存货的成本为 3200（320 × 10）元。

产品成本和存货成本上的差异会对损益的计算产生影响。

（3）各期损益不同。

从期间损益来看，变动成本法将固定制造费用计入期间费用，抵减当期损益。完全成本法将固定制造费用计入产品成本，只有产品销售时才会随产品的其他成本项目（直接材料费用、直接人工费用）一并结转当期损益。这意味着变动成本法与完全成本法对各期损益的影响的关键在于当期生产的产品是否销售完毕，即产销是否平衡。

在适时制生产模式下，产销基本平衡，每期以销售量定产量，企业当期没有存货。在完全成本法下，与产品生产有关的全部成本（变动成本与固定成本）会作为产品的销售成本结转出去。此类情形如果采用变动成本法核算，则产品的全部成本也就是变动成本，会随着产品销售完毕结转出去，与产品相关的固定制造费用被计入期间费用。因此，在产销平衡时，两种方法的期间损益相同，不同的只是固定制造费用属于产品销售成本还是期间费用。

当产销不平衡时，会出现两种情形：一是当期产量大于销售量，形成当期新增库存；二是当期产量小于销售量，需要调动期初库存满足当期销售。

【例 4-16】承【例 4-15】，假设每件产品售价为 500 元；销售费用中有变动费用，为 20 元/件。分别采用变动成本法和完全成本法计算的当期税前利润如表 4-13 所示。

表 4 – 13 变动成本法和完全成本法下当期税前利润的比较

项目	变动成本法（元）	完全成本法（元）
销售收入（40×500）	20000	20000
销售成本	11200（40×280）	12800（40×320）
管理费用		3000
销售费用		2500
变动销售费用	800（40×20）	
财务费用		1500
营业贡献毛益	8000	
固定成本		
固定制造费用	2000	
管理费用、财务费用、固定管理费用	6200	
税前利润	–200	200

从表 4 – 13 可以看出，不同成本计算法下计算的税前利润不同。采用变动成本法时为 –200 元（亏损），采用完全成本法时为 200 元（盈利），相差 400 元。这 400 元正是完全成本法所确认的应由期末存货负担的固定制造费用部分（2000 ÷ 50×10），在变动成本法下，它作为期间费用被计入当期损益。这 400 元在完全成本法下被视为"一种可以在将来换取收益的资产"列入资产负债表，在变动成本法下被视为费用列入利润表。因此，上例中假设企业期初没有存货，且产量大于销售量，此时变动成本法与完全成本法计算得到的损益差别就是当期生产但未销售的产品所应负担的固定制造费用。

2. 变动成本法与完全成本法的特点比较与评价

完全成本法和变动成本法的根本区别在于如何看待固定制造费用，这决定了两种成本计算方法的特点。通过对比完全成本法与变动成本法，可以进一步认识这两种方法的优点和不足。

（1）变动成本法的特点与利弊。

变动成本法能在管理会计实践中获得应用，一个关键的原因是以成本性态的分解为基础，由此延伸出以下特点。

第一，以成本性态分析为基础计算产品成本。变动成本法将产品的制造费用按成本性态分为变动制造费用和固定制造费用，认为只有变动制造费用才与产品制造决策有关，构成产品成本，在产品销售收入中获得补偿。固定制造费用是短期内经营决策无法改变的成本，与产品的销售量无关，只与企业是否生产有关，因此不应被列为产品制造成本，而是作为期间费用处理。或者说，变动成本法认为固定制造费用属于为取得收益而丧失的资产。

第二，强调销售环节对企业利润的贡献。变动成本法将固定制造费用作为期间费用，产品只包含变动成本，这使存货部分不再负担固定制造费用。因此，当销售品种构成、销售价格、单位变动成本不变时，企业利润将只随销售数量的变化而变化，销售量大则利润高，这导致变动成本法下的经营损益对销售量的变化更为敏感。这一点在买方市场中（供应量大于需求量的环境）对企业经营有指导意义。

第三，变动成本法是管理会计开展本量利分析的基础。产品销售收入与产品成本（变动成本）的差量对应管理会计的一个重要概念——贡献毛益，因此，变动成本法提供的信息可以直接应用于企业的经营决策分析，促使企业关注成本性态对利润的影响。

由此可见，变动成本法提供的损益信息、贡献毛益信息对销售量变化更敏感，促使企业在经营决策中更重视销售环节，将注意力更多地集中在分析市场动态、开拓销售渠道、做好售后服务方面，符合竞争市场环境下企业经营决策的要求。

此外，变动成本法将固定制造费用全部作为期间费用，省去了固定制造费用的分摊工作，避免了分摊中的主观随意性。当然，变动成本法有一定的局限性，主要表现在按成本性态确定产品成本构成，在很大程度上依赖成本按性态分解的合理性与可靠性。

（2）完全成本法的特点与利弊。

与变动成本法相比，完全成本法最主要的特点是不区分成本的性态，产品成本既包含变动成本，也包含固定制造费用。因此，完全成本法有以下特点。

第一，强调固定制造费用和变动制造费用在成本补偿方式上的一致性。完全成本法认为，只要是与产品生产有关的耗费，均应从产品销售收入中得到补偿，固定制造费用不应被区别对待。

第二，强调生产环节对企业利润的贡献。如例题分析所示，完全成本法提供的损益信息是产量大则利润高，这是因为产量大则摊薄固定制造费用，客观上有刺激产量扩张的作用。当然，完全成本法符合公认的会计原则的要求，即成本核算应当反映企业全部的资源耗费。固定制造费用作为制造环节的关键消耗，应该按照相关性原则和权责发生制完整、及时准确地计入产品成本。因此，以完全成本法核算的成本可以直接用于对外报告，弥补了变动成本法只能满足对内决策需要的不足。

在评价和应用完全成本法和变动成本法时，应注意和强调成本信息决策有用性的差异（如不同市场环境下，管理的目的不同；不同利益主体，其考核角度不同），不能简单处理。

五、作业成本法

（一）作业成本法概述

1. 作业成本的含义

作业成本法指以"作业消耗资源、产出消耗作业"为原则，按照资源动因将资源费用追溯或分配至各项作业，计算出作业成本，再根据作业动因，将作业成本追溯或分配至各成本对象，最终完成成本计算的一种成本管理方法。

（1）资源费用指企业在一定期间内开展经济活动发生的各项资源耗费。资源费用既包括房屋及建筑物、设备、材料、商品等有形资源的耗费，也包括信息、知识产权、土地使用权等各种无形资源的耗费，还包括人力资源耗费以及其他各种税费支出等。企业的资源既包括直接材料费用、直接人工费用、生产维持成本（如采购人员的工资），又包括制造费用以及生产过程中的其他费用（如销售推广费用）。

知识拓展

（2）作业指企业基于特定目的重复执行的任务或活动，是连接资源和成本对象的桥梁。一项作业既可以是一项非常具体的任务或活动，如车工作业；也可以泛指一类任务或活动，如机加工车间的车、铣、刨、磨等所有作业可以统称为机加工作业；甚至可以将机加工作业、产品组装作业等统称为生产作业。

知识拓展

（3）成本对象指企业追溯或分配资源费用、计算成本的对象物。成本对象可以是工艺、流程、零部件、产品、服务、分销渠道、客户、作业、作业链等需要计量和分配成本的项目。

（4）成本动因指诱导成本发生的原因，是成本对象与其直接关联的作业和最终关联的资源之间的中介。按其在资源流动中所处的位置和作用，成本动因可分为资源动因和作业动因。

一是资源动因。资源动因是分配作业所耗资源的依据。按照作业成本会计原则，资源消耗量与最终的产量没有直接的关系，作业量决定资源的消耗量，这种关系被称为资源动因。资源动因作为一种分配基础，反映了作业中心对资源的耗费情况，是将资源成本分配到作业中心的标准。

二是作业动因。作业动因是将作业中心的成本分配到成本对象的标准，反映了产品生产与作业量之间的关系。通过对作业动因进行分析，可以揭示多余的作业，改善整体成本。

2. 作业成本法的适用要求

（1）作业成本法一般适用于具备以下特征的企业：作业类型较多且作业链较长；同一生产线生产多种产品；企业规模较大，管理层对产品成本准确性要求较高；产品、客户和生产过程多样化程度较高；间接或辅助资源费用所占比重较大。

（2）企业应用作业成本法所处的外部环境，一般应具备以下特点之一：客户个性化需求较高，市场竞争激烈；产品的需求弹性较大，价格敏感度高。

（3）企业应能够清晰地识别作业、作业链、资源动因和成本动因，为资源费用以及作业成本追溯或分配提供合理的依据。

（二）作业成本计算的具体应用

企业应用作业成本法，一般按照资源识别及资源费用的确认与计量、成本对象选择、作业认定、作业中心设计、资源动因选择与计量、作业成本归集、作业动因选择与计量、作业成本分配、作业成本信息报告等程序进行。

1. 资源识别及资源费用的确认与计量

识别出由企业拥有或控制的所有资源，遵循国家统一的会计制度，合理选择会计政策，确认和计量全部资源费用，编制资源费用清单，为资源费用的追溯或分配奠定基础。

资源识别及资源费用的确认与计量应由企业的财务部门负责，在基础设施管理、人力资源管理、研究与开发、采购、生产、技术、营销、服务、信息等部门的配合下完成。

2. 成本对象选择

在作业成本法下，企业应将当期所有的资源费用，遵循因果关系和受益原则，根据资源动因和作业动因，分项目经由作业追溯分配至相关的成本对象，确定成本对象的成本。

企业应根据国家统一的会计制度，考虑预算控制、成本管理、营运管理、业绩评价以及经济决策等方面的要求确定成本对象。一般可以将产品品种、批别或生产步骤作为成本对象。

3. 作业认定

作业认定指企业识别由间接或辅助资源执行的作业集，确认每一项作业完成的工作以及执行该作业耗费的资源费用，并据此编制作业清单的过程。

作业认定的内容主要包括对企业每项消耗资源的作业进行识别、定义和划分，确定每项作业在生产经营活动中的作用、同其他作业的区别以及每项作业与耗用资源之间的关系。

4. 作业中心设计

作业中心设计指企业将认定的所有作业按照一定的标准进行分类，形成不同的作业中心，作为资源费用追溯或分配对象的过程。

作业中心可以是某一项具体的作业，也可以是由若干个相互联系的能够实现某种特定功能的作业的集合。

5. 资源动因选择与计量

资源动因是引起资源耗用的成本动因，它反映了资源耗用与作业量之间的因果关系。资源动因选择与计量为将各项资源费用归集到作业中心提供了依据。企业应识别当期发生的每一项资源消耗，分析资源耗用与作业中心作业量之间的因果关系，选择并计量资源动因。企业一般应选择与资源费用总额呈正比例关系变动的资源动因作为资源费用分配的依据。

6. 作业成本归集

作业成本归集指企业根据资源耗用与作业之间的因果关系，将所有的资源成本直接追溯或按资源动因分配至各作业中心，计算各作业总成本的过程。

7. 作业动因选择与计量

作业动因选择与计量是对作业与成本对象之间因果关系的量化。作业动因是引发作业成本产生的因素，选择合适的动因能准确反映成本消耗情况。其目的是合理分配间接成本，使成本核算更精准，帮助企业有效控制成本、制定价格和决策。具体操作时，需先识别各作业活动，分析其成本驱动因素，如机器工时、人工工时等。然后收集相关数据，建立作业动因与成本的计量模型，将成本按动因分配至成本对象。例如在制造业，以机器工时为动因分配设备维护成本，通过统计各产品消耗的机器工时，把维护成本精确分摊到不同产品，实现成本的合理归集与分配。

8. 作业成本分配

作业成本分配指企业将各作业中心的作业成本按作业动因分配至产品等成本对象并结合直接追溯的资源费用，计算各成本对象的总成本和单位成本的过程。

9. 作业成本信息报告

作业成本信息报告的目的是通过设计、编制和报送具有特定内容和格式要求的作业成本报表，向企业内部各有关部门和人员提供其需要的作业成本及其他相关信息。

作业成本报表的内容和格式应根据企业内部管理需要确定。作业成本报表提供的信息一般应包括：企业拥有的资源及其分布以及当期发生的资源费用总额及其具体构成的信息。每一成本对象总成本、单位成本及其消耗的作业类型、数量及单位作业成本的信息，以及产品盈利性分析的信息；每一作业或作业中心的资源消耗及其数量、成本，以及作业总成本与单位成本的信息；与资源成本分配所依据的资源动因以及作业成本分配所依据的作业动因相关的信息；资源费用、作业成本，以及成本对象成本预算完成情况及其原因分析的信息；有助于作业、流程、作业链（或价值链）持续优化的作业效率、时间和质量等方面的非财务信息；有助于促进客户价值创造的有关增值作业与非增值作业的成本信息及其他信息；有助于业绩评价与考核的作业成本信息及其他相关信息。

【例4-17】宇兴公司同时生产甲、乙两种产品，单件售价分别为440元和360元。2024年10月，该公司发生的制造费用总计600000元，过去该公司按制造成本法计算产品成本，制造费用按直接人工工时进行分配。经过核算，甲、乙两种产品均实现盈利。但管理者认为，这种粗放式计算分配制造费用的方法不正确，往往掩盖了成本管理的实质问题。为此，公司采用作业成本法进行成本核算。产品相关历史资料如表4-14所示。

表4-14　产品相关历史数据

项目	甲产品	乙产品
产量（件）	1000	2000
直接材料成本（元/件）	60	80
材料用量（千克）	3000	2000
直接人工工时（小时/件）	2	1.5
机器调控次数（次）	15	5
产品抽检比例（%）	50	25
小时工资率（元/小时）	30	30

采用全部成本法和作业成本法分别计算产品成本，并加以分析。

（1）按全部成本法计算确定产品成本。全部成本法成本计算如表4-15所示。

表4-15　全部成本法成本计算

项目	甲产品	乙产品	合计
直接材料总成本（元）	60000	160000	220000
直接人工总成本（元）	60000	90000	150000
应分配的制造费用（元）	240000	360000	600000
合计（元）	360000	610000	970000
产量（件）	1000	2000	
单位成本（元）	360	305	

（2）按作业成本法进行动因分析及成本追溯。作业成本法成本动因分析及成本追溯如表4-16所示。

表 4 - 16　作业成本法成本动因分析及成本追溯

作业	成本动因	成本库	制造费用（元）
质量控制	抽检件数	质量控制	300000
机器调控	调控次数	机器调控	200000
材料整理	整理数量	材料整理	100000
制造费用合计（元）			600000

（3）按作业成本法的动因确定分配率。作业成本法制造费用分配率计算如表 4 - 17所示。

表 4 - 17　作业成本法制造费用分配率计算

成本库	制造费用（元）	成本动因	分配率
质量控制	300000	抽检件数 甲产品：1000 × 50% = 500（件） 乙产品：2000 × 25% = 500（件） 合计：1000 件	300000 ÷ 1000 = 300（元/件）
机器调控	200000	15 + 5 = 20（次）	200000 ÷ 20 = 10000（元/次）
材料整理	100000	甲产品：3000 千克 乙产品：2000 千克 合计：5000 千克	100000 ÷ 5000 = 20（元/千克）

（4）按作业成本法的动因分解制造费用。作业成本法制造费用分配如表 4 - 18所示。

表 4 - 18　作业成本法制造费用分配

成本库	制造费用（元）	分配率	甲产品		乙产品	
			消耗动因	分配成本（元）	消耗动因	分配成本（元）
质量控制	300000	300 元/件	500 件	150000	500 件	150000
机器调控	200000	10000 元/次	15 次	150000	5 次	50000
材料整理	100000	20 元/千克	3000 千克	60000	2000 千克	40000
合计（元）	600000			360000		240000

（5）按作业成本法重新计算产品成本。作业成本法产品成本计算如表 4 - 19所示。

表 4 - 19　作业成本法产品成本计算

成本项目	甲产品（1000 件）		乙产品（2000 件）	
	单位成本	总成本	单位成本	总成本
直接材料成本（元）	60	60000	80	160000

成本项目	甲产品（1000件）		乙产品（2000件）	
	单位成本	总成本	单位成本	总成本
直接人工成本（元）	30×2=60	60000	30×1.5=45	90000
制造费用（元）	360000÷1000=360	360000	240000÷2000=120	240000
合计（元）	480	480000	245	490000

（6）不同成本计算方法结果比较如表4-20所示。

表4-20 产品成本计算

成本项目	全部成本法			作业成本法		
	甲产品	乙产品	合计	甲产品	乙产品	合计
直接材料成本（元）	60000	160000	220000	60000	160000	220000
直接人工成本（元）	60000	90000	150000	60000	90000	150000
制造费用（元）	240000	360000	600000	360000	240000	600000
合计（元）	360000	610000	970000	480000	490000	970000
产量（件）	1000	2000	—	1000	2000	—
单位成本（元/件）	360	305	—	480	245	—
单位售价（元/件）	440	360	—	440	360	—
毛利/毛亏（元）	80	55	—	-40	115	—

从表4-20可以看出，全部成本法下，甲产品和乙产品均实现盈利，分别实现毛利为80元和55元。但是，在作业成本法下，甲产品发生毛亏40元，乙产品实现毛利115元。因此，传统的全部成本法低估了乙产品为企业作出的贡献。

（三）作业成本法的优缺点

1. 作业成本法的优点

（1）能够提供更加准确的各维度成本信息，有助于企业提高产品定价、作业与流程改进、客户服务等决策的准确性。

（2）改善和强化成本控制，促进绩效管理的改进和完善。

（3）推进作业基础预算，提高作业、流程、作业链（或价值链）管理的能力。

2. 作业成本法的缺点

作业成本法是一个复杂的成本核算系统，需要对错综复杂的企业组织和经营活动进行分解，提出作业链分析，实施作业管理，工作量较大。部分作业的识别、划分、合并与认定，成本动因的选择以及成本动因计量方法的选择等均存在较大的主观性，这需要财务人员和其他管理人员具备较高的素质。在作业成本法中，多方的共同协作操作过程较为复杂，开发和维护费用较高。

项目小结

本项目主要介绍了成本按不同标准分类的情况，并重点阐述了成本性态分析、目标成本法、标准成本法、变动成本法、作业成本法的基本原理。

在实际工作中，为了适应企业经营管理的需要，成本可以从不同角度按照不同的标准进行分类。传统的成本分类方法是按经济用途分类，可以分为生产成本和非生产成本，这是财务会计中成本分类的主要方法。成本性态又称成本习性，指成本总额与业务量之间的依存关系。成本按性态可以分为固定成本、变动成本、混合成本。这是管理会计中成本的主要分类。混合成本可以采用高低点法、散布图法、回归直线法、账户分析法等分解方法分解为固定成本和变动成本。变动成本法和完全成本法对固定制造费用的处理不同，导致了两种方法下成本计算的一系列差异，主要表现为企业产品生产成本组成内容、企业产品生产成本核算流程、企业在产品及产成品存货估价、企业盈亏计算、适用范围等方面的不同。最后，本项目对完全成本法和变动成本法进行了对比评价。

技能提升

一、理论夯实

（一）单项选择题

1. 成本核算中，直接成本和间接成本的区分依据是（　　）。

A. 成本的可控性　　　　　　B. 成本的可追溯性

C. 成本的变动性　　　　　　D. 成本的固定性

2. 混合成本的特点是（　　）。

A. 完全固定　　　　　　　　B. 完全变动

C. 部分固定和部分变动　　　D. 随产量呈阶梯式变化

3. 高低点法用于分解（　　）。

A. 固定成本　　　B. 变动成本　　　C. 混合成本　　　D. 直接成本

4. 甲企业生产一种产品，该产品的标准变动制造费用分配率为3元/小时，标准工时为1.5小时/件，假设甲企业本月实际生产该产品10000件，耗费的总工时为12000小时，实际发生的变动制造费用为48000元。在标准成本法下，当期变动制造费用耗费差异是（　　　）元。

    A. 节约 20000　　　　　B. 超支 20000　　　　　C. 节约 12000　　　　　D. 超支 12000

5. 目标成本法在分解目标成本时，通常采用的方法是（　　　）。

    A. 功能分析法　　　　　　　　　　　　　B. 历史成本法

    C. 标准成本法　　　　　　　　　　　　　D. 变动成本法

6. 作业成本法中，成本分配的依据是（　　　）。

    A. 作业动因　　　　　　B. 资源动因　　　　　C. 产品产量　　　　　D. 部门费用

7. 变动成本法下，单位产品成本的计算公式是（　　　）。

    A. 直接材料费用 + 直接人工费用 + 固定制造费用

    B. 直接材料费用 + 直接人工费用 + 变动制造费用

    C. 直接材料费用 + 直接人工费用 + 全部制造费用

    D. 直接材料费用 + 直接人工费用 + 销售费用

8. 下列作业中，属于批别级作业的是（　　　）。

    A. 对每件产品进行的检验　　　　　　　　B. 设备调试

    C. 厂房维修　　　　　　　　　　　　　　D. 产品工艺设计

9. 作业成本法下，作业成本的分配基础是（　　　）。

    A. 成本动因　　　　　　B. 资源动因　　　　　C. 作业动因　　　　　D. 产品产量

10. 变动成本法与完全成本法的主要区别在于（　　　）。

    A. 是否计入固定制造费用　　　　　　　　B. 是否计入变动销售费用

    C. 是否计入直接材料成本　　　　　　　　D. 是否计入直接人工成本

（二）多项选择题

1. 成本差异分析的常见类型包括（　　　）。

    A. 直接材料成本差异　　　　　　　　　　B. 直接人工成本差异

    C. 制造费用差异　　　　　　　　　　　　D. 销售费用差异

2. 在成本性态分析中，相关范围的特点包括（　　　）。

    A. 固定成本保持不变　　　　　　　　　　B. 变动成本保持不变

    C. 单位变动成本保持不变　　　　　　　　D. 总成本呈线性变化

3. 目标成本法的实施过程中，目标利润的确定依据包括（　　　）。

    A. 企业战略目标　　　　　　　　　　　　B. 历史利润

    C. 竞争对手利润　　　　　　　　　　　　D. 市场价格

4. 作业成本法的主要特点包括（　　　）。

    A. 以作业为中心分配成本

    B. 提高成本分配的准确性

C. 适用于间接费用较高的企业

D. 简化成本计算过程

5. 标准成本法下，直接人工成本差异包括（　　）。

A. 效率差异 　　　　　　　　　B. 工资率差异

C. 用量差异 　　　　　　　　　D. 价格差异

（三）判断题

1. 固定成本总额随产量增加而增加。（　　）

2. 变动成本总额随产量增加而增加，单位变动成本保持不变。（　　）

3. 成本差异分析只能用于材料成本分析。（　　）

4. 高低点法是一种精确的混合成本分解方法。（　　）

5. 目标成本法在分解目标成本时，通常采用功能分析法。（　　）

6. 目标成本法的实施步骤中，第一步是确定目标利润。（　　）

7. 标准成本法下，标准成本的制定依据是历史成本。（　　）

8. 变动成本法下，期间费用包括固定制造费用、销售费用和管理费用。（　　）

9. 作业成本法中，间接费用的分配依据是作业动因。（　　）

10. 标准成本法下，成本差异分析的主要目的是计算历史成本。（　　）

二、实训案例

【实训1】某公司本月生产甲产品8000件，领用材料32000千克，其每千克实际价格为40元，每千克材料的标准价格为45元，单位产品材料的标准耗用量为3千克。请计算分析直接材料标准成本差异。

【实训2】某公司本月生产乙产品8000件，实际用工10000小时，实际应付直接人工工资110000元。直接人工每小时的标准工资率为10.8元，每件A产品的标准工时为1.5小时。请计算直接人工标准成本差异。

【实训3】某公司本月实际生产A产品8000件，用工10000小时，实际发生变动制造费用40000元。变动制造费用的标准分配率为3.6元/小时，单位产品的标准工时为1.5小时。请计算分析变动制造费用标准成本差异。

【实训4】某企业过去6个月的产量和总成本数据如下表所示。

月份	产量（件）	总成本（元）
1	1000	60000
2	1500	75000
3	2000	90000
4	2500	105000

续表

月份	产量（件）	总成本（元）
5	3000	120000
6	3500	135000

请用高低点法分解混合成本，并计算固定成本和单位变动成本。

【实训5】某企业生产两种产品 A 和 B，作业动因为机器小时。A 产品消耗 1000 机器小时，B 产品消耗 2000 机器小时，总制造费用为 30000 元。请计算 A 产品和 B 产品应分配的制造费用。

答案扫一扫

学习评价

学习任务完成评价表

评价范围	评价标准		自我评价 （五星制打分）	小组评价 （五星制打分）	教师评价 （五星制打分）
职业知识	能够阐述成本管理的含义				
	能够说出成本管理的内容				
	能够说出 3 种以上成本管理的工具方法				
	能够说出成本管理的应用场景				
职业能力	能够进行企业成本管理前的资料收集工作				
	能够熟练运用成本管理的工具方法对企业进行成本管理				
	能够进行数据挖掘分析，解决企业成本管理问题				
职业素质	工作态度	服从安排，不做与项目无关的事情			
		工作积极主动，完成度较高			
	团队合作	按规定流程操作，进行有效沟通			
	创新精神	能够主动探索，具有独立解决问题的能力			
	职业道德	严谨认真，实事求是			

项目五　营运管理

"知己知彼，百战不殆。"

——《孙子兵法》

学习目标

知识目标	能力目标	思政目标
1. 理解营运管理的概念； 2. 熟悉营运管理的内容、营运计划的制订及执行情况； 3. 理解和掌握营运管理的工具方法。	1. 能够分析企业营运管理各个阶段的管理目标并提出有效方案； 2. 能够运用营运管理基本程序，指导企业提升营运管理水平，提高营运效率和质量； 3. 能够恰当运用营运管理的工具方法，为企业营运管理提供有力支持。	1. 培养学生爱岗敬业、尽职尽责的职业精神； 2. 培养学生诚实守信、不弄虚作假、不泄露企业商业机密的良好品质； 3. 培养学生吃苦耐劳、团结协作的品质。

知识框架图

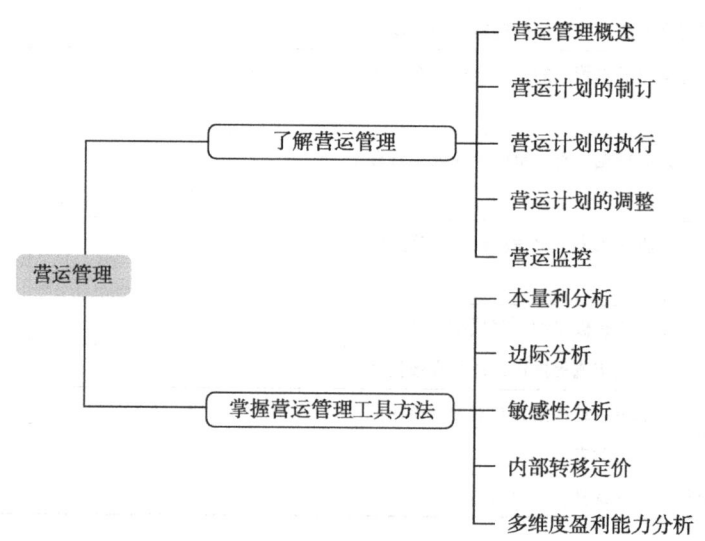

营运管理
- 了解营运管理
  - 营运管理概述
  - 营运计划的制订
  - 营运计划的执行
  - 营运计划的调整
  - 营运监控
- 掌握营运管理工具方法
  - 本量利分析
  - 边际分析
  - 敏感性分析
  - 内部转移定价
  - 多维度盈利能力分析

思政课堂

企业的品格

在瞬息万变的市场环境中，企业经营并非易事。技术革新、市场竞争、社会变迁，都给企业带来了巨大的挑战。如何在逆境中生存，实现基业长青，是每个企业家面临的难题。究竟哪些经营之道，能够帮助企业在漫长的岁月中屹立不倒呢？结合企业数据和案例资料，分析企业具备何种品格，才能提质增效、持续发展。

深耕主营业务，引领品牌价值成长。昆仑万维从无到有构建了集团人工智能（AI）科技品牌影响力，为集团品牌注入科技"灵魂"。通过"天工大模型开启内测""发布国内第一款 AI 搜索产品——天工 AI 搜索"等围绕通用人工智能（AGI）及人工智能生成内容（AIGC）领域布局的传播，穿透 AI 行业、媒体、投资人等受众，助推昆仑万维成为 AIGC 领域第一梯队的企业。

数智化时代，技术创新是品牌差异化竞争的关键。广道湖仓一体与智能计算数据库 Lake house DB 作为夯实数据底座的创新产品，由广道数字携手中国科学院的大数据和 AI 技术创新联合实验室开发，在技术和战略的引领下，受到了业内广泛关注。这种创新驱动的品牌营销策略不仅提升了品牌知名度，更增强了品牌可信度。

以品牌建设为引擎，驱动公益事业发展。如海澜之家的"多一克温暖"公益行动。该项目于 2014 年发起，旨在每年整合分散有限的社会公益力量，捐赠定制羽绒服帮助山区师生温暖过冬。十多年来，"多一克温暖"已扩展到新疆、西藏、内蒙古等 24 个省（自治区）的 1629 所偏远学校，共计送出 28 万件冬衣与物资。这种策略不仅使品牌更加贴近市场，而且为企业在社会责任领域树立了良好的形象，实现经济效益和社会效益的双赢。

走出去，探索更多的成长增量。如新希望打造了中国农业海外可持续发展企业品牌，它是当前中国农业对外投资海外分公司最多的企业，也是境外投资规模最大的民营企业。其出海之路始于 1999 年，通过一系列的并购、合作和技术输出，新希望成功地将业务拓展到亚洲、非洲、欧洲等地区，涉及畜牧养殖、食品加工、农业科技等多个领域。

资料来源：https：//finance. eastmoney. com/a/202405113073632956. html.

自主学习任务单

一、学习指南
1. 课题名称
《数字化管理会计》——营运管理
2. 达成目标
（1）通过阅读教材熟悉营运管理的内容； （2）通过学习对点案例掌握营运管理的方法； （3）完成《自主学习任务单》规定的内容。
3. 学习方法建议
（1）注意理论联系实际； （2）学会对比、总结、归纳，掌握营运管理的方法。
4. 课堂学习形式预告
（1）自主预习； （2）课堂讲授； （3）案例分析； （4）知识问答。
二、学习任务
通过观看教学录像及搜索相关资料自主学习，完成下列学习任务： 　　1. 了解企业营运管理的概念和内容，理解营运管理的程序和应用环境； 　　2. 搜索了解企业营运管理的方法，理解企业的经营之道。
三、自主测试 + 测试答案
（一）自主测试 1. 营运管理的核心目标是（　　）。 A. 提高生产效率　　B. 降低成本　　C. 改善产品质量　　D. 实现以上全部 2. 管理会计中营运管理的主要功能之一是（　　）。 A. 成本控制　　B. 市场调研　　C. 投资决策　　D. 融资管理 3. 下列各项中，不属于营运计划应遵循原则的是（　　）。 A. 系统性原则　　B. 合法性原则　　C. 平衡性原则　　D. 灵活性原则 4. 下列各项中，不属于企业营运管理程序的是（　　）。 A. 营运计划的制订　　　　　　B. 营运计划的执行 C. 营运计划的反馈　　　　　　D. 营运监控的分析和报告 5. 下列各项中，不属于营运管理工具方法的是（　　）。 A. 本量利分析　　B. 边际分析　　C. 敏感性分析　　D. 贴现现金流法 （二）测试答案 1. D　2. A　3. B　4. C　5. D
四、困惑与建议

任务1　了解营运管理

一、营运管理概述

（一）营运管理的概念

营运管理指为了实现企业战略和营运目标，各级管理者通过计划、组织、指挥、协调、控制和激励等活动，实现对企业生产经营过程中的物料供应、产品生产和销售等环节的价值增值管理。

企业进行营运管理应遵循 PDCA 管理原则，即区分计划（plan）、实施（do）、检查（check）和处理（act）四个阶段，形成闭环管理，使营运管理工作更加条理化、系统化、科学化。PDCA 管理原则如图 5-1 所示。

计划 ➡ 实施 ➡ 检查 ➡ 处理

图 5-1　PDCA 管理原则

计划阶段的主要工作包括确定经营方针和目标、制订经营计划并将经营计划的目标和措施落实到企业内部的各个部门与环节。

实施阶段的主要工作是将各项具体计划，按照落实到各部门、各环节的要求，组织执行与实施。

检查阶段的主要工作是对实施情况进行检查，根据检查结果采取相应的措施，总结成功的经验并将其定为标准，形成制度，加以巩固和发展。同时，总结失败教训，防止类似问题再次发生。对于没有解决的问题，应进一步找出原因，并转入下一个循环去解决。

处理阶段的主要工作是针对检查阶段暴露的问题，及时有效地进行处理，保证这类问题不会带入下一个循环。

（二）营运管理的程序

营运管理领域应用的管理会计工具方法，一般包括本量利分析、边际分析、敏感性分析、内部转移定价和多维度盈利能力分析等。企业可根据自身业务特点和管理需要等，选择单独或综合运用营运管理工具方法，以便更好地实现营运管理目标。

企业应用营运管理工具方法，一般按照营运计划的制订、营运计划的执行、营运计划的调整、营运监控、营运绩效管理等程序进行。

（三）营运管理的应用环境

企业营运管理的应用环境包括组织架构、管理制度和流程、信息系统以及相关外部环境。

（1）为确保营运管理的有序开展，企业应建立健全的营运管理组织架构。明确各管理层级或管理部门在营运管理中的职能职责，有效组织开展营运计划的制订审批、分解下达、执行监控、分析报告、绩效管理等日常营运管理工作。

（2）企业应建立和完善营运管理的相关制度与流程。明确各环节的工作目标、职责分工、工作程序、工具方法、信息报告等内容，形成闭环管理，使营运管理工作更加条理化、系统化、科学化。

（3）企业应建立完整的业务信息系统。规范信息的收集、整理、传递和使用等，有效支持管理者决策。

（4）外部环境包括政治稳定环境和技术环境等。技术环境对公司生存成本具有关键作用，需要关注外部环境的变化，适应不断变化的市场需求。

二、营运计划的制订

（一）营运计划的概念

营运计划指企业根据战略决策和营运目标的要求，从时间和空间上对营运过程中各种资源作出的统筹安排。其主要作用是分解营运目标，分配企业资源，安排营运过程中的各项活动。

（二）营运计划的分类

营运计划按时间的长短，可分为长期营运计划、中期营运计划和短期营运计划。长期营运计划一般是企业5年或5年以上的长远规划，其任务是选择、改变和调整企业的经营服务领域和业务单位，确定企业的发展方向和目标，确定实现目标的最佳途径和方法。长期营运计划是一种战略性规划，具有明确的方向性和指导性，具有统领全局的作用。中期营运计划是企业2~5年的计划，其任务是建立企业的经营结构，为实现长期营运计划确定的战略目标设计合理的设备、人员、资金等结构，形成企业的经营能力和综合素质。中期营运计划具有承上启下的重要纽带作用。短期营运计划是企业的年度计划，其任务是适应企业内外部的实际情况，组合安排好企业的经营活动，分年度逐步实现企业的经营目标。

营运计划按内容可分为销售、生产、供应、财务、人力资源、产品开发、技术改造和设备投资等计划。

（三）营运计划制订的原则

（1）系统性原则。企业在制订计划时不仅应考虑营运的各个环节，而且要从系统的角度出发，既要考虑企业整体的利益，也要兼顾各个环节的利益。

（2）平衡性原则。企业本身以及内外部环境之间都存在许多矛盾，平衡是要对影响企业生产经营的各个方面，企业内部各个部门的产、供、销等各个环节进行协调，使之保持一定的合理的比例关系。

（3）灵活性原则。营运计划虽然规定未来的目标和行动，但未来却充满很多不确定性，因此，计划的制订要保持一定的灵活性，即有一定的余地，避免过于刻板或者过分强调计划的稳定。在计划执行过程中，要关注不确定因素，对原计划作出必要的调整和修改。

（4）效益性原则。企业的营运计划必须以提高经济效益和社会效益为中心，不仅要取得产品开发和制造阶段的效益，而且要考虑产品在流通和使用阶段的效益。

（5）全员性原则。这种全员不是指所有的员工都要参与计划制订，而是指计划应该让每个员工都知道和支持，这是计划得以实现的保证。

（四）营运计划制订的要求

（1）企业应以战略目标和年度营运目标为指引，充分分析宏观经济形势、行业发展规律以及竞争对手情况等内外部环境变化，同时应评估企业自身研发、生产、供应、销售等环节的营运能力，客观评估自身的优势和劣势。

（2）企业应通过收集、整理历史信息和实时信息，恰当运用科学预测方法，对未来经济活动可能产生的经济效益和发展趋势作出科学合理的预计和推测，将营运预测结果作为营运计划制订的基础和依据。

（3）企业应根据自身实际情况，选择单独或综合使用预算管理领域、平衡计分卡、标杆管理等管理会计工具方法；同时，应充分应用本量利分析、敏感性分析、边际分析等，为营运计划的制订提供具体的数据分析，有效支持决策。

（4）企业应当科学合理地制订营运计划，充分考虑各层次营运目标、业务计划、管理指标等方面的内在联系，形成涵盖各价值链的、不同层次和不同领域的、业务与财务相结合的、短期与长期相结合的目标体系和行动计划。

（5）企业应采取自上而下、自下而上或上下结合的方式制订营运计划，充分调动全员积极性，通过沟通、讨论达成共识。

（6）企业应根据营运管理流程，对营运计划进行逐级审批。企业各个部门应在已经审批通过的营运计划基础上，进一步制订本部门的业务计划，按照流程履行审批程序。

（7）企业应对未来的不确定性进行充分的预估，在科学营运预测的基础上，制订多方案的备选营运计划，以应对未来不确定性带来的风险与挑战。

三、营运计划的执行

（1）营运计划应以正式文件的形式下达执行。企业应逐级分解营运计划，按照横向到边、纵向到底的要求分解落实到各所属的企业、部门、岗位或员工，确保营运计划得到充分落实。

（2）经审批的营运计划应分解到季度、月度，形成月度的营运计划，逐月下达、执行。各企业应根据月度的营运计划组织开展各项营运活动。

（3）企业应建立配套的监督控制机制，及时记录营运计划的执行情况，进行差异分析与纠偏，持续优化业务流程，确保营运计划的有效执行。

（4）企业应在月度营运计划的基础上，开展月度、季度滚动预测，及时反映滚动营运计划对应的实际营运状况，为企业资源配置的决策提供有效支持。

四、营运计划的调整

营运计划一旦批准下达，一般不予调整。但若宏观经济形势、市场竞争形势等发生重大变化，导致企业营运状况与预期出现较大偏差，则企业可以适时对营运计划作出调整，使营运目标更加切合实际。

企业在调整营运计划时，要注意以下几点。

（1）应关注和识别存在的各种不确定因素，分析和评估其对企业营运的影响，适时启动调整原计划的有关工作，确保企业营运目标更加切合实际，更合理地进行资源配置。

（2）应分析和评估营运计划调整方案对企业营运的影响，包括对短期的资源配置、营运成本、营运效益等的影响以及对长期战略的影响。

（3）应建立营运计划调整的流程和机制，规范营运计划的调整。营运计划的调整应由具体执行的所属企业或部门提出申请，经批准后下达正式文件。

五、营运监控

营运监控的基本任务是发现偏差、分析偏差和纠正偏差。

企业的营运监控分析指以本期财务和管理指标为起点，通过指标分析查找异常，进一步揭示差异反映的营运缺陷，追踪缺陷成因，提出并落实改进措施，不断提高企业营运管理水平。企业应结合自身实际情况，按照日、周、月、季、年等频率建立营运监控体系，并按照 PDCA 管理原则，不断优化营运监控体系的各项机制，做好营运监控分析工作。

营运监控分析的步骤一般包括：（1）明确营运目的，确定有关营运活动的范围；（2）全面收集有关营运活动的资料，进行分类整理；（3）分析营运计划与执行的差异，追溯原因；（4）根据差异分析采取恰当的措施，并进行分析和报告。

【课堂活动】结合身边的案例，想一想企业如何编制营运监控分析报告？

任务 2　掌握营运管理工具方法

一、本量利分析

（一）本量利分析的概述

1. 本量利分析的定义

本量利分析（cost – volume – profit analysis，CVP）指以成本性态分析和变动成本法为基础，运用数学模型和图式，对成本、利润、业务量与单价等因素之间的依存关系进行分析，发现变动的规律性，为企业进行预测、决策、计划和控制等活动提供支持的一种方法。其中，"本"指成本，包括固定成本和变动成本；"量"指业务量，通常为销售量；"利"一般指营业利润。本量利分析主要用于企业生产决策、成本决策和定价决策，也广泛应用于投融资决策等。

企业在经营中面临的各类情况复杂多变，为对现实进行简化和概括，本量利分析提出一系列的假设作为分析前提。表 5 – 1 为本量利分析的基本假设。

表 5 – 1　本量利分析的基本假设

相关范围假设	成本按性态划分的基本假设，包括期间假设和业务量假设。
模型线性假设	固定成本不变；变动成本与业务量呈完全线性关系（单位变动成本不变）；销售收入与销售数量呈完全线性关系（销售价格不变）。
产销平衡假设	本量利分析中的"量"指销售量或销售收入，从销售角度进行本量利分析，必须假设产销平衡。
品种结构不变假设	各种产品的销售收入在总收入中所占比重不变。

2. 本量利分析的基本公式

在财务会计中，利润是收入与成本、费用相抵后的余额，即

$$利润 = 收入 - 成本 - 费用$$

管理会计中，将企业的成本、费用按照成本性态分解为变动成本和固定成本后，按下列公式计算利润：

$$利润 = 收入 - （变动成本 + 固定成本）$$

本量利分析的基本公式演变如下：

营业利润 ＝（单价 － 单位变动成本）× 业务量 － 固定成本 　　（5 － 1）

用数学模型表示为：

$$\pi = (p - b)Q - a \qquad\qquad (5 - 2)$$

其中，π 表示利润，p 为单价，b 为单位变动成本，Q 为业务量，a 为固定成本，$(p - b)$ 为单位边际贡献，$(p - b)Q$ 为边际贡献总额，b/p 为变动成本率，$1 -$ 变动成本率 ＝ 边际贡献率。

借助边际贡献的概念，本量利分析揭示了企业盈利的根本。首先，只有当产品销售价格高于单位变动成本（单位边际贡献为正）时才能盈利，因此，产品能否盈利取决于对销售价格和单位变动成本的控制。其次，只有当企业的收入涵盖变动成本时（边际贡献总额为正），企业整体才有可能盈利，因此，企业是否盈利取决于对销售数量的控制。最后，只有企业的边际贡献总额大于固定成本时才能实现盈利，可见企业从获得边际贡献到最终盈利取决于对固定成本的控制。若无法满足以上条件，则企业可能出现利润为零甚至为负。

（二）盈亏平衡分析

盈亏平衡分析又称保本分析，指企业经营达到不盈不亏的状态。它注重分析、测定盈亏临界点，以及有关因素变动对盈亏临界点的影响等，是本量利分析的核心内容。

盈亏平衡分析的原理是通过计算企业在利润为零时的业务量，分析项目对市场需求变化的适应能力等。

盈亏平衡分析包括单一产品的盈亏平衡分析和多产品的盈亏平衡分析。

1. 单一产品的盈亏平衡分析

企业只销售一种产品，该产品的盈亏临界点计算可直接根据本量利分析的基本公式：

营业利润 ＝（单价 － 单位变动成本）× 业务量 － 固定成本 　　（5 － 3）

$$\pi = (p - b)Q - a \qquad\qquad (5 - 4)$$

企业利润为零时的销售量就是企业盈亏临界点的销售量 Q_0。

盈亏临界点销售量 ＝ 固定成本 ÷（单价 － 单位变动成本）＝ 固定成本 ÷ 单位边际贡献

公式表示为：

$$Q_0 = a \div (p - b) \qquad\qquad (5 - 5)$$

盈亏临界点销售额 S_0 的公式为：

$S_0 ＝$ 单价 × 盈亏临界点销售量 ＝ 固定成本 ÷（1 － 变动成本率）

　　 ＝ 固定成本 ÷ 边际贡献率 　　　　　　　　　　　　　　（5 － 6）

企业的业务量等于盈亏临界点的业务量时,企业处于保本状态;企业的业务量高于盈亏临界点的业务量时,企业处于盈利状态;企业的业务量低于盈亏临界点的业务量时,企业处于亏损状态。

【例5-1】假设某企业只生产和销售一件产品,该产品的市场售价为40元,单位变动成本为24元,固定成本为240000元,预计产销量为50000件,请计算该产品的盈亏临界点的销售量和销售额。

【解析】

盈亏临界点的销售量 = 240000 ÷ (40 - 24) = 15000(件)

盈亏临界点的销售额 = 15000 × 40 = 600000(元)

2. 多产品的盈亏平衡分析

在现实经济活动中,很多企业生产、销售的产品不止一种。在这种情况下,企业的盈亏临界点不能用实物单位表示,因为不同产品的实物计量单位是不同的。企业在产销多种产品的情况下,只能用金额表示企业的盈亏临界点。通常,多品种企业使用边际贡献率法(也称综合贡献毛益率法)计算盈亏临界点。

边际贡献率法指将各种产品的边际贡献率按照各自的销售比重这一权数进行加权平均,得出加权平均边际贡献率;然后,根据加权平均边际贡献率计算综合保本销售额;最后,将综合保本销售额进行分解,分别计算每种产品的保本销售额。具体计算步骤如下。

(1)计算各产品的销售比重

每种产品的销售比重 = 每种产品的销售额 ÷ 全部产品的销售总额

注意:销售比重是销售额的比重,不是销售量的比重。

(2)计算加权平均边际贡献率

加权平均边际贡献率 = $\sum$(各产品边际贡献率 × 各产品的销售比重)

(3)计算企业盈亏临界点的销售额

企业盈亏临界点销售额 = 企业固定成本总额 ÷ 加权平均边际贡献率

(4)计算各种产品盈亏临界点的销售额

某产品盈亏临界点销售额 = 企业盈亏临界点销售额 × 该产品的销售比重

某产品盈亏临界点销售量 = 该产品的盈亏临界点销售额 ÷ 单价

企业销售额高于盈亏临界点时,企业处于盈利状态;企业销售额低于盈亏临界点时,企业处于亏损状态。企业通常运用产品组合的盈亏临界点分析、优化产品组合,提高获利水平。

【例5-2】假设某企业销售A、B、C三种产品,全年预计固定成本总额为210000元,预计销售量分别为8000台、5000件和10000台,预计销售单价分别为

25 元、80 元、40 元，单位变动成本分别为 15 元、50 元、28 元，试计算该企业的盈亏临界点。

【解析】

第一步，计算全部产品的销售总额 = 8000 × 25 + 5000 × 80 + 10000 × 40 = 1000000（元）

第二步，计算每种产品的销售比重：

A 产品的销售比重 = 8000 × 25 ÷ 1000000 = 20%

B 产品的销售比重 = 5000 × 80 ÷ 1000000 = 40%

C 产品的销售比重 = 10000 × 40 ÷ 1000000 = 40%

第三步，计算加权平均边际贡献率：

A 产品边际贡献率 =（25 − 15）÷ 25 = 40%

B 产品边际贡献率 =（80 − 50）÷ 80 = 37.5%

C 产品边际贡献率 =（40 − 28）÷ 40 = 30%

加权平均边际贡献率 = 40% × 20% + 37.5% × 40% + 30% × 40% = 35%

第四步，计算企业盈亏临界点的销售额。

企业盈亏临界点的销售额 = 企业固定成本总额 ÷ 加权平均边际贡献率
= 210000 ÷ 35% = 600000（元）

第五步，计算企业盈亏临界点每种产品的销售额和销售量。

A 产品盈亏临界点销售额 = 600000 × 20% = 120000（元）

B 产品盈亏临界点销售额 = 600000 × 40% = 240000（元）

C 产品盈亏临界点销售额 = 600000 × 40% = 240000（元）

据此，可以计算出每种产品盈亏临界点的销售量：

A 产品盈亏临界点销售量 = 120000 ÷ 25 = 4800（台）

B 产品盈亏临界点销售量 = 240000 ÷ 80 = 3000（件）

C 产品盈亏临界点销售量 = 240000 ÷ 40 = 6000（台）

加权平均边际贡献率反映了企业全部产品的整体盈利能力高低，企业若要提高全部产品的整体盈利水平，可以调整各种产品的销售比重，或者提高各种产品自身的边际贡献率。

3. 与盈亏平衡相关的指标

（1）安全边际

安全边际是实际或预计业务量超过保本业务量的差额，体现企业营运的安全程度，其表现形式包括绝对数指标（安全边际量和安全边际额）和相对数指标（安全边际率）。安全边际的计算公式如下：

$$安全边际额 = 正常销售额 - 保本销售额 \qquad (5-7)$$

$$安全边际量 = 正常销售量 - 保本销售量 \qquad (5-8)$$

$$安全边际率 = 安全边际 \div 正常销售额(或实际订货额) \qquad (5-9)$$

安全边际主要用于衡量企业承受营运风险的能力，尤其是销售量下降时承受风险的能力，也可以用于盈利预测。安全边际量或安全边际额的数值越大，企业发生亏损的可能性就越小，企业也就越安全。上述指标属于绝对数指标，不便于跨企业和行业进行比较。不同企业之间比较经营安全性，可使用安全边际率指标，其数值越大，企业发生亏损的可能性越小，说明企业的业务经营也就越安全。企业评价安全程度的经验标准如表5-2所示。

表5-2 企业经营安全性评价指标

安全边际率	40%以上	30%~40%	20%~30%	10%~20%	10%以下
安全程度	很安全	安全	比较安全	值得注意	危险

【例5-3】 承【例5-1】，计算该公司安全边际指标并对公司经营安全性进行评价。

【解析】

安全边际量 = 50000 - 15000 = 35000（件）

安全边际额 = 40 × 35000 = 1400000（元）

安全边际率 = 35000 ÷ 50000 = 70%

由表5-2可知，安全边际率在40%以上，公司经营状况很安全。

（2）保本作业率

保本作业率又称盈亏临界点作业率，指企业盈亏临界点销售量（额）占现有或预计销售量（额）的百分比。该指标越小，表明用于保本的销售量（额）越低，反之，则越高。其计算公式为：

$$保本作业率 = 保本销售量(额) \div 正常销售量(额) \qquad (5-10)$$

保本作业率与安全边际率的关系如下：

$$保本作业率 + 安全边际率 = 1$$

$$利润 = 安全边际量 \times 单位边际贡献 = 安全边际额 \times 边际贡献率$$

$$销售利润率 = 安全边际率 \times 边际贡献率$$

由此可知，提高销售利润率的途径包括：一是扩大现有销售水平，提高安全边际率；二是降低变动成本水平，提高边际贡献率。

【例5-4】 承【例5-1】，计算保本作业率、销售利润和销售利润率。

【解析】

保本作业率 = 15000 ÷ 50000 = 30%

销售利润 = 35000 × （40 - 24）= 560000（元）

销售利润率 = 70% × 〔（40 - 24）÷ 40〕= 28%

（三）目标利润分析

企业的目标利润可以是一个给定的盈利目标，也可以是相对极端的情况，如实现保本或者控制亏损幅度等。本量利分析需要结合企业的利润规划，分析企业实现目标利润需要达到的业务量水平，包括销售量、销售收入等。

目标利润分析是在本量利分析的基础上，计算为实现目标利润所需达到的业务量、收入和成本的一种利润规划方法，该方法应反映市场的变化趋势、企业战略规划目标以及管理层需求等。

目标利润分析包括单一产品的目标利润分析和多产品的目标利润分析。前者重在分析每个要素的重要性，后者重在优化企业产品组合。

1. 单一产品的目标利润分析

企业要实现目标利润，在假定其他因素不变时，通常应提高销售数量或销售价格，降低固定成本或单位变动成本。单一产品的目标利润分析公式如下：

$$实现目标利润的业务量 = （目标利润 + 固定成本）÷（单价 - 单位变动成本）$$

$$(5 - 11)$$

$$实现目标利润的销售额 = 单价 × 实现目标利润的业务量 \qquad (5 - 12)$$

$$或实现目标利润的销售额 = （目标利润 + 固定成本）÷ 边际贡献率$$

$$(5 - 13)$$

【例 5 - 5】假设某企业只生产和销售一种产品，该产品的市场售价预计为 100 元/件，该产品单位变动成本为 20 元，固定成本为 32000 元，假定企业的目标利润为 50000 元，则实现目标利润的销售量是多少？

【解析】

实现目标利润的销售量 = （32000 + 50000）÷（100 - 20）= 1025（件）

实现目标利润的销售额 = 100 × 1025 = 102500（元）

2. 多产品的目标利润分析

在单一产品的目标利润分析基础上，依据分析结果进行优化调整，寻找最优的产品组合。基本分析公式如下：

$$实现目标利润的销售额 = （综合目标利润 + 固定成本）÷（1 - 综合变动成本率）$$

$$= （综合目标利润 + 固定成本）÷ 加权平均边际贡献率$$

$$(5 - 14)$$

$$实现目标利润率的销售额 = 固定成本 ÷（1 - 综合变动成本率 - 综合目标利润率）$$

$$= 固定成本 ÷（综合边际贡献率 - 综合目标利润率）$$

$$(5 - 15)$$

【例 5 - 6】承【例 5 - 2】

（1）假定该企业的目标利润为 490000 元，实现目标利润的销售额为多少？

（2）假定该企业的目标利润率为 15%，实现目标利润率的销售额为多少？

【解析】

（1）实现目标利润的销售额 = （490000 + 210000）÷35% = 2000000（元）

该企业产品组合的销售额达到 2000000 元时，能实现目标利润 490000 元，根据各产品的销售比重，可计算出实现目标利润时各产品的销售额。

A 产品的销售额 = 2000000 × 20% = 400000（元）

B 产品的销售额 = 2000000 × 40% = 800000（元）

C 产品的销售额 = 2000000 × 40% = 800000（元）

（2）实现目标利润率的销售额 = 210000 ÷（35% - 15%）= 1050000（元）

该企业产品组合的销售额达到 1050000 元时，能实现目标利润 15%，根据各产品的销售比重，可计算出实现目标利润时各产品的销售额。

A 产品的销售额 = 1050000 × 20% = 210000（元）

B 产品的销售额 = 1050000 × 40% = 420000（元）

C 产品的销售额 = 1050000 × 40% = 420000（元）

本量利分析可以广泛应用于规划企业经济活动和营运决策等方面，简便易行、通俗易懂和容易掌握。但是，本量利分析仅考虑单一因素变化的影响，是一种静态分析方法，且对成本性态较为依赖。

二、边际分析

边际分析指分析某可变因素的变动引起其他相关因素变动的程度的方法，以评价既定产品或项目的获利水平，判断盈亏临界点，提示营运风险，支持营运决策。

边际分析方法主要有边际贡献分析、安全边际分析（见上文本量利分析）等，本节重点讲解边际贡献分析。

边际贡献分析指通过分析销售收入减去变动成本总额之后的差额，衡量产品为企业贡献利润的能力。边际贡献分析主要包括边际贡献和边际贡献率两个指标。

（一）边际贡献

边际贡献又称贡献毛益，用公式可表达为：

$$边际贡献总额 = 销售收入 - 变动成本总额 \tag{5 - 16}$$

$$单位边际贡献 = 销售单价 - 单位变动成本 \tag{5 - 17}$$

【例 5 - 7】某企业生产 A 产品，单价为 25 元，单位变动成本为 15 元，销售量为 800 件，计算该企业的边际贡献总额和单位边际贡献。

【解析】

边际贡献总额 = 800 × 25 − 800 × 15 = 8000（元）

单位边际贡献 = 25 − 15 = 10（元/件）

边际贡献首先用于补偿企业的固定成本，如果有余额，则形成企业的利润；如果不足以补偿固定成本，则企业发生亏损。边际贡献代表一种产品为企业创造利润的能力。

（二）边际贡献率

1. 边际贡献率的含义

边际贡献率指边际贡献在销售收入中的占比，表示每 1 元销售收入中边际贡献所占的比重。其计算公式为：

$$边际贡献率 = 边际贡献 ÷ 销售收入 × 100\% = 单位边际贡献 ÷ 单价 × 100\%$$

$$(5 - 18)$$

【例 5 − 8】 承【例 5 − 7】

$$该企业边际贡献率 = (25 − 15) ÷ 25 × 100\% = 40\%$$

2. 边际贡献率的应用

（1）企业进行单一产品决策时，评价标准如下：

当边际贡献总额大于固定成本时，利润大于零，表明企业盈利。

当边际贡献总额小于固定成本时，利润小于零，表明企业亏损。

当边际贡献总额等于固定成本时，利润等于零，表明企业处于保本状态。

（2）企业面临资源约束，需要对多个产品线或多种产品进行优化决策或者对多种待选新产品进行投产决策时，可以通过计算边际贡献以及边际贡献率，评价待选产品的盈利性，优化产品组合。

当进行多产品决策时，边际贡献与变动成本之间存在如下关系：

$$综合边际贡献率 = 1 − 综合变动成本率$$

综合边际贡献率反映了多产品组合对企业的贡献能力，该指标数值通常越大越好。企业可以通过边际分析对现有产品组合进行优化决策，如计算现有各条产品线或各种产品的边际贡献并进行比较，增加边际贡献或边际贡献率高的产品组合，减少边际贡献或边际贡献率低的产品组合。

3. 变动成本率

变动成本率指变动成本在销售收入中所占的比重。其计算公式如下：

$$企业变动成本率 = 变动成本 ÷ 销售收入 = 单位变动成本 ÷ 销售单价$$

$$(5 - 19)$$

【例 5 – 9】 承【例 5 – 7】

$$该企业变动成本率 = 15 \div 25 \times 100\% = 60\%$$

销售收入可分为变动成本和边际贡献两部分，前者是产品自身的耗费，后者是对企业的贡献，两者在销售收入中的百分比之和应为 1，即

$$变动成本率 + 边际贡献率 = 1$$

（三）边际分析的优缺点

边际分析的主要优点是可以有效地分析业务量、变动成本和利润之间的关系，通过定量分析，直观地反映企业营运风险，提高企业营运效益。

边际分析的主要缺点是决策变量与相关结果之间的关系较为复杂，选取的变量直接影响边际分析的实际应用效果。

【课堂活动】思考边际成本是否等于变动成本？

知识拓展

三、敏感性分析

敏感性分析指对影响目标实现的因素的变化进行量化分析，确定各因素变化对实现目标的影响及敏感程度。通常，这一方法研究的是一个系统的周围条件发生变化会导致这个系统的状态发生怎样的变化，这种变化是敏感（变化大）还是不敏感（变化小）。在确定模型有最优解后，敏感性分析研究该模型中的某个或某几个参数在何种范围内变化（最大或最小），原最优解保持不变；或者当某个参数的变化已经超出允许范围，原最优解不再"最优"时，怎样用简便的方法重新求得最优解。

由上文保本分析可知，销售量、单价、单位变动成本、固定成本等因素中的某一个或某几个因素的变动，都会对保本点和目标利润产生影响。但由于各因素在计算保本点和目标利润的过程中作用不同，影响程度也不同，或者说保本点和目标利润对不同因素变动所作出的反应在敏感性上存在差异。本量利关系中的敏感性分析，主要研究与分析盈利转为亏损时有关因素的变化，以及各参数变化对利润的敏感程度等。

（一）有关因素临界值的确定

销售量、单价、单位变动成本、固定成本的变化，都会对利润产生影响。当这种变化达到一定程度时，会使企业利润消失，经营状况发生质变。敏感性分析的目的是确定能引起这种质变的各因素变化的临界值，其方法被称为"最大最小法"。

根据本量利分析的基本原理模型 $\pi = (p - b)Q - a$，令 $\pi = 0$，求得最大或最小的允许值的计算公式如下：

$$销售量的最小值：Q = a \div (p - b) \qquad (5 - 20)$$

$$销售单价的最小值：p = b + a \div Q \qquad (5 - 21)$$

$$单位变动成本的最大值：b = p - a \div Q \qquad (5 - 22)$$

$$固定成本的最大值：a = (p - b)Q \qquad (5 - 23)$$

【例 5 – 10】假设某企业全年产销 A 产品 10000 件，单价为 50 元，单位变动成本为 30 元，固定成本总额为 120000 元，试计算销售量的临界点和变动范围。

【解析】

（1）销售量的临界值（最小值）。

$$Q = a \div (p - b) = 120000 \div (50 - 30) = 6000(件)$$

销售量的最小允许值是 6000 件，这是盈亏的临界点。或者说实际销售要完成原计划销售量的 60%（6000 ÷ 10000），企业就可以保本。

（2）销售单价的临界值（最小值）。

$$p = b + a \div Q = 30 + 120000 \div 10000 = 42(元)$$

销售单价不能低于 42 元这个最小允许值，或者说单价下降的幅度不能大于 16%［（42 – 50）÷ 50］，否则会发生亏损。

（3）单位变动成本的临界值（最大允许值）。

$$b = p - a \div Q = 50 - 120000 \div 10000 = 38(元)$$

当单位变动成本由 30 元上升到 38 元时，企业的目标利润降为零。因此，单位变动成本的最大允许值为 38 元，其变动率为 26.67%［（38 – 30）÷ 30］。

（4）固定成本的临界值（最大允许值）。

$$a = (p - b)Q = (50 - 30) \times 10000 = 200000(元)$$

固定成本的最大允许值为 200000 元，超过该值，企业会发生亏损。因此，固定成本的增加幅度不能大于 66.67%［（200000 – 120000）÷ 120000］。

（二）各因素变化对利润的敏感程度

各因素变化都会引起利润的变化，但其影响程度不同。有的因素发生微小变化会使利润发生很大的变动，利润对这些因素的变化十分敏感，这些因素被称为敏感因素。相反，有些因素发生变化后，利润的变化不大，这些因素被称为弱敏感因素。

反映利润敏感程度的指标被称为敏感系数，其计算公式如下：

$$敏感系数 = 目标值变动百分比 \div 因素值变动百分比 \qquad (5 - 24)$$

【例 5 – 11】承【例 5 – 10】，假设该公司的销售量、单价、单位变动成本和固定成本分别增长 20%，试分析各因素的敏感系数。

【解析】

（1）销售量的敏感系数

当销售量增加20%时，$Q = 10000 \times (1 + 20\%) = 12000$（件）

按此销售量计算：

$\pi = (50 - 30) \times 12000 - 120000 = 120000$（元）

最初的利润 = $(50 - 30) \times 10000 - 120000 = 80000$（元）

利润变化率 = $(120000 - 80000) \div 80000 \times 100\% = 50\%$

销售量的敏感系数 = $50\% \div 20\% = 2.5$

（2）单价的敏感系数

当单价增加20%时，$p = 50 \times (1 + 20\%) = 60$（元）

按此单价计算：

$\pi = (60 - 30) \times 10000 - 120000 = 180000$（元）

利润变化率 = $(180000 - 80000) \div 80000 \times 100\% = 125\%$

单价的敏感系数 = $125\% \div 20\% = 6.25$

（3）单位变动成本的敏感系数

当单位变动成本增加20%时，$b = 30 \times (1 + 20\%) = 36$（元）

此时，$\pi = (50 - 36) \times 10000 - 120000 = 20000$（元）

利润变化率 = $(20000 - 80000) \div 80000 \times 100\% = -75\%$

单位变动成本的敏感系数 = $(-75\%) \div 20\% = -3.75$

（4）固定成本的敏感系数

当固定成本总额增加20%时，$a = 120000 \times (1 + 20\%) = 144000$（元）

此时，$\pi = (50 - 30) \times 10000 - 144000 = 56000$（元）

利润变化率 = $(56000 - 80000) \div 80000 \times 100\% = -30\%$

固定成本的敏感系数 = $(-30\%) \div 20\% = -1.5$

以上结果说明，利润以2.5倍的速率随销售量的变化而变化，以6.26倍的速率随单价的变化而变化，以3.75倍的速率随单位变动成本的变化而变化，以1.5倍的速率随固定成本的变化而变化。由此可以看出，影响利润的几个因素中，最敏感的是单价，其次是单位变动成本，再次是销售量，最后是固定成本。敏感系数为正值，表示该因素与利润为同向增减关系；敏感系数为负数，表示该因素与利润为反向增减关系。

敏感性分析除应用于目标利润规划外，还可应用于长期投资决策分析。长期投资决策的敏感性分析，通常分析项目期限、折现率和现金流量等变量的变化对投资方案的净现值、内含报酬率（也称内部报酬率）等产生的影响，最终作出对项目投资决策的可行性评价。

（三）敏感性分析的优缺点

敏感性分析的主要优点是方法简单易行，分析结果易于理解，能为企业的规划、控制和决策提供参考。

敏感性分析的主要缺点是对决策模型和预测数据具有依赖性，决策模型的可靠程度和数据的合理性均会影响敏感性分析的可靠性。

知识拓展

四、内部转移定价

（一）内部转移定价的相关概念

1. 内部转移定价的概念

内部转移定价指企业内部转移价格的制定和应用方法。内部转移定价是在企业分权化经营管理中，由于总部和分部间信息传递受阻而存在信息不对称的情况下，提高企业管理效率的一种对策，也是企业内部资源的一种配置方式。

2. 内部转移价格的概念

内部转移价格指企业内部分公司、分厂、车间、分部等责任中心之间相互提供产品（或服务）、资金等内部交易时采用的计价标准。

企业实行责任会计管理的关键之一，就是在企业内部建立责任中心，在各责任中心之间（主要是利润中心或投资中心之间）模拟外部竞争性市场的环境，充分利用价值规律，实行市场经济的管理方法，建立内部结算中心。各责任中心要进行"商品买卖"结算，不可避免地涉及内部转移价格问题。这个转移价格对供应部门来说是收入，对购入部门来说是成本，如果涉及的两个部门都是利润中心，则它同时影响了两个部门的获利能力。内部转移价格不影响企业整体利润总额的大小，但会影响各利润（投资）中心的利润大小。

3. 责任中心的概念和分类

责任中心指企业内部独立提供产品（或服务）、资金等的责任主体。

根据控制区域和责任范围不同，责任中心可分为收入中心、成本中心、利润中心和投资中心四种主要类型。

（1）收入中心指管理者只对销售收入负责的责任中心。典型的收入中心是公司的销售部门。

（2）成本中心指管理者只对成本负责的责任中心。成本中心有广义和狭义之分。狭义的成本中心指对产品生产或劳务供应消耗的资源负责的责任中心。广义的成本中心，除包含狭义的成本中心外，还包括非生产性的、以控制经营管理费用为主的责任中心，即费用中心。

（3）利润中心是管理者既对销售收入负责，又对成本负责的责任中心，也就是对利润负责的责任中心。利润中心可分为自然利润中心和人为利润中心。自然利润中心是直接对外销售产品或提供劳务，取得实际收入的利润中心，如分公司、分厂。人为利润中心不直接对外销售产品或提供劳务，而是在企业内部各责任中心之间相互提供产品或劳务。人为利润中心的销售收入是按照内部转移价格计算的内部销售收入，不是真正的销售收入。设立人为利润中心的目的是便于衡量各责任中心的工作成果，分清经济责任。

（4）投资中心是管理者对收入、成本和投资效益全面负责的责任中心。它作出的决策不仅包括产品的组合、价格的制定和生产方法等短期经营决策，而且包括投资规模和投资类型的决策等。

（二）内部转移定价的目标、适用范围和原则

1. 内部转移定价的目标

企业应用内部转移定价方法的主要目标是界定各责任中心的经济责任，评价其绩效，为实施奖惩提供可靠依据。

2. 内部转移定价的适用范围

内部转移定价主要适用于具有一定经营规模、业务流程相对复杂、设置多个责任中心且责任中心之间存在内部供求关系的企业。

3. 内部转移定价的原则

企业应用内部转移定价方法，一般应遵循以下原则。

（1）合规性原则。内部转移价格的制定、执行及调整应符合相关会计、财务、税收等法律法规的规定。

（2）效益性原则。企业应用内部转移定价方法，应以企业整体利益最大化为目标，避免为追求局部最优而损害企业整体利益的情况。同时，应兼顾各责任中心及员工利益，充分调动各方积极性。

（3）适应性原则。内部转移定价体系应当与企业所处行业特征、企业战略、业务流程、产品（或服务）特点、业绩评价体系等相适应，使企业能够统筹各责任中心利益，对内部转移价格达成共识。

（三）内部转移定价的应用程序

企业应用内部转移定价方法，一般按照明确责任中心、制定与实施转移价格、分析与评价内部转移价格等程序进行。

1. 明确责任中心

企业应根据所属行业的特征、业务流程、组织结构等情况和实际需要明确各责任中心及其主要责任。通常，企业可以设置成本中心、利润中心和投资中心。

（1）成本中心。企业将中间产品（或服务）、辅助产品（或服务）的提供方设

置为内部成本中心，它主要对成本费用负责。

（2）利润中心。一般情况下，企业可将直接对外销售或具有一定销售决策权的责任单位设置为内部利润中心，它既对成本费用负责，又对利润负责。

（3）投资中心。企业出于管理需要，可以将中间产品（或服务）、辅助产品（或服务）的提供方模拟为内部投资中心，该中心除降低成本外，还承担优化品种结构、提高产品（或服务）质量、降低资金占用等责任。

2. 制定与实施转移价格

（1）制定内部转移价格。企业绩效管理委员会或类似机构应根据各责任中心的性质和业务特点，分别确定适当的内部转移定价形式。内部转移定价通常分为价格型、成本型和协商型。

价格型内部转移定价指以市场价格为基础制定的，由成本和毛利构成内部转移价格的方法，一般适用于内部利润中心。

在确定市场价格时需要考虑以下情况：①责任中心提供的产品（或服务）经常外销且外销比例较大的，或提供的产品（或服务）有外部活跃市场可靠报价的，可以采用外销价或活跃市场报价作为内部转移价格。②责任中心一般不对外销售且外部市场没有可靠报价的产品（或服务），或企业管理层和有关各方认为不需要频繁变动价格的，可以参照外部市场价或预测价制定模拟市场价作为内部转移价格。③没有外部市场但企业出于管理需要设置为模拟利润中心的责任中心，可以在生产成本基础上增加一定比例的毛利作为内部转移价格。

成本型内部转移定价指以标准成本等相对稳定的成本数据为基础，制定内部转移价格的方法，一般适用于内部成本中心。

协商型内部转移定价指企业内部供求双方为使其利益相对均衡，通过协商机制制定内部转移价格的方法，主要适用于分权程度较高的企业。协商价格的取值范围通常较宽，一般不高于市场价，不低于变动成本。

（2）实施内部转移价格。在内部转移价格的实施过程中，至少需要把握以下两点。

其一，除以外销价或活跃市场报价制定的内部转移价格可能随市场行情波动而变动较频繁外，其余内部转移价格应在一定期间内保持相对稳定，确保需求方责任中心的绩效不受供给方责任中心绩效变化的影响。

其二，企业可以根据管理需要，核算各责任中心资金占用成本，将其作为内部利润的减项，或直接作为业绩考核的依据。其中，责任中心占用的资金一般指货币资金，也包括原材料、半成品等存货以及应收款项等。责任中心资金占用成本计算公式如下：

责任中心资金占用成本 ＝ 责任中心占用的资金 × 占用资金的价格

占用资金的价格一般参考市场利率或加权资本成本制定。

（3）金融企业的内部转移定价。在金融企业内部转移资金，应综合考虑产品现金流及重定价特点、信息技术手段及管理需求等因素，分析外部金融市场环境，选择适当的资金转移定价和收益率曲线，获取收益率曲线中特定期限的利率，确定资金转移价格。资金转移定价方法主要包括指定利率法、原始期限匹配法、重定价期限匹配法、现金流匹配定价法等。

3. 分析与评价内部转移价格

企业应及时对内部转移定价形成的结果进行汇总分析，作为考核责任中心绩效的依据；同时，应监测内部转移定价体系运行情况，协调、裁决交易中的争议，保障内部转移定价体系运转顺畅。此外，企业应定期开展内部转移定价应用评价工作，根据内外部环境变化及时修订、调整定价策略。

（四）内部转移定价的优缺点

内部转移定价的主要优点是能够清晰反映企业内部供需各方的责任界限，为绩效评价和奖惩提供客观依据，有利于企业优化资源配置。

内部转移定价的主要缺点是可能受相关因素影响，内部转移定价体系产生的定价结果不合理，造成信息扭曲，误导相关方行为，损害企业局部或整体利益。

五、多维度盈利能力分析

（一）多维度盈利能力分析的概念

多维度盈利能力分析指企业对一定期间内的经营成果，按照区域、产品、部门、客户、渠道、员工等维度进行计量，分析盈亏动因，支持企业精细化管理、满足内部营运管理需要的一种方法。

（二）多维度盈利能力分析的使用范围

多维度盈利能力分析主要适用于市场竞争压力较大、组织结构相对复杂或具有多元化产品（或服务）体系的企业。企业应用多维度盈利能力分析方法，应具备一定的信息化程度和管理水平。

（三）多维度盈利能力分析的应用程序

企业进行多维度盈利能力分析，一般按照确定分析维度、建立分析模型、制定数据标准、收集数据、加工数据、编制分析报告等程序进行。

1. 确定分析维度

企业应根据组织架构、管理能力，以及绩效管理、销售管理、渠道管理、产品管理、生产管理、研发管理等管理需求，确定盈利能力分析各维度的类别，通常包括区域、产品、部门、客户渠道、员工等。

2. 建立分析模型

企业应以营业收入、营业成本、利润总额、净利润、经济增加值（EVA）等核心财务指标为基础，构建多维度盈利能力分析模型，如表5-3所示。

表5-3　多维度盈利能力分析模型

项目	区域		产品		部门		……
	大区	城市	型号	批次	××部	××部	……
市场占比							
销售量							
销售收入							
减：销售折扣与折让							
营业收入							
减：营业成本							
营业毛利							
减：销售费用							
管理费用							
财务费用							
……							
营业利润							
……							
利润总额							
减：所得税							
净利润							
……							
经济增加值							
……							

注：本表可根据企业管理决策需要，增加或减少显示项目。

业务融合程度较高的企业可将与经营业绩直接相关的业务信息，如销售量、市场份额、用户数等，纳入多维盈利能力分析模型。

金融企业在构建多维度盈利能力分析模型时，可加入经风险调整后的经济增加值、风险调整资本回报率（RAROC）等指标。

3. 制定数据标准

企业应根据盈利能力分析的各维度分类规则和构建的分析模型，制定统一的基础数据标准和数据校验规则，保证各维度盈利能力分析数据基础的一致性和准确性，并通过系统参数配置、数据质量管控等在信息系统中予以实施。

4. 收集数据

企业应根据管理最小颗粒度确定数据源的获取标准，从信息系统中收集基础数据。有条件的企业可建立数据仓库或数据集市，形成统一规范的数据集。

5. 加工数据

企业根据管理需求对收集的数据进行加工，一般包括以下两个方面。

第一，按照管理最小颗粒度进行内部转移定价、成本分摊、业绩分成及经济增加值计量等，根据盈利能力分析模型，生成管理最小颗粒度盈利信息。

（1）企业应遵循《管理会计应用指引第404号——内部转移定价》的一般要求，确定内部转移价格。

（2）企业应遵循"谁受益、谁负担"原则，通过建立科学有效的成本归集路径，将实际发生的完全成本基于业务动因相对合理地分摊到管理最小颗粒度。

（3）企业应依据业绩匹配原则，合理选择佣金法、量价法、比例法等方法，对业务协同产生的业绩进行分成。

（4）企业应遵循《管理会计应用指引第602号——经济增加值法》的一般要求，计量经济增加值。

第二，企业根据设定的数据标准，按管理最小颗粒度与区域、产品、部门、客户、渠道、员工等维度的归属关系进行分类汇总，生成各维度盈利信息。

6. 编制分析报告

企业应根据管理需求，进一步整理、分析多维度盈利能力分析信息，综合使用趋势分析法、比率分析法、因素分析法等方法，从不同维度进行盈利能力分析，编制多维度盈利能力分析报告。企业应根据报告使用者的需求确定多维度盈利能力分析报告的具体内容，一般包括多维度盈利目标及其在报告期的实现程度、整体盈亏的多维分析、各维度的具体盈亏状况及其驱动因素分析（如区域下各产品、渠道盈利分析等）、各维度的经营发展趋势分析及风险预警、下一步的建议措施（如优化资源配置）等。

企业编制多维度盈利能力分析报告时，可采用排序法、矩阵法、气泡图、雷达图等方法对各维度盈利能力进行评估与分类。

（1）排序法指将一定期间内各维度的指标值进行排序，既可以按利润贡献度排序，也可以按综合指标总分排序，由高到低或按设定的标准分段。

（2）矩阵法指将一定期间内各维度的指标值纳入盈利矩阵的相应位置，以表示其盈利能力的类型。通常，盈利矩阵以成本类指标为横坐标，以利润类指标为纵坐标，组成四个象限。

（3）气泡图指将一定期间内各维度的指标值按其数值大小，以气泡大小列示于坐标图中，直观地表示其盈利能力。

（4）雷达图指将一定期间内各维度的重要指标值纳入雷达形状的图中，展示各维度的盈利能力。

（四）多维度盈利能力分析的优缺点

多维度盈利能力分析的主要优点是可以灵活地支持企业实现精细化内部管理，为客户营销、产品管理、外部定价、成本管控、投资决策、绩效考核等提供相关、可靠的信息。

多维度盈利能力分析的主要缺点是对企业管理能力、内部治理的规范性和数据质量等要求较高。

【课堂活动】想一想，如何结合企业实际业务分析盈利能力？

项目小结

本项目主要对企业营运管理进行了全面的阐述，营运管理从宏观到微观，从全局到具体，全方位、多维度地为企业经营提供服务。一方面，它立足于治理层面，整体、系统地根据经营战略目标对企业进行宏观把控；另一方面，通过运用各种具体管理方法对经营中各个模块进行系统化、精细化的管理。本项目介绍了本量利分析、边际分析、敏感性分析、内部转移定价、多维度盈利能力分析等营运管理方法，帮助我们在企业经营中通过闭合运转循环的业务链周而复始不断运行来实现企业的增值。

技能提升

一、理论夯实

（一）单项选择题

1. 制造业中常见的营运管理目标是（　　　）。

A. 提高产品质量　　　B. 降低生产成本　　　C. 缩短生产周期　　　D. 以上全部

2. 作业成本法的主要优势是（　　　）。

A. 简化成本核算　　　　　　　　　　B. 更准确地分配间接费用

C. 降低成本　　　　　　　　　　　　D. 增加利润

3. 管理会计中的营运决策主要依赖（　　　）。

A. 财务报表　　　B. 成本分析报告　　　C. 市场调研报告　　　D. 生产计划

4. 管理会计中常用的成本分类方法是（　　　）。

A. 固定成本与变动成本　　　　　　B. 直接成本与间接成本

C. 制造成本与期间费用　　　　　　D. 以上全部

5. 直接人工成本通常指（　　）。

A. 生产工人的工资　　　　　　　　B. 管理人员的工资

C. 销售人员的工资　　　　　　　　D. 研发人员的工资

6. 在营运管理中，边际贡献分析主要用于（　　）。

A. 投资决策　　　　　　　　　　　B. 产品定价决策

C. 成本控制　　　　　　　　　　　D. 盈亏平衡分析

7. 在管理会计中，关键绩效指标（KPI）的设定主要用于（　　）。

A. 员工考核　　　　B. 经营目标管理　　　　C. 成本控制　　　　D. 生产计划

8. 在预算控制中，营运预算主要关注（　　）。

A. 市场推广　　　　　　　　　　　B. 生产与运营成本

C. 财务费用　　　　　　　　　　　D. 投资回报

9. 在制订营运计划时，关键是（　　）。

A. 设定生产目标　　　B. 规划资源配置　　　C. 确定成本标准　　　D. 以上全部

10. 管理会计信息系统对营运管理的支持主要体现在（　　）。

A. 数据的实时性　　　　　　　　　B. 报表的准确性

C. 分析的深度　　　　　　　　　　D. 以上全部

（二）多项选择题

1. 在成本控制过程中，应关注的成本要素是（　　）。

A. 直接材料成本　　　　　　　　　B. 直接人工成本

C. 制造费用　　　　　　　　　　　D. 市场推广费用

2. 关于变动成本法，以下描述正确的是（　　）。

A. 只考虑变动成本　　　　　　　　B. 忽略固定成本

C. 适用于短期决策　　　　　　　　D. 可用于长期投资分析

3. 关于边际贡献分析，以下结论正确的是（　　）。

A. 边际贡献＝销售收入－变动成本

B. 可用于盈亏平衡分析

C. 适用于短期决策

D. 忽略固定成本

4. 关于本量利分析中的盈亏临界点，以下说法正确的是（　　）。

A. 盈亏临界点是利润为零时的销售量

B. 盈亏临界点可以通过固定成本除以单位边际贡献计算

C. 盈亏临界点越高，企业的风险越小

D. 盈亏临界点与固定成本成正比

5. 在敏感性分析中，以下变化可能对利润产生显著影响的是（　　　）。

A. 销售价格　　　　B. 固定成本　　　　C. 变动成本　　　　D. 销售量

（三）判断题

1. 营运管理的目标仅仅是降低成本。（　　　）

2. 边际贡献分析忽略了固定成本的影响。（　　　）

3. 营运管理与管理会计没有直接关系。（　　　）

4. 边际贡献率直接影响企业的盈亏临界点。（　　　）

5. 本量利分析假设单位售价在相关范围内保持不变。（　　　）

6. 盈亏临界点越高，企业的经营风险越小。（　　　）

7. 本量利分析中，固定成本随产量的增加而增加。（　　　）

8. 边际分析中，如果某产品的边际贡献为负，则应停止生产该产品。（　　　）

9. 边际分析适用于长期战略决策，如是否进入新市场。（　　　）

10. 敏感性分析主要用于评估固定成本变化对利润的影响。（　　　）

二、实训案例

1. 某公司生产一种产品，单位售价为 50 元，单位变动成本为 30 元，固定成本为 100000 元。问题：

（1）计算单位边际贡献。

（2）计算盈亏临界点的销售量。

（3）如果目标利润为 50000 元，计算需要达到的销售量。

2. 某公司生产一种产品，单位售价为 100 元，单位变动成本为 60 元，固定成本为 300000 元，当前销售量为 8000 件。问题：

（1）计算当前利润。

（2）如果销售价格下降 10%，计算新的利润。

（3）分析销售价格变化对利润的敏感性。

3. 某公司生产两种产品 A 和 B，相关数据如下：

产品 A：单位售价 120 元，单位变动成本 80 元，预计销售量 6000 件；

产品 B：单位售价 200 元，单位变动成本 120 元，预计销售量 4000 件。

固定成本总额为 400000 元，问题：

（1）计算两种产品的单位边际贡献。

（2）计算加权平均边际贡献率。

（3）计算综合盈亏临界点的销售额。

4. 某公司生产一种产品，单位售价为 80 元，单位变动成本为 50 元，固定成本为 200000 元。目前月销售量为 10000 件。现有一客户提出以 60 元的价格额外订购 2000 件，且不需要增加固定成本。问题：

（1）计算接受订单前的利润。

（2）计算接受订单后的利润。

（3）是否应接受该订单？为什么？

答案扫一扫

学习评价

学习任务完成评价表

评价范围	评价标准		自我评价（五星制打分）	小组评价（五星制打分）	教师评价（五星制打分）
职业知识	能够阐述营运管理的含义				
	能够说出营运管理的内容				
	能够说出 3 种以上营运管理的工具方法				
	能够说出营运管理的应用场景				
职业能力	能够进行企业营运前的资料准备工作				
	能够熟练运用营运管理的工具方法对企业进行营运能力分析				
	能够编制营运管理计划				
职业素质	工作态度	服从安排，不做与项目无关的事情			
		工作积极主动，完成度较高			
	团队合作	按规定流程操作，进行有效沟通			
	创新精神	能够主动探索，具有独立解决问题的能力			
	职业道德	严谨认真，实事求是			

项目六　投融资管理

"善理财者，不加赋而国库足。"

——王安石

学习目标

知识目标	能力目标	思政目标
1. 理解投资的相关概念； 2. 理解现金流量的定义和计算； 3. 掌握投资分析方法； 4. 理解企业筹资的动机，熟悉筹资的类别和方式； 5. 掌握筹资相关理论，理解资本成本的含义和作用； 6. 掌握资本成本的计算。	1. 能够计算项目的现金流量； 2. 能够运用不同方法对项目进行投资决策分析； 3. 能够运用不同方法对证券投资项目进行分析并决策； 4. 能够阐述不同资金筹集方式的内容和特点； 5. 能够计算不同资金筹集方式的资本成本； 6. 能够根据实际情况对资金筹集方案进行分析和选择。	1. 培养学生的时间观念，珍惜时间，把握当下； 2. 培养学生形成正确的价值观，学会取舍； 3. 培养学生的风险意识和成本意识； 4. 提升学生的逻辑思维能力，提高决策能力。

知识框架图

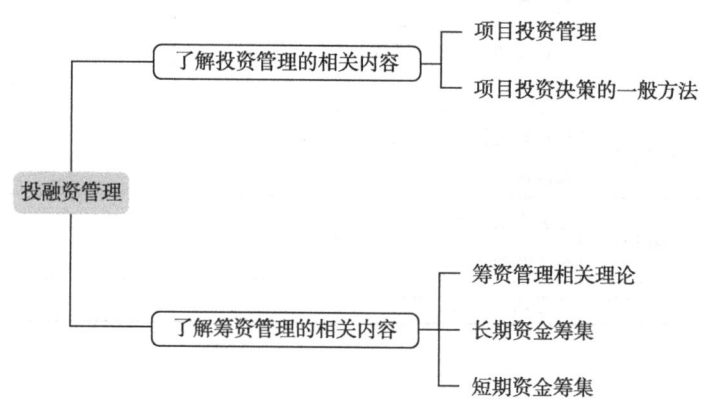

思政课堂

新中国第一张股票——"小飞乐"

在上海市虹口区中国证券博物馆里，有一件编号为SZ0000191—2的藏品——上海飞乐音响公司股票，它是新中国第一张真正意义上的股票，也是中国证券市场发展的见证，还是社会主义市场经济建设取得阶段性成果的写证。

1984年7月，上海市颁布了一个地方性法规《关于发行股票的暂行规定》，上海飞乐电声总厂抓住机遇，成为第一个"吃螃蟹"的企业。1984年11月14日，经中国人民银行上海分行批准，由上海飞乐电声总厂、飞乐电声总厂三分厂、上海电子元件工业公司、工商银行上海市分行信托公司静安分部发起设立上海飞乐音响股份有限公司，向社会公众及职工发行股票。总股本为1万股，每股面值为50元，共拟筹集50万元股金，其中35%由法人认购，65%向社会公众公开发行。飞乐音响成为上海市第一家股份制企业，也是上海市首家向社会公开发行股票的公司。

飞乐音响股份公司发行的股票，没有期限限制，不能退股，但可以流通转让，这意味着它已经成为我国改革开放时期第一张真正意义上的股票，实现了我国证券市场从无到有的突破。

发行股票当天，热心的市民早早来排队购买股票，认购队伍排成了一眼望不到头的长龙，盛况空前。第二天，上海《新民晚报》在头版位置发表了关于飞乐音响开业的报道，飞乐音响公司从此一举成名天下知。股民们习惯地将飞乐音响公司股票称为"小飞乐"。

1986年11月14日，邓小平同志在北京人民大会堂将一张面额为50元人民币的上海飞乐音响公司股票赠送给美国纽约证券交易所董事长约翰·凡尔霖。这张"新中国第一股"让世界为之轰动，让世界看到了中国正在涌动的改革春潮。

"小飞乐"在我国股份制试点历史中创造了四个第一。飞乐音响股份公司是上海市首家向社会公开发行股票的公司；飞乐音响于1986年9月26日与延中实业两只股票率先在证券部进行柜台交易，这是我国改革开放以来第一次实行的股票买卖交易；邓小平同志送给凡尔霖的"小飞乐"股票成为第一张被外国人拥有的股票，凡尔霖先生成为中国上市公司第一位外国股东；"小飞乐"经批准于1989年3月第一次增资扩股，采取对老股东无偿增资的方法，这是国内股份制度中第一次实行无偿增资。

经过约40年的发展，我国资本市场经历了从无到有、从弱到强的发展历程。截至2021年5月14日，A股共有上市企业4302家，总市值达88.24万亿元，我国资本市场逐渐成为全球资本市场不可或缺的一部分。

自主学习任务单

一、学习指南
1. 课题名称
《数字化管理会计》——投融资管理
2. 达成目标
（1）通过阅读教材熟悉投融资管理的内容；
（2）通过学习对点案例掌握投融资管理的方法；
（3）完成《自主学习任务单》规定的内容。
3. 学习方法建议
（1）注意理论联系实际；
（2）要学会对比、总结、归纳，掌握不同投融资分析方法。
4. 课堂学习形式预告
（1）自主预习；
（2）课堂讲授；
（3）案例分析；
（4）知识问答。
二、学习任务
通过观看教学录像及搜索相关资料自主学习，完成下列学习任务：
1. 了解项目投资的概念，理解项目现金流量的计算；
2. 搜索了解企业筹资的动机、筹资类别和渠道。
三、自主测试＋测试答案
（一）自主测试
1. 投资项目的建设起点与终点之间的时间间隔被称为（　　）。
A. 项目计算期　　　B. 生产经营期　　　C. 建设期　　　D. 建设投资期
2. 在项目生产经营阶段上，最主要的现金流出量项目是（　　）。
A. 流动资金投资　　B. 营运资金投资　　C. 经营成本　　D. 各种税款
3. 下列筹资方式中，不属于筹集长期资金的是（　　）。
A. 吸引长期投资　　B. 发行股票　　　　C. 融资租赁　　D. 商业信用
4. 长期借款筹资与长期债券筹资相比，其特点是（　　）。
A. 利息可以节税　　B. 筹资速度快　　　C. 筹资费用大　　D. 债务利息高
5. 从筹资的角度看，下列筹资方式中筹资风险较小的是（　　）。
A. 债券　　　　　　B. 长期借款　　　　C. 融资租赁　　D. 普通股
（二）测试答案
1. A　　2. C　　3. D　　4. B　　5. C
四、困惑与建议

任务1 了解投资管理的相关内容

广义的投资指特定经济主体（包括政府、企业和个人）以本金回收并获利为基本目的，将货币、实物资产等作为资本投放于某一个具体对象，以在未来期间内获取预期经济利益的经济行为。企业投资，简言之，是企业为获取未来收益而向一定对象投放资金的经济行为。

一、项目投资管理

（一）项目投资的概念与分类

1. 项目投资的概念

项目投资是一种以特定项目为投资对象，直接与新建项目或更新改造项目有关的长期投资行为。从性质上看，项目投资是企业直接的、生产性的对内实物投资，其目的在于改善生产条件，扩大生产能力，获取更多的经营利润，如购置设备、建造工厂等。与其他投资相比，项目投资具有耗资大、时间长、风险大、收益高等特点，对企业的长期获利能力具有决定性影响。

2. 项目投资的分类

项目投资主要分为新建项目投资和更新改造项目投资。

新建项目投资指以新建生产能力为目的的外延式扩大再生产。新建项目投资按其涉及的内容可细分为单纯固定资产投资项目和完整工业投资项目。单纯固定资产投资项目，简称固定资产投资，其特点是只包括为取得固定资产发生的垫支资本投入，不涉及周转资本的投入。完整工业投资项目，其特点是不仅包括固定资产投资，而且涉及流动资产投资，甚至包括无形资产等其他长期资产投资。

更新改造项目投资是在一定时期内，利用各种资金，对现有企事业单位原有设备进行技术改造（包括固定资产更新）以及相应配套的辅助性生产、生活福利设施等工程和有关工作（不包括大修理和维护工程）的实际完成额。

它具体包括：（1）列入中央和各级地方本年更新改造计划的投资项目和虽未列入本年更新改造计划，但使用以前年度更新改造计划内结转的投资在本年继续施工的项目；（2）本年更新改造计划内投资与基本建设计划内投资结合安排的对企事业单位原有设施进行技术改造或更新的项目和增建主要生产车间、分厂等其新增生产能力（或工程效益）未达到大中型项目标准的项目，以及由于城市环境保护和安全生产的需要而进行的迁建工程；（3）国有企事业单位既未列入基建计划也未列入更新改造计划，总投资在50万元以上的属于改建或更新改造性质的项目，以及由于城市环境保护和安全生产的需要而进行的迁建工程。

（二）确定项目投资的现金流量

1. 现金流量的概念

在投资决策中，现金流量指一个项目引起的企业现金支出和现金收入增加的数量。这里的现金是广义的现金，既包括各种货币资本，又包括需要投入的企业现有的非货币资源的变现价值。例如，在一个设备更新决策中，现金流量就包含原有旧设备的变现价值，而不是其账面价值，具体包括现金流出量、现金流入量和现金净流量。

一个项目的现金流出量指该项目引起的企业现金支出的增加额，包括在固定资产上的投资、垫支的营运资本、付现成本、各项税款、其他现金流出等。具体包括以下方面。

一是项目的直接投资支出。项目的直接投资支出实质是因项目形成生产能力而发生的各种现金支出，包括购建固定资产的价款支出以及运输、安装、调试等方面的支出。

二是垫支的营运资本。垫支的营运资本指项目开始运营并形成生产能力后，由于企业的生产能力扩大，引起营运资本的需求量增加。增加的营运资本成为该项目投资的一项现金流出。

三是付现成本。付现成本指项目运营后引起的需要使用现金支付的成本，即企业在经营期内为满足正常生产经营而动用现金支付的成本费用，如外购原材料、燃料、动力的费用以及工资、修理费和其他费用。

一个项目的现金流入量指该项目引起的企业现金收入的增加额。具体包括以下方面。

一是营业现金流入。营业现金流入指项目投资建成投产后，通过生产经营活动取得的营业收入。

二是净残值收入。净残值收入指投资项目结束后，回收的固定资产报废或出售时的变价收入扣除清理费用后的净收入。

三是垫支营运资本的收回。在项目终结时，企业将垫付的营运资本收回，因此，应将其作为该方案的一项现金流入。

现金净流量指一定期间现金流入量和现金流出量的差额。

$$现金净流量 = 现金流入量 - 现金流出量 \qquad (6-1)$$

2. 项目计算期的构成

项目计算期指投资项目从投资建设开始到最终清理结束整个过程的全部时间，包括建设期和运营期。

　　建设期指项目从资金正式投入开始到项目建成投产为止所需要的时间。建设期的第一年初被称为建设起点（记作第 0 年），建设期的最后一年末被称为投产日（记作第 s 年）。在实践中，通常应参照项目建设的合理工期或项目的建设进度计划合理确定建设期。

　　项目计算期的最后一年年末被称为终结点（记作第 n 年）。假定项目最终报废或清理均发生在终结点（更新改造除外）；从投产日到终结点之间的时间间隔被称为运营期，它包括试产期和达产期（完全达到设计生产能力）两个阶段。试产期指项目投入生产，但生产能力尚未完全达到设计能力时的过渡阶段。达产期指生产运营达到设计预期水平后的时间。运营期一般应根据项目主要设备的经济使用寿命来确定。

　　项目计算期（n）、建设期（s）和运营期（p）之间存在以下关系：

$$项目计算期(n) = 建设期(s) + 运营期(p) \qquad (6-2)$$

　　3. 现金流量的计算

　　项目投资现金流量分析涉及项目的整个计算期，即从项目投资开始到项目结束的各个阶段：第一阶段（初始阶段）即建设期发生的现金流量；第二阶段（经营期）即正常经营阶段发生的现金流量；第三阶段（终结阶段）即在经营期终结点，项目结束时发生的现金流量。

　　（1）建设期现金流量指初始投资阶段发生的现金流量，一般包括以下几个部分。

　　一是在固定资产上的投资，包括固定资产的购入或建造成本、运输成本和安装成本等。在一个继续使用旧设备的投资方案中，旧设备的变现价值就是在固定资产上的投资，属于一项现金流出。

　　二是垫支的营运资本，是增加的流动资产与增加的流动负债的差额。即为了配合项目投资，在原营运资本的基础上增加的与固定资产相配套的营运资本投资支出，包括对材料、在产品、产成品和现金等流动资产的投资以及增加的流动负债。

　　三是其他投资费用，指与固定资产投资有关的职工培训费、谈判费、注册费用等不属于上述两项的其他投资费用。

　　四是原有固定资产的变现收入。变现收入指在进行固定资产更新决策时，由于新购建固定资产，原有固定资产被淘汰出售的收入。此时，原有固定资产变卖所得的现金收入被视为现金流入。然而，如果旧设备继续使用，旧设备的变现收入则是一项现金流出。

　　（2）经营期现金流量指项目在正常经营期内生产经营带来的现金流入和现金流出的数量。这种现金流量一般以年为单位进行计算。相关计算公式为：

$$营业现金净流量(NCF) = 营业收入 - 付现成本 - 所得税 \qquad (6-3)$$

或

$$营业现金净流量 = 税后经营净利润 + 折旧 \qquad (6-4)$$

$$营业现金净流量 = (营业收入 - 付现成本) \times (1 - 所得税税率) + 折旧$$

$$\times 所得税税率 \qquad (6-5)$$

其中,付现成本 = 营业成本 - 折旧

(3)终结点现金流量指投资项目结束时固定资产变卖或停止使用发生的现金流量,主要包括:固定资产的残值收入或变价收入;原垫支营运资本的收回,在项目结束时,将收回垫支的营运资本视为项目投资方案的一项现金流入;在清理固定资产时发生的其他现金流出。

【课堂提示】

在确定投资项目的相关现金流量时,应遵循的基本原则是:只有增量现金流量才是相关现金流量。增量现金流量指接受或拒绝某个投资项目后,企业总现金流量因此发生的变动。判断增量现金流量时,需要注意下述几个问题。

一是辨析现金流量与会计利润的区别与联系。财务会计按权责发生制计算企业的收入和成本费用,据此确定利润作为评价企业经济效益的基础;项目评价方法按收付实现制确定的现金流量作为评价项目经济效益的基础。现金流量与会计利润既有联系又有区别。两者的联系在于现金净流量与利润在本质上没有区别,在项目整个有效期内,两者总额相等。其主要区别在于:

(1)是否考虑货币时间价值。不同时点的现金流量有不同的价值,应按其发生的时间具体确定。利润不一定当期实现,不利于现值的确定;现金流量反映当期现金流入量和流出量,有利于考虑时间价值因素。

(2)是否有利于方案评价的客观性。利润的计算缺乏统一标准,在一定程度上受人为因素的影响,如存货计价、费用摊配、折旧方法的选择都带有较大的主观性,并且利润反映了某一会计期间的应计流量而非实际流量;现金流量的分布不受上述人为因素的影响。

(3)是否有利于反映现金流动状况。项目效益的评价是以假设其收回的资本可进行再投资为前提的。在项目预算中,现金流动状况比盈亏状况更重要。利润反映盈亏状况,但有利润的年份不一定产生相应的现金用于再投资,只有现金净流量才能用于再投资。

二是考虑投资项目对公司其他项目的影响。在估计现金流量时,要以投资对企业所有经营活动产生的整体效果为基础进行分析,而不是孤立地考察某一个项目。因为当企业采纳一个新项目时,该项目可能对企业的其他项目或部门产生有利或不利的影响。若该项目的投入会引起企业其他经济活动营业收入的减少，则增量现金流量应减去这部分减少额；若该项目的投入会引起其他项目现金流量的增加，则增量现金流量应加上这部分增加额。

三是区分相关成本和非相关成本。相关成本指与特定决策有关的、在分析评价时必须加以考虑的成本。例如，差额成本、未来成本、重置成本、机会成本都属于相关成本。与此相反，与特定决策无关的、在分析评价时不必加以考虑的是非相关成本。例如，沉没成本、过去成本、账面成本等往往是非相关成本。

四是不要忽视机会成本。机会成本指投资决策时，从多种方案中选取最优方案而放弃次优方案丧失的收益。机会成本不是普通意义上的"成本"，即它不是一种支出或费用，而是失去的收益，这种收益不是实际发生的，而是潜在的。

五是对净营运资本的影响。净营运资本指增加的流动资产与增加的流动负债之间的差额。一般情况下，一方面，当企业采纳一个新项目使销售额扩大时，对流动资产的需求就会增加，企业必须筹措新的资本，满足这种额外需求；另一方面，企业扩充会同时引起流动负债的增加，降低流动资本的实际需要。

此外，还需要注意通货膨胀的影响。

二、项目投资决策的一般方法

项目投资评价使用的非折现现金流量指标（静态的评价指标），包括投资回收期、会计平均收益率等。

项目投资评价使用的折现现金流量指标（动态的评价指标），包括净现值、现值指数和内含报酬率等。

（一）非折现现金流量指标

1. 非折现现金流量指标——投资回收期

投资回收期（PP）指通过项目的现金净流量收回初始投资的现金所需要的时间，一般以年为单位。

（1）投资回收期的计算，因每年营业现金净流量是否相等而有所不同。

若每年营业现金净流量相等，则投资回收期的计算公式为：

$$投资回收期 = 初始投资额 \div 年现金净流量 \qquad (6-6)$$

若每年营业现金净流量不相等，则投资回收期的计算要根据每年年末尚未收回的投资额加以确定。其计算公式为：

$$投资回收期 = 累计净现金流量开始出现正值的年份 - 1$$

$$+ \frac{上一年累计现金净流量的绝对值}{出现正值年份的现金净流量} \qquad (6-7)$$

【例6-1】B公司一个投资项目的现金净流量如表6-1所示,计算该项目的投资回收期。

表6-1 现金净流量 单位:元

年份	0	1	2	3	4	5	6
现金净流量	-225000	39800	50110	67130	62760	78980	80000
累计现金净流量	-225000	-185200	-135090	-67960	-5200	73780	153780

$$投资回收期 = 5 - 1 + \frac{5200}{78980} \approx 4.07(年)$$

(2)投资回收期的决策规则:当投资回收期小于基准回收期(由企业自行确定或根据行业标准确定)时,可接受该项目;反之,应放弃。在实际分析中,如果没有建设期,一般认为投资回收期小于项目经营期一半时方为可行。

(3)投资回收期的优缺点:投资回收期计算简单,反映直观,但存在一定缺陷,主要表现为没有考虑货币的时间价值。这显然是不科学的。为了克服这一缺点,往往需要计算折现回收期(也称动态回收期)。

【例6-2】沿用【例6-1】,折现率为10%,则该项目折现现金流量如表6-2所示。

表6-2 折现现金流量 单位:元

年份	0	1	2	3	4	5	6
现金净流量	-225000	39800	50110	67130	62760	78980	80000
当年现值	-225000	36182	41411	50435	42865	49039	45160
累计现值	-225000	-188818	-147407	-96972	-54107	-5068	40092

$$投资回收期 = 6 - 1 + \frac{5068}{45160} \approx 5.11(年)$$

折现回收期要长于非折现回收期,因为考虑了货币的时间价值,故更符合项目回收的实际情况。但该法只考虑回收期以前各期的现金流量,将投资回收以后的现金流量截断,完全忽略了投资回收以后的经济效益,不利于反映项目全部期间的实际状况。

2. 非折现现金流量指标——会计平均收益率

(1)会计平均收益率(ARR)是评价投资项目优劣的一个静态指标,指投资项目年平均收益与该项目平均投资额的比率。其计算公式为:

$$会计平均收益率 = \frac{年平均收益}{项目平均投资额} \times 100\% \qquad (6-8)$$

年平均收益可按项目投产后各年收益的简单平均计算。项目平均投资额指固定资产投资账面价值的平均数，在直线折旧法下，平均投资额等于投资总额的一半。为了全面反映项目的投资报酬，可将流动资本投资额包括在项目总投资额中。

【例6-3】假设【例6-1】中的项目寿命为6年，采用直线法计提折旧，不考虑残值。计算结果如表6-3所示。

表6-3　现金净流量　　　　　　　　　　单位：元

年份	0	1	2	3	4	5	6
现金净流量	-225000	39800	50110	67130	62760	78980	80000
当年现值	-225000	36182	41411	50435	42865	49039	45160
累计现值	-225000	-188818	-147407	-96972	-54107	-5068	40092

$$会计平均收益率 = \frac{(39800 + 50110 + 67130 + 62760 + 78980 + 80000 - 225000) \div 6}{225000 \div 2}$$

$$\times 100\% \approx 23\%$$

（2）会计平均收益率的决策规则：如果会计平均收益率大于基准会计收益率（通常由企业自行确定或根据行业标准确定），则应接受；反之，则应放弃。在多个互斥方案的选择中，应选择会计平均收益率最高的项目。

（3）会计平均收益率的优缺点：此方法的优点是简明、易懂、易算。缺点是会计平均收益率按照投资项目账面价值计算，如果投资项目存在机会成本，其判断结果与净现值等标准差异就很大，甚至得出相反的结论，影响投资决策的正确性。

（二）折现现金流量指标

1. 折现现金流量指标——净现值

净现值（NPV）指投资项目投入使用后的现金净流量按资本成本或企业要求达到的报酬率折算为现值，再减去初始投资后的余额。其计算公式为：

$$净现值 = \sum_{K=1}^{n} \frac{I_K}{(1+i)^K} - \sum_{K=1}^{n} \frac{O_K}{(1+i)^K} \tag{6-9}$$

式中，n 为项目的年限；i 为资本成本（或折现率），I_K、O_K 分别为第 K 年的现金流入量和现金流出量。

（1）净现值的计算步骤：计算每年营业现金净流量；计算未来现金流量的总现值；计算净现值。

【例6-4】A公司的资本成本为10%，有三个投资方案，各方案年现金净流量数据如表6-4所示。

表 6 - 4　方案及其年现金净流量　　　　　　　单位：元

年份	方案 1	方案 2	方案 3
0	− 20000	− 9000	− 12000
1	11800	1200	4600
2	13240	6000	4600
3		6000	4600

各方案的净现值为：

$NPV_1 = （11800 \times 0.9091 + 13240 \times 0.8264）- 20000 \approx 1669$（元）

$NPV_2 = （1200 \times 0.9091 + 6000 \times 0.8264 + 6000 \times 0.7513）- 9000 \approx 1557$（元）

$NPV_3 = 4600 \times 2.487 - 12000 = -560$（元）

方案 1 和方案 2 的净现值为正数，说明两个项目的投资报酬率均超过 10%，可以接受。方案 3 的净现值小于零，说明该项目的投资报酬率小于 10%，应予以放弃。

影响项目净现值大小的因素有两个：项目的现金流量、资本成本或投资最低报酬率。前者与净现值大小呈同方向变化，后者与净现值大小呈反方向变化。

（2）净现值的决策规则：如果在一组独立备选方案中进行选择，净现值大于零表示收益弥补成本后仍有利润，可以采纳；净现值小于零，表明其收益不足以弥补成本，不能采纳。若对一组互斥方案进行选择，则应采纳净现值最大的方案。

（3）净现值的优缺点：优点是净现值指标考虑了项目整个寿命周期的各年现金流量的现时价值，反映了投资项目的可获收益，在理论上较为完善。缺点是不能动态反映项目的实际收益率；当各方案投资额不等时，无法确定方案的优劣，例如，方案 1 和方案 2 都可行，但由于两者的原始投资额不同，不能用净现值法比较优劣，也就是说，虽然方案 1 的净现值大于方案 2 的净现值，但不能得出方案 1 优于方案 2 的结论；当各方案的经济寿命不等时，用净现值难以进行评价；净现值的大小取决于折现率，而折现率的确定较为困难。

实务中，确定折现率的一种方法是以资本成本作为折现率，但计算资本成本较难，限制了该方法的应用；另一种方法是以现金的机会成本作为折现率，这也是企业要求的最低资本利润率，该方法比较常用。另外，可以根据不同阶段采用不同的折现率，如在建设期以贷款的实际利率作为折现率、在项目经营期以全社会资本平均收益率作为折现率。

2. 折现现金流量指标——现值指数

现值指数（PI）是未来现金净流量的总现值与初始投资额现值的比率，亦称为现值比率、获利指数等。其计算公式为：

$$现值指数 = \sum_{K=1}^{n} \frac{I_K}{(1+i)^K} \bigg/ \sum_{K=1}^{n} \frac{O_K}{(1+i)^K} \qquad (6-10)$$

（1）现值指数的计算步骤：计算未来现金净流量的总现值；根据未来现金净流量的总现值与初始投资额现值之比计算现值指数。

【例 6-5】沿用【例 6-4】，计算三个投资方案的现值指数。

$PI_1 = 21669 \div 20000 \approx 1.08$

$PI_2 = 10557 \div 9000 \approx 1.17$

$PI_3 = 11440 \div 12000 \approx 0.95$

（2）现值指数的决策规则：接受现值指数大于 1 的项目，放弃现值指数小于 1 的项目。在有多个互斥方案的选择决策中，选择现值指数最大的项目。

（3）现值指数的优缺点：优点是可以进行独立投资项目获利能力的比较，能够真实地反映项目的盈亏程度，由于现值指数用相对数表示，有利于在初始投资额不同的投资方案之间进行对比。缺点是现值指数只代表获得收益的能力，不代表实际可以获得的财富，它忽略了互斥项目之间投资规模上的差异，因此，在多个互斥项目的选择中，可能会得到错误的结论。

3. 折现现金流量指标——内含报酬率

内含报酬率（IRR）指能够使未来现金流入量的现值等于现金流出量现值的折现率，或者说是使投资项目净现值为零的折现率。内含报酬率通常也被称为内部收益率。其计算公式为：

$$A_0 = \sum_{K=1}^{n} \frac{I_K}{(1+IRR)^K} \qquad (6-11)$$

式中，A_0 表示初始现金流出量，I_K 表示第 K 年现金流入量，IRR 为内含报酬率。

（1）内含报酬率的计算步骤分为两种情况。每年现金流量不等时，内含报酬率的计算通常要使用逐步测算法。第一步，首先估计一个折现率，计算项目的净现值。第二步，如果净现值恰好为零，则表明所用的折现率就是 IRR；如果净现值为正数，说明方案本身的报酬率超过估计的折现率，应提高折现率后进一步测试；如果净现值为负数，说明方案本身的报酬率低于估计的折现率，应降低折现率后进一步测算。第三步，经过多次测算，找到接近零的正负两个净现值对应的折现率，用插值法求出近似的 IRR。

【例 6-6】沿用【例 6-4】，计算方案 1 和方案 2 的内含报酬率。

表 6-5   方案 1 内含报酬率的测试   单位: 元

年份	现金净流量	折现率 = 18%		折现率 = 16%	
		贴现系数	现值	贴现系数	现值
0	-20000	1	-20000	1	-20000
1	11800	0.8475	10001	0.8621	10173
2	13240	0.7182	9509	0.7432	9840
净现值			-490		13

表 6-6   方案 2 内含报酬率的测试   单位: 元

年份	现金净流量	折现率 = 18%		折现率 = 16%	
		贴现系数	现值	贴现系数	现值
0	-9000	1	-9000	1	-9000
1	1200	0.8475	1017	0.8621	1035
2	6000	0.7182	4309	0.7432	4459
3	6000	0.6086	3652	0.6407	3844
净现值			-22		338

如果对测试结果的精确度不满意, 则可以用插值法改善, 求出两个方案的内含报酬率。

每年现金流量相等时, 即在投资项目的有效期内, 如果各期现金净流量相等, 同时不存在建设期, 则可按以下步骤计算项目的内含报酬率。

第一步, 计算年金现值系数。

因为, 初始投资额 = 每年现金净流入量 × 年金现值系数

则

$$年金现值系数 = \frac{初始投资额}{每年现金净流入量} \qquad (6-12)$$

第二步, 查阅年金现值系数表, 在相同的期数内, 找出与上述年金现值系数相邻的较大和较小的两个折现率。

第三步, 根据上述两个相邻的折现率和已经求得的年金现值系数, 采用插值法计算该项目的内含报酬率。

沿用【例 6-4】, 方案 3 的内含报酬率为:

$$12000 = 4600 \times (P/A, IRR, 3)$$

$$(P/A, IRR, 3) = 2.6087$$

查阅年金现值系数表, 寻找 n = 3 时系数 2.6087 所指的利率。结果显示, 与 2.6087 接近的现值系数 2.6243 和 2.5771 分别指向 7% 和 8%。用插值法确定方案 3 的内含报酬率为:

$$\frac{X-7\%}{8\%-7\%}=\frac{2.6087-2.6243}{2.5771-2.6243}$$

$$X \approx 7.32\%$$

（2）内含报酬率的决策规则：在只有一个备选方案的采纳与否决策中，如果计算出的内含报酬率大于或等于企业的资本成本或必要报酬率，就采纳；反之，则拒绝。在多个互斥备选方案的选择决策中，选用内含报酬率超过资本成本或必要报酬率最高的投资项目。

（3）内含报酬率的优缺点：优点是考虑了资金的时间价值，反映了投资项目的真实报酬率。缺点是计算过程比较复杂，特别是对于每年 NCF 不相等的投资项目，要经过多次测算才能得出。另外，对于非常规投资项目，会出现多个内含报酬率的问题，给决策带来不便。

综上所述，本书给出项目评价选取标准的原则：当使用 NPV、PI、IRR 评价所得结论一致时，可选用任意一个标准，如果发生矛盾，则应以 NPV 给出的结论为准。

【课堂活动】请以思维导图或者列表的方式，总结项目投资决策方法的计算公式、决策规则和优缺点。

任务 2　了解筹资管理的相关内容

筹资是为了企业经营的维持和发展，为企业经营活动提供资金保障。筹资管理是企业为满足经营活动、投资活动、资本结构管理和其他需要，通过筹资渠道并运用筹资方法，筹措和获取所需资金的财务活动。

一、筹资管理相关理论

（一）资本成本

资本成本是衡量资本结构优化程度的标准，也是对投资获得经济效益的最低要求。企业筹得的资本付诸使用后，只有投资报酬率高于资本成本，才能表明所筹集的资本取得了较好的经济效益。

1. 资本成本的含义

资本成本指企业为筹集和使用资本而付出的代价，包括筹资费用和占用费用。资本成本是资本所有权与资本使用权分离的结果。对于出资者而言，由于让渡了资本使用权，必须要求取得一定的补偿，资本成本表现为让渡资本使用权带来的投资报酬。对于筹资者而言，由于取得了资本使用权，必须支付一定代价，资本成本表现为取得资本使用权付出的代价。

筹资费用指企业在资本筹措过程中为获得资本而付出的代价,如向银行支付的借款手续费,因发行股票、公司债券支付的发行费等。筹资费用通常在资本筹集时一次性发生,在资本使用过程中不再发生,因此,被视为筹资数额的一项扣除。

占用费用指企业在资本使用过程中因占用资本而付出的代价,如向银行等债权人支付的利息、向股东支付的股利等。占用费用是由于占用了他人资金而必须支付的,是资本成本的主要内容。

2. 资本成本的作用

(1)资本成本是比较筹资方式、选择筹资方案的依据。各种资本的资本成本率是比较、评价各种筹资方式的依据。在评价各种筹资方式时,一般会考虑的因素包括对企业控制权的影响、对投资者吸引力的大小、融资的难易和风险、资本成本的高低等,资本成本是其中的重要因素。在其他条件相同时,企业筹资应选择资本成本最低的方式。

(2)平均资本成本是衡量资本结构是否合理的依据。企业财务管理目标是企业价值最大化,企业价值是企业资产带来的未来经济利益的现值。计算现值时采用的贴现率通常会选择企业的平均资本成本率,当平均资本成本率最小时,企业价值最大,此时的资本结构是企业最佳资本结构。

(3)资本成本是评价投资项目可行性的主要标准。资本成本通常用相对数表示,是企业对投入资本所要求的报酬率(或收益率),即最低必要报酬率。任何投资项目,如果预期的投资报酬率超过该项目使用资金的资本成本率,则该项目在经济上是可行的。因此,资本成本率是企业用于确定项目要求达到的投资报酬率的最低标准。

(4)资本成本是评价企业整体业绩的重要依据。一定时期内企业的资本成本不仅反映企业筹资管理的水平,而且可作为评价企业整体经营业绩的标准。企业的生产经营活动,实际上是所筹集资本经过投放后形成的资产营运,只有企业的总资产报酬率高于其平均资本成本率,才能带来剩余收益。

3. 影响资本成本的因素

(1)总体经济环境。总体经济环境和状态决定企业所处的国民经济发展状况和水平,以及预期的通货膨胀。总体经济环境变化的影响,反映在无风险报酬率上,如果国民经济保持健康、稳定、持续增长,整个社会经济的资金供给和需求相对均衡且通货膨胀水平低,资金所有者投资的风险小,预期报酬率低,筹资的资本成本相应就低。相反,如果经济不景气或者经济过热,通货膨胀持续居高不下,投资者投资风险大,预期报酬率高,筹资的资本成本就高。

(2)资本市场条件。资本市场效率表现为资本市场上资本商品的市场流动性。

资本商品的流动性高，表现为容易变现且变现时价格波动较小。如果资本市场缺乏效率，证券的市场流动性低，投资者投资风险大，要求的预期报酬率高，那么通过资本市场筹集的资本其成本就高。

（3）企业经营状况和融资状况。企业内部经营风险是企业投资决策的结果，表现为资产报酬率的不确定性；企业融资状况导致的财务风险是企业筹资决策的结果，表现为股东权益资本报酬率的不确定性。两者共同构成企业总体风险，如果企业经营风险高，财务风险大，则企业总体风险水平高，投资者要求的预期报酬率高，企业筹资的资本成本相应就高。

（4）企业对筹资规模和时限的需求。在一定时期内，国民经济体系中资金供给总量是一定的，资本是一种稀缺资源。因此，企业一次性需要筹集的资金规模越大、占用资金时限越长，资本成本就越高。当然，融资规模、时限与资本成本的正向相关性并非线性关系，一般来说，融资规模在一定限度内，不会引起资本成本的明显变化，当融资规模突破一定限度时，才会引起资本成本的明显变化。

4. 个别资本成本的计算

个别资本成本指单一融资方式的资本成本，包括银行借款资本成本、公司债券资本成本、融资租赁资本成本、普通股资本成本和留存收益成本等。

（1）资本成本计算的基本模式。为了便于分析比较，资本成本通常用不考虑时间价值的一般通用模型计算，用相对数即资本成本率表达。计算时，将初期的筹资费用作为筹资额的一项扣除，扣除筹资费用后的筹资额被称为筹资净额，通用的计算公式为：

$$资本成本 = \frac{资金占用费用}{筹资总额 - 资金筹集费用} \qquad (6-13)$$

（2）长期借款资本成本的计算。长期借款资本成本包括借款利息和借款手续费用。利息费用税前支付，可以抵税，一般计算税后资本成本率，它与权益资本成本率具有可比性。银行借款的资本成本率按一般模式的计算公式为：

$$K_I = I_I(1-T) \qquad (6-14)$$

式中，K_I 为长期借款成本；I_I 为长期借款利率；T 为企业所得税税率。

【例 6-7】甲公司向 A 银行借入长期借款以购买一台设备，设备购入价格为 150 万元，已知筹资年利率为 8%，企业的所得税税率为 25%。用一般模式计算该笔长期借款的资本成本率为：

$$K_I = 8\% \times (1-25\%) = 6\%$$

（3）公司债券资本成本的计算。公司债券资本成本包括债券利息和借款发行费用。债券利息最终要计入成本费用，企业实际上少缴一部分所得税。其资本成本率按一般模式的计算公式为：

$$K_b = \frac{I_b(1 - T)}{Q_b(1 - f)} \qquad (6 - 15)$$

式中，K_b 为债券成本率；

I_b 为债券总额的每年利息支出；

T 为所得税税率；

Q_b 为债券发行总额；

f 为筹资费率。

【例 6-8】某企业以 1100 元的价格，溢价发行一批面值为 1000 元、期限为 5 年、票面利率为 7% 的公司债券。每年付息一次，到期一次还本，发行费用率为 3%，所得税税率为 20%。该批债券的资本成本率为：

$$K_b = \frac{1000 \times 7\% \times (1 - 20\%)}{1100 \times (1 - 3\%)} = 5.25\%$$

（4）普通股资本成本的计算。普通股资本成本主要是向股东支付的各期股利。由于各期股利不固定，随企业各期收益波动，因此，普通股的资本成本只能按贴现模式计算，并假定各期股利的变化具有一定的规律性。如果是上市公司普通股，其资本成本还可以根据该公司的股票收益率与市场收益率的相关性，按资本资产定价模型法估计。

① 股利增长模型法。假定资本市场有效，股票市场价格与价值相等。假定某股票本期支付的股利为 D_0，未来各期股利按 g 速度增长。目前股票市场价格为 P_0，则普通股资本成本率的计算公式为：

$$K_g = \frac{D_0(1 + g)}{P_0(1 - f)} + g = \frac{D_1}{P_0(1 - f)} + g \qquad (6 - 16)$$

【例 6-9】某公司普通股市价为 30 元，筹资费用率为 2%，本年发放现金股利每股 0.6 元，预期股利年增长率为 10%。则该普通股的资本成本率为：

$$K_b = \frac{0.6 \times (1 + 10\%)}{30 \times (1 - 2\%)} + 10\% \approx 12.24\%$$

②资本资产定价模型法。假定资本市场有效，股票市场价格与价值相等。假定无风险报酬率为 R_f，市场平均报酬率为 R_m，某股票 beta 系数为 β，则普通股资本成本率的计算公式为：

$$K_s = R_s = R_f + \beta(R_m - R_f) \qquad (6 - 17)$$

【例 6-10】某公司普通股 beta 系数为 1.5，此时一年期国债利率为 5%，市场平均报酬率为 15%，则该普通股的资本成本率为：

$$K_s = 5\% + 1.5 \times (15\% - 5\%) = 20\%$$

5. 平均资本成本的计算

平均资本成本指多元化融资方式下的综合资本成本，反映了企业资本成本整体水平的高低。在衡量和评价单一融资方案时，需要计算个别资本成本；在衡量和评价企业筹资总体的经济性时，需要计算企业的平均资本成本。平均资本成本用于衡量企业资本成本水平，确定企业理想的资本结构。

企业平均资本成本是以各项个别资本在企业总资本中的比重为权数，对各项个别资本成本率进行加权平均得到的总资本成本率。计算公式为：

$$K_w = \sum_{j=1}^{n} K_j W_j \tag{6-18}$$

式中，K_w 为平均资本成本；K_j 为第 j 种个别资本成本；W_j 为第 j 种个别资本在全部资本中的比重。

【例 6-11】某公司 2023 年期末的长期资本账面总额为 1000 万元，其中银行长期贷款为 400 万元，占比为 40%；长期债券为 150 万元，占比为 15%；普通股为 450 万元，占比为 45%。长期贷款、长期债券和普通股的个别资本成本率分别为：5%、6%、9%。普通股市场价值为 1600 万元，债务市场价值等于账面价值。该公司的平均资本成本率为：

按账面价值计算：

$$K_w = 5\% \times 40\% + 6\% \times 15\% + 9\% \times 15\% = 4.25\%$$

按市场价值计算：

$$K_w = \frac{5\% \times 400 + 6\% \times 150 + 9\% \times 1600}{400 + 150 + 1600} \approx 8.05\%$$

（二）最佳资本结构

1. 资本结构及最佳资本结构的含义

资本结构指企业资本总额中各种资本的构成及其比例关系。筹资管理中，资本结构有广义和狭义之分。广义的资本结构包括全部债务与股东权益的构成比率；狭义的资本结构指长期负债与股东权益资本构成比率。狭义资本结构下，短期债务作为营运资金来管理。本书中的资本结构仅指狭义的资本结构，也就是债务资本在企业全部资本中所占的比重。

不同的资本结构会给企业带来不同的后果。企业利用债务资本进行举债经营具有双重作用，既可以发挥财务杠杆效应，也可能带来财务风险。因此，企业必须权衡财务风险和资本成本的关系，确定最佳的资本结构。最佳资本结构指在一定条件下使企业平均资本成本率最低、企业价值最大的资本结构。资本结构优化的目标是降低平均资本成本率或提高普通股每股收益。

【课堂活动】了解财务杠杆与财务风险。

从理论上看，最佳资本结构是存在的，但由于企业内部条件和外部环境的经常性变化，动态地保持最佳资本结构十分困难。因此，在实践中，目标资本结构通常是企业结合自身实际进行适度负债经营确立的资本结构。

评价企业资本结构最佳状态的标准是能够提高股权收益或降低资本成本，最终目的是提升企业价值。股权收益表现为净资产报酬率或普通股每股收益；资本成本表现为企业的平均资本成本率。根据资本结构理论，当企业平均资本成本最低时，其价值最大。

2. 影响资本结构的因素

资本结构是一个产权结构问题，是社会资本在企业经济组织形式中的资源配置结果。资本结构的变化将直接影响社会资本所有者的利益。

（1）企业经营状况的稳定性和增长率。企业产销业务量的稳定程度对资本结构具有重要影响：如果产销业务量稳定，则企业可较多地负担固定的财务费用；如果产销业务量和盈余有周期性，则企业要负担固定的财务费用将承担较大的财务风险。经营发展能力表现为未来产销业务量的增长率，如果产销业务量能够以较高的水平增长，企业可以采用高负债的资本结构，提升权益资本的报酬。

（2）企业的财务状况和信用等级。企业财务状况良好，信用等级高，债权人愿意向企业提供信用，企业容易获得债务资本。相反，如果企业财务情况欠佳，信用等级不高，债权人投资风险大，会降低企业获得信用的能力，加大债务资本筹资的成本。

（3）企业资产结构。资产结构是企业筹集资本后进行资源配置和使用后的资金占用结构，包括长短期资产构成和比例，以及长短期资产内部的构成和比例。资产结构对企业资本结构的影响主要包括：拥有大量固定资产的企业主要通过长期负债和发行股票筹集资金；拥有较多流动资产的企业更多地依赖流动负债筹集资金；资产适用于抵押贷款的企业负债较多；以技术研发为主的企业负债较少。

（4）企业投资人和管理者的态度。从企业所有者的角度看，如果企业股权分散，企业可能更多地采用权益资本筹资以分散风险。如果企业为少数股东控制，他们通常重视企业控股权问题，为防止控股权稀释，企业一般尽量避免普通股筹资，而是采用优先股或债务资本筹资。从企业管理者的角度看，高负债资本结构的财务风险高，一旦经营失败或出现财务危机，管理者将面临被市场接管的风险或者被董事会解聘。因此，稳健的管理者偏好于选择低负债比例的资本结构。

（5）行业特征和企业发展周期。不同行业资本结构差异很大。产品市场稳定的成熟产业经营风险低，可提高债务资本比重，发挥财务杠杆作用。高新技术企业的产品、技术、市场尚不成熟，经营风险高，可降低债务资本比重，控制财务杠杆风险。在同一企业不同的发展阶段，资本结构安排不同。企业初创阶段，经营风险高，在资本结构安排上应控制负债比例；企业发展成熟阶段，产品产销业务量稳定和持续增长，经营风险低，可适度增加债务资本比重，发挥财务杠杆效应；企业收缩阶段，产品市场占有率下降，经营风险逐渐加大，应逐步降低债务资本比重，保证经营现金流量能够偿付到期债务，保持企业持续经营能力，降低破产风险。

(6) 经济环境的税务政策和货币政策。资本结构决策必然要研究理财环境因素，特别是宏观经济状况。政府调控经济的手段包括财政税收政策和货币金融政策，当所得税税率较高时，债务资本的抵税作用大，企业可以充分利用这种作用提高价值。货币金融政策影响资本供给，从而影响利率水平的变动，当国家执行紧缩的货币政策时，市场利率较高，企业债务资本成本增加。

3. 最佳资本结构的确定

(1) 每股收益分析法。此方法是用每股收益的变化判断资本结构是否合理，即能够提高普通股每股收益的资本结构，就是合理的资本结构。在资本结构管理中，利用债务资本的目的之一，是债务资本能够发挥财务杠杆效应，利用负债筹资的财务杠杆作用增加股东财富。

每股收益 (EPS) 受经营利润水平、债务资本成本水平等因素的影响，分析每股收益与资本结构的关系，可以找到每股收益无差别点。每股收益无差别点指不同筹资方式下每股收益都相等时的息税前利润和业务量水平。根据每股收益无差别点，可以分析判断在什么样的息税前利润水平或产销业务量水平前提下，适宜采用何种筹资组合方式，进而确定企业的资本结构安排。

在每股收益无差别点上，无论是采用债务还是股权筹资方案，每股收益都是相等的。当预期息税前利润或业务量水平大于每股收益无差别点时，应选择财务杠杆效应较大的筹资方案，反之亦然。在每股收益无差别点上，不同筹资方案的 EPS 是相等的，用公式表示如下：

$$\frac{(\overline{\text{EBIT}} - I_1)(1 - T)}{N_1} = \frac{(\overline{\text{EBIT}} - I_2)(1 - T)}{N_2} \quad (6-19)$$

根据式 (6-19)，可得

$$\overline{\text{EBIT}} = \frac{I_1 \cdot N_2 - I_2 \cdot N_1}{N_2 - N_1} \quad (6-20)$$

式中，$\overline{\text{EBIT}}$ 为息税前利润平衡点，即每股收益无差别点；I_1、I_2 为两种筹资方式下的债务利息；N_1、N_2 为两种筹资方式下普通股股数；T 为所得税税率。

【例 6-12】光华公司目前的资本结构为总资本 1000 万元，其中债务资本为 400 万元 (年利息为 40 万元)、普通股资本为 600 万元 (600 万股，面值 1 元，市价 5 元)。企业有一个较好的新投资项目，需要追加筹资 300 万元，有两种筹资方案：

甲方案：向银行取得长期借款 300 万元，利息率为 16%。

乙方案：增发普通股 100 万股，每股发行价为 3 元。

根据财务人员测算，追加筹资后销售额有望达到 1200 万元，变动成本率为 60%，固定成本为 200 万元，所得税税率为 20%，不考虑筹资费用因素。根据上述数据，代入无差别点公式：

$$\overline{EBIT} = \frac{40 \times 600 - (40 + 48) \times (600 + 100)}{600 - (600 + 100)} = 376(万元)$$

这里，$\overline{EBIT}$ 为 376 万元是两个筹资方案的每股收益无差别点。在此点上，两个方案的每股收益相等，均为 0.384 元。企业预期追加筹资后销售额可达 1200 万元，预期获利 280 万元，低于无差别点 376 万元，应当采用财务风险较小的乙方案，即增发普通股方案。在 1200 万元的销售额水平上，甲方案的 EPS 为 0.256 元，乙方案的 EPS 为 0.274 元。

当企业需要的资本额较大时，可能会采用多种筹资方式组合融资。这时，需要详细比较分析各种组合筹资方式下的资本成本及其对每股收益的影响，选择每股收益最高的筹资方式。

（2）平均资本成本比较法。此方法是通过计算和比较各种可能的筹资组合方案的平均资本成本，选择平均资本成本率最低的方案。即能够降低平均资本成本的资本结构，就是合理的资本结构。这种方法侧重从资本投入的角度对筹资方案和资本结构进行优化分析。

【例 6 - 13】长达公司需筹集 100 万元的长期资本，可以用贷款、发行债券、发行普通股三种方式筹集，其个别资本成本率已分别测定，有关资料如表 6 - 7 所示。

表 6 - 7　长达公司资本成本率与资本结构数据　　　　　　　单位：%

筹资方式	资本结构			个别资本成本率
	A 方案	B 方案	C 方案	
贷款	40	30	20	6
债券	10	15	20	8
普通股	50	55	60	9
合计	100	100	100	

分别计算三个方案的综合资本成本率 K。

A 方案：$K = 40\% \times 6\% + 10\% \times 8\% + 50\% \times 9\% = 7.7\%$

B 方案：$K = 30\% \times 6\% + 15\% \times 8\% + 55\% \times 9\% = 7.95\%$

C 方案：$K = 20\% \times 6\% + 20\% \times 8\% + 60\% \times 9\% = 8.2\%$

根据企业筹资评价的其他标准，考虑企业的其他因素，对各个方案进行修正后，再选择其中成本最低的方案。本例中，假设其他因素对方案选择的影响很小，则 A 方案的综合资本成本率最低。这样，该公司的资本结构为贷款 40 万元，发行债券 10 万元，发行普通股 50 万元。

二、长期资金筹集

（一）吸收直接投资

1. 吸收直接投资的概念及种类

（1）吸收直接投资的概念。吸收直接投资指企业按照"共同投资、共同经营、共担风险、共享利润"的原则吸收国家、法人、个人、外商投入资金的一种投资方式。

（2）吸收直接投资的种类。

①吸收国家投资。国家投资指有权代表国家投资的政府部门或机构，以国有资产投入企业，这种情况下形成的资本被称为国有资本。吸收国家投资一般具有产权归属国家、资金的运用和处置受国家约束较大、在国有企业中采用比较广泛的特点。

②吸收法人投资。法人投资指法人单位以其依法可支配的资产投入企业，这种情况下形成的资本被称为法人资本。吸收法人资本一般具有发生在法人单位之间、以参与企业利润分配或控制为目的、出资方式灵活多样的特点。

③吸收外商直接投资。企业可以通过合资经营或合作经营的方式吸收外商直接投资，即与其他国家的投资者共同投资，创办中外合资经营企业或者中外合作经营企业，共同经营、共担风险、共负盈亏、共享利益。

④吸收社会公众投资。社会公众投资指社会个人或本企业职工以个人合法财产投入企业，这种情况下形成的资本被称为个人资本。吸收社会公众投资一般具有参加投资的人员较多、每人投资的数额相对较少、以参与企业利润分配为基本目的的特点。

2. 吸收直接投资的程序

（1）确定筹资数量。企业在新建或扩大经营时，首先应根据企业的生产经营规模和供销条件等确定资金的需要量，确保筹资数量与资金需要量相适应。

（2）寻找投资单位。企业既要广泛了解有关投资者的资信、财力和投资意向，又要通过信息交流和宣传，使出资方了解企业的经营能力、财务状况以及前景，便于企业从中寻找最合适的合作伙伴。

（3）协商和签署投资协议。找到合适的投资伙伴后，双方进行具体协商，确定出资数额、出资方式和出资时间。企业应尽可能吸收货币投资，如果投资方确有先进且符合需求的固定资产和无形资产，亦可采取非货币投资方式。对于实物投资、工业产权投资、土地使用权投资等非货币资产，双方应按公平合理的原则协商定价。当出资数额、资产作价确定后，双方须签署投资的协议或合同，明确双方的权利和责任。

（4）取得所筹集的资金。签署投资协议后，企业应按规定或计划取得资金。如果采取现金投资方式，通常要编制拨款计划，确定拨款期限、每期数额及划拨方式，有时投资者还要规定拨款的用途，如将拨款区分为固定资产投资拨款、流动资金拨款、专项拨款等。如果采取非现金投资方式，如实物、工业产权、非专利技术、土地使用权投资，一个重要的问题是核实财产。财产数量是否准确，特别是价格有无高估低估的情况，关系到投资各方的经济利益，必须认真处理，必要时可聘请专业资产评估机构评定，然后办理产权的转移手续取得资产。

（二）发行普通股股票

1. 股票的概念及种类

（1）股票的概念。股票是股份证书的简称，是股份公司为筹集资金而发行给股东作为持股凭证并借以取得股息和红利的一种有价证券。每股股票都代表股东对企业拥有一个基本单位的所有权。股票是股份公司资本的构成部分，可以转让、买卖或作价抵押，是资本市场的主要长期信用工具，但不能要求公司返还其出资。

（2）股票的种类。

①根据投资主体的性质不同，可将股票分为国家股、法人股、公众股和外资股等不同类型。国家股指有权代表国家投资的部门或机构以国有资产向企业投资形成的股份，包括企业现有国有资产折算成的股份。法人股指企业法人或具有法人资格的事业单位和社会团体以其依法可支配的资产投入企业形成的股份。社会公众股指社会公众依法以其拥有的财产投入企业时形成的可上市流通的股份。外资股指股份公司向外国和我国香港、澳门、台湾地区投资者发行的股票。这是我国股份公司吸收外资的一种方式。外资股按上市地域可以分为境内上市外资股和境外上市外资股。境内上市外资股指股份有限公司向境外投资者募集并在我国境内上市的股份。境外上市外资股指股份有限公司向境外投资者募集并在境外上市的股份，主要由 H股、N 股、S 股等构成。红筹股指在中国境外注册、在中国香港上市但主要业务在中国内地或大部分股东权益来自中国内地的股票。

②根据利润、财产分配方面的不同，可将股票分为普通股和优先股。普通股指在企业的经营管理和盈利及财产的分配上享有普通权利的股份，代表满足所有债权偿付要求及优先股东的收益权与求偿权要求后对企业盈利和剩余财产的索取权，是股票的一种基本形式。普通股股票持有者按其所持有股份比例享有以下基本权利：一是企业决策参与权。普通股股东有权参与股东大会，并有建议权、表决权和选举权。二是利润分配权。普通股股东有权从企业利润分配中得到股息。三是优先认股

权。如果企业需要扩张而增发普通股股票时，现有普通股股东有权按其持股比例，以低于市价的某一特定价格优先购买一定数量的新发行股票，保持其对企业所有权的原有比例。四是剩余资产分配权。当企业破产或清算时，若企业的资产在偿还欠债后还有剩余，其剩余部分按先优先股股东、后普通股股东的顺序进行分配。优先股是相对于普通股而言的，主要指在利润分红及剩余财产分配的权利方面，优先于普通股。优先股有两项权利：一是在企业分配盈利时，拥有优先股的股东比持有普通股的股东分配在先，而且享受固定数额的股息，即优先股的股息率是固定的，普通股的红利不固定，视企业盈利情况而定。二是在企业解散、分配剩余财产时，优先股在普通股之前分配。

③根据是否记名，可将股票分为记名股票和无记名股票。记名股指将股东姓名记载于股票之上的股份。另外，记名股要求将股东姓名记载于企业的股东名册上。记名股的股东权利不完全依附股票。记名股转让时，应作记名背书，并在移交股票后，变更企业股东名册。无记名股指发行的不记载股东姓名的股份。这种股份的股东权利完全依附股票，凡持票人均可主张其股东权利。无记名股在转让时，只需在合法场所交付于受让人，即可发生股权转移的效力。无记名股票通常是向自然人股东发行的股票。

④根据业绩，可将股票分为 ST 股、垃圾股、绩优股、蓝筹股。ST 股指境内上市公司连续两年亏损，被进行特别处理的股票；*ST 指境内上市公司连续三年亏损的股票。摘帽指原来是 ST 股，现在去掉 ST 了。垃圾股指经营亏损或违规的企业的股票。绩优股企业经营很好，业绩很好，每股收益在 0.5 元以上。蓝筹股指股票市场上，在其所属行业内占有重要支配性地位、业绩优良，成交活跃、红利优厚的大企业股票。

⑤根据上市地区不同，可将股票分为 A 股、B 股、H 股、N 股和 S 股。A 股的正式名称是人民币普通股票。它是由我国境内的企业发行，供境内机构、组织或个人（不含港、澳、台投资者）以人民币认购和交易的普通股股票。B 股被称为人民币特种股票，指在中国大陆注册、在中国大陆上市的特种股票，以人民币标明面值，只能以外币认购和交易。H 股被称为国企股，指国有企业在中国香港上市的股票。S 股指主要生产或者经营等核心业务在中国大陆、企业的注册地在新加坡（Singapore）或者其他国家和地区，但是在新加坡交易所上市挂牌的企业股票。N 股指在中国大陆注册、在纽约上市的外资股。

2. 股票筹资的程序

根据《中华人民共和国公司法》《中华人民共和国证券法》、中国证监会和证券交易所颁布的规章、规则等有关规定，企业公开发行股票并上市应该遵循以下程序。

（1）改制与设立。拟订改制方案，聘请保荐机构（证券公司）和会计师事务所、资产评估机构、律师事务所等中介机构对改制方案进行可行性论证，对拟改制的资产进行审计、评估、签署发起人协议和起草公司章程等文件，设置企业内部组织机构，设立股份有限公司。除法律、行政法规另有规定外，股份有限公司设立取消了省级人民政府审批这一环节。

（2）尽职调查与辅导。保荐机构和其他中介机构对企业进行尽职调查、问题诊断、专业培训和业务指导，学习上市公司必备知识，完善组织结构和内部管理，规范企业行为，明确业务发展目标和募集资金投向，对照发行上市条件对存在的问题进行整改，准备首次公开发行申请文件。目前，已取消了为期 1 年的发行上市辅导的硬性规定，但保荐机构仍需对企业进行辅导。

（3）申请文件的申报。企业及其聘请的中介机构，按照证监会的要求制作申请文件，保荐机构进行内核并负责向中国证监会尽职推荐，符合申报条件的，中国证监会在 5 个工作日内受理申请文件。

（4）申请文件的审核。中国证监会正式受理申请文件后，对申请文件进行初审，同时征求发行人所在地省级人民政府和国家发展和改革委员会（以下简称国家发展改革委）意见，并向保荐机构反馈审核意见，保荐机构组织发行人和中介机构对反馈的审核意见进行回复或整改，在初审结束后发行审核委员会审核前，进行申请文件预披露，最后提交股票发行审核委员会审核。

（5）路演、询价与定价。发行申请经发行审核委员会审核通过后，中国证监会进行核准，企业在指定报刊上刊登招股说明书摘要及发行公告等信息，证券公司与发行人进行路演，向投资者推介和询价，根据询价结果协商确定发行价格。

（6）发行与上市。根据中国证监会规定的发行方式公开发行股票，向证券交易所提交上市申请，办理股份的托管与登记，挂牌上市，上市后由保荐机构按规定负责持续督导。

（三）发行企业债券

1. 企业债券的概念及种类

（1）企业债券的概念。企业债券（Enterprise Bond）通常又称公司债券，是企业依照法定程序发行，约定在一定期限内还本付息的债券。公司债券的发行主体是股份公司，也可以是非股份公司的企业发行债券，因此，公司债券和企业发行的债券合在一起，可直接称为企业（公司）债券。

（2）企业债券的种类。

①按期限划分，企业债券可分为短期企业债券、中期企业债券和长期企业债券。根据中国企业债券的期限划分，短期企业债券期限在 1 年以内，中期企业债券

期限在 1 年以上 5 年以内，长期企业债券期限在 5 年以上。

②按是否记名划分，企业债券可分为记名企业债券和不记名企业债券。如果企业债券上登记有债券持有人的姓名，投资者领取利息时要凭印章或其他有效的身份证明，转让时要在债券上签名，同时要到发行公司登记，那么，它就是记名企业债券，反之为不记名企业债券。

③按债券有无担保划分，企业债券可分为信用债券和担保债券。信用债券指仅凭筹资人的信用发行的、没有担保的债券，它只适用于信用等级高的债券发行人。担保债券指以抵押、质押、保证等方式发行的债券。其中，抵押债券指以不动产作为担保品发行的债券；质押债券指以其有价证券作为担保品发行的债券；保证债券指由第三者担保偿还本息的债券。

④按债券可否提前赎回划分，企业债券可分为可提前赎回债券和不可提前赎回债券。如果企业在债券到期前有权定期或随时购回全部或部分债券，这种债券就是可提前赎回企业债券，反之是不可提前赎回企业债券。

⑤按债券票面利率是否变动，企业债券可分为固定利率债券、浮动利率债券和累进利率债券。固定利率债券指在偿还期内利率固定不变的债券；浮动利率债券指票面利率随市场利率定期变动的债券；累进利率债券指随着债券期限的增加，利率累进的债券。

⑥按发行方式划分，企业债券可分为公募债券和私募债券。公募债券指按法定手续经证券主管部门批准公开向社会投资者发行的债券；私募债券指以特定的少数投资者为对象发行的债券，发行手续简单，一般不能公开上市交易。

2. 企业债券的发行程序

（1）批准企业债券发行规模，按照以下程序进行。

第一，企业按照企业债券发行规模申请材料目录及其规定的格式，提出债券发行规模申请。省属企业直接向省发展改革委提出申请；其他企业由各设区的市发展改革委初审后，向省发展改革委转报申请。经省发展改革委统一审核后，集中向国家发展改革委申请本省企业债券发行规模。

第二，国家发展改革委根据市场情况和已下达债券发行规模发行情况，不定期受理企业债券发行规模申请，并按照国家产业政策和有关法律法规及国务院有关文件规定的发债条件，对企业的发债规模申请进行审核，符合发债条件的，核定发行规模和资金用途，报经国务院同意后，由国家发展改革委下达发债规模，再经省发展改革委统一转发涉及省直属企业和相关市的企业发债规模并提出有关要求。

（2）批准企业债券发行方案，按照以下程序进行。

第一，企业债券发行人获准发债规模后，按照公开发行企业债券申请材料目录及其规定格式，逐级上报企业债券发行方案。经省发展改革委审核后，向国家发展改革委申请。

第二，国家发展改革委受理企业债券发行方案后，根据法律法规及国务院有关文件规定的发债条件，以及国家发展改革委下达规模通知的要求，对企业债券发行方案申请材料进行审核，提出反馈意见，通知发行人及主承销商补充和修改申报材料。

第三，发行人及主承销商根据国家发展改革委提出的反馈意见，对企业债券发行方案及申报材料进行修改和调整，并出具文件进行说明。

第四，国家发展改革委分别会签中国人民银行、中国证监会后，印发企业债券发行批准文件，并抄送各营业网点所在地省级发展改革部门等有关单位。

第五，企业债券发行批准文件由国家发展改革委批复给省发展改革委后（中央企业除外），再由省发展改革委批复给企业或相关市发展改革委。

【课堂活动】请根据股票和债券的发行程序，绘制发行股票和发行债券的流程图。

（四）长期借款

1. 长期借款的概念及种类

（1）长期借款的概念。长期借款指企业向银行或其他金融机构借入的期限在一年以上（不含一年）或超过一年的一个营业周期以上的各项借款。我国股份制企业的长期借款主要是向金融机构借入的各项长期性借款，如从各专业银行、商业银行取得的贷款；此外，还包括向财务公司、投资公司等金融企业借入的款项。

（2）长期借款的种类。长期借款的种类较多，企业可根据自身的情况和各种借款条件选用。目前我国长期借款主要有以下分类。

①按用途不同，长期借款可分为固定资产投资借款、更新改造借款、科技开发和新产品试制借款等。

②按提供贷款的机构不同，长期借款可分为政策性银行贷款、商业银行贷款等。政策性银行贷款一般指执行国家政策性贷款业务的银行向企业发放的贷款。如国家开发银行主要为满足企业承建国家重点建设项目的资金需要提供贷款；进出口银行为大型设备的进出口提供买方或卖方信贷。商业银行贷款指由各商业银行向工商企业提供的贷款。这类贷款主要为满足企业建设竞争性项目的资金需要，企业对贷款自主决策、自担风险、自负盈亏。

③按有无担保，长期借款可分为信用贷款和抵押贷款。信用贷款指不需企业提供抵押品，仅凭其信用或担保人信誉而发放的贷款。抵押贷款指要求企业以抵押品作为担保的贷款。长期贷款的抵押品通常是房屋、建筑物、机器设备、股票、债券等。

2. 长期借款的办理条件与程序

银行等金融机构为降低贷款风险，对借款企业提出了必要条件。这些条件包括：借款企业应具有法人资格；在宏观上，借款企业的经营方向和业务范围应符合国家政策，在微观上，借款用途应属于银行贷款办法规定的范围，并提供有关借款项目的可行性报告；借款企业具有一定的物资和财产保证，如果由第三方担保，则担保单位应具有相应的经济实力；借款企业每个经营周期都应有足够的净现金流入量支付当期本息；借款企业应在有关金融部门开立账户、办理结算。

企业申请借款程序：企业提出借款申请，附资金使用的可行性报告；银行或其他金融机构审批；签订借款合同；银行或其他金融机构发放贷款、监督贷款的使用；企业按期归还贷款本息。

3. 长期借款筹资的优缺点

长期借款的优点是筹资迅速、借款弹性大、成本低、能发挥财务杠杆作用、易于企业保守财务秘密。

长期借款的缺点是筹资风险大、使用限制多、筹资数量有限。

（五）租赁筹资

1. 租赁筹资的概念及种类

（1）租赁筹资的概念。租赁筹资指出租人以收取租金为条件，授予承租人在约定的期限内占有和使用财产权利的一种契约性行为。其行为实质是一种借贷属性，直接涉及物而不是钱。

（2）租赁筹资的种类。

①经营租赁。经营租赁是一种短期租赁形式，指出租人不仅要向承租人提供设备的使用权，还要向承租人提供设备的保养、保险、维修和其他专门性技术服务的一种租赁形式，它是为了满足经营使用上的临时或季节性需求而发生的资产租赁。其特点一是可撤销。合同期间，承租人可中止合同，退回设备，以租赁更先进的设备。二是不足支付。基本租期内，出租人只能从出租中收回设备的部分垫支资本，需通过该项设备以后多次出租给多个承租人使用，方能补足未收回的设备投资外加其应获得的利润。三是租赁机构不仅提供融资便利，还提供维修管理等专门服务，对出租设备的适用性、技术性能负责，并承担过时风险，负责购买保险。

②融资租赁。融资租赁又称设备租赁，指实质上转移与资产所有权有关的全部或绝大部分风险和报酬的租赁。资产的所有权最终可以转移，也可以不转移。融资租赁的主要特征是租赁物件的所有权只是出租人为了控制承租人偿还租金的风险而采取的一种形式所有权，在合同结束时最终有可能转移给承租人，因此，租赁物件

的购买由承租人承担，维修保养也由承租人负责，出租人只提供金融服务。租金计算原则是出租人以租赁物件的购买价格为基础，以承租人占用出租人资金的时间为计算依据，根据双方商定的利率计算租金。

2. 租赁筹资的优缺点

与其他筹资方式相比，租赁筹资有以下优点。

（1）筹资速度快。租赁设备往往比借款购置设备更迅速、更灵活。因为租赁是筹资与设备购置同时进行，可以缩短设备的购进、安装时间，使企业尽快形成生产能力，有利于企业尽快占领市场，打开销路。

（2）限制条款少。企业运用股票、债券、长期借款等方式筹资，都有相当多的制约条件，租赁筹资没有太多的限制。

（3）设备淘汰风险小。随着科学技术的不断进步，设备陈旧过时的风险很高，利用租赁筹资，企业可以降低这一风险。因为经营租赁期限较短，到期把设备归还出租人，这种风险完全由出租人承担。

（4）到期还本负担轻。租金在整个租期内分摊，不用到期归还大量本金，可适当减少不能偿付的风险。

（5）保存企业的借款能力。利用租赁筹资不增加企业负债，不会改变企业的资本结构，不会直接影响承租企业的借款能力。

（6）税收负担轻。租金费用可在税前扣除，具有抵免所得税的效用，使承租企业能享受税收上的优惠。

通过租赁资产筹集资金，虽有优点，但也有以下明显的不足。

（1）筹资成本高。这是租赁筹资的主要缺点，租金总额占设备价值的比重一般要高于同期银行贷款的利率。在承租企业经济不景气、财务困难时期，固定的租金会对企业造成较为沉重的财务负担。

（2）丧失资产残值。租赁期满，若承租企业不能享有设备残值，则可视为承租企业的一种机会损失。若企业购买资产，就可享有资产残值。

（3）难以改良资产。由于租赁资产所有权一般归出租人所有，承租企业未经出租人同意，不得擅自对租赁资产加以改良，以满足企业生产经营的需要。

三、短期资金筹集

（一）短期借款

1. 短期借款的概念及种类

（1）短期借款的概念。短期借款指企业用于维持正常的生产经营所需的资金或为抵偿项权利而向银行或其他金融机构等外单位借入的、还款期限在一年内或超过一年的一个经营周期内的各种借款。

（2）短期借款的种类。

①经营周转借款，又称生产周转借款或商品周转借款。企业因流动资金不能满足正常生产经营需要，向银行或其他金融机构取得的借款。办理该项借款时，企业应按有关规定向银行提出年度、季度借款计划，经银行核定后，在借款计划中根据借据办理借款。

②临时借款。企业因季节性和临时性客观原因，正常周转的资金不能满足需要，超过生产周转或商品周转款额划入的短期借款。临时借款实行"逐笔核贷"的办法，借款期限一般为 3~6 个月，按规定用途使用，并按核算期限归还。

③结算借款。在采用托收承付结算方式办理销售货款结算的情况下，企业为解决商品发出后至收到托收货款前所需的在途资金而借入的款项。企业在发货后的规定期间（一般为 3 天，特殊情况最长不超过 7 天）内向银行托收的，可申请托收承付结算借款。借款金额通常按托收金额和商定的折扣率进行计算，大致相当于发出商品销售成本加代垫运杂费。企业的货款收回后，银行将自行扣回其借款。

④票据贴现借款。持有银行承兑汇票或商业承兑汇票的，发生经营周转困难时，申请票据贴现的借款，期限一般不超过 3 个月。如贴现借款额一般是票据的票面金额扣除贴现息后的金额，贴现借款的利息即为票据贴现息，由银行办理贴现时先行扣除。

2. 短期借款的信用条件

（1）信贷额度。信贷额度即贷款限额，是银行对借款人规定的无担保贷款的最高限额。

（2）周转信贷协定。它是银行基于法律层面承诺向企业提供不超过某一最高限额的贷款协定。

（3）补偿性余额。它是银行要求借款人在银行账户中保持按贷款限额或名义借款额的一定百分比计算的最低存款余额。

（4）借款抵押。银行向财务风险较大、信誉不好的企业发放贷款，往往需要有抵押品担保，减少蒙受损失的风险。借款的抵押品通常是借款企业的办公楼、厂房等。

（5）偿还条件。无论何种借款，银行一般都会规定还款的期限。根据我国金融制度的规定，贷款到期后仍无能力偿还的，视为逾期贷款，银行要照章加收逾期罚息。

（6）以实际交易为贷款条件。当企业发生经营性临时资金需求，向银行申请贷款时，银行以企业将要进行的实际交易为贷款基础，单独立项，单独审批，最后作出决定并确定贷款的相应条件和信用保证。

3. 短期借款的优缺点

短期借款的优点是灵活、方便且时效性强，企业可根据自身资金需要随时取得短期借款。

短期借款的缺点是筹资成本高，尤其是在带有附加条件的情况下，企业筹资风险增加。

（二）商业信用

1. 商业信用的概念

商业信用指企业之间相互提供的、与商品交易直接联系的信用形式，包括赊销、赊购、分期付款等。进入市场经济的标准就是采用这些形式的信用经济。

2. 商业信用的形式

（1）应付账款。它是供应商给企业提供的一个商业信用。由于购买者往往在到货一段时间后才付款，商业信用成为企业短期资金来源。如企业规定对所有账单均见票后若干日付款，商业信用就成为随生产周转而变化的一项内在的资金来源。如果企业扩大生产规模，其进货和应付账款相应增长，商业信用就提供了增产需要的部分资金。

商业信用条件通常包括两种：一是有信用期，但无现金折扣。如"N/30"表示30天内按发票金额全数支付。二是有信用期和现金折扣，如"2/10，N/30"表示10天内付款享受现金折扣2%，若买方放弃折扣，则30天内必须付清款项。

供应商在信用条件中规定有现金折扣，目的主要在于加速资金回收。企业在决定是否享受现金折扣时，应仔细考虑。通常，放弃现金折扣的成本是高昂的。

①放弃现金折扣的信用成本。若买方企业购买货物后在卖方规定的折扣期内付款，可以获得免费信用，这种情况下企业没有因为取得延期付款信用而付出代价。例如，某应付账款规定付款信用条件为"2/10，N/30"，指买方在10天内付款，可获得2%的付款折扣，若在10~30天内付款，则无折扣，允许买方付款期限最长为30天。

②放弃现金折扣的信用决策。企业放弃应付账款现金折扣的原因可能是企业资金暂时缺乏，也可能是基于将应付的账款用于临时性短期投资，以获得更高的投资收益。如果企业将应付账款额用于短期投资，获得的投资报酬率高于放弃折扣的信用成本率，则应当放弃现金折扣。

（2）应计未付款。它是企业在生产经营和利润分配过程中已经计提但尚未以货币支付的款项，主要包括应付工资、应缴税金、应付利润或应付股利等。以应付工资为例，企业通常以半月或月为单位支付工资，在应付工资已计但未付期间，会形成应计未付款。它相当于职工给企业的一个信用。应缴税金、应付利润或应付股利也有类似的性质。应计未付款随着企业规模的扩大而增加，企业使用这些自然形成的资金无须付出任何代价。但企业不是总能控制这些款项，因为其支付是有一定时间的，不能一直拖欠这些款项。因此，虽然企业可以充分利用应计未付款，但不能控制这些账目的水平。

（3）预收货款。它指销货单位按照合同和协议规定，在发出货物之前向购货单位预先收取部分或全部货款的信用行为。购货单位对紧俏商品往往乐于采用这种方式购货；销货单位对生产周期长、造价较高的商品，往往采用预收货款方式销货，缓和本企业资金占用过多的矛盾。

3. 信用筹资的优缺点

优点：一般免费提供，成本很低；条件宽松，无须担保抵押；商业信用筹资随时可以随着购销业务产生，筹资方便。

缺点：一是规模的局限性，它受个别企业商品数量和规模的影响。二是方向的局限性，一般由卖方提供给买方，受商品流转方向的限制。三是期限的局限性，它受生产和商品流转周期的限制，一般只能是短期信用。四是授信对象的局限性，一般局限在企业之间。此外，它还具有分散性和不稳定性等缺点。

项目小结

本项目介绍了投资的相关概念，阐述了现金流量的定义与计算，重点讲解了投资分析的方法，帮助学生提升投资决策能力，同时介绍了企业筹资的动机和方式，详细阐述了资金成本的概念和常见筹资方式资本成本的计算。本项目的学习重点是投资分析方法和资本成本的计算。

技能提升

一、理论夯实

（一）单项选择题

1. 以下属于静态指标的是（　　）。

A. 净现值　　　B. 净现值率　　　C. 内含报酬率　　　D. 投资利润率

2. 甲项目的净现值为100；乙项目为125；丙项目为121；丁项目为148，请问，在做投资选择时应选（　　）。

  A. 甲项目　　　B. 乙项目　　　C. 丁项目　　　D. 丙项目

3. 如果只有一个备选方案，那么净现值率应为（　　）。

  A. 小于等于1　　B. 大于等于1　　C. 小于零　　　　D. 大于等于零

4. 下列表述中不正确的是（　　）。

  A. 净现值是投资方案现金收入与现金支出现值之差

  B. 当净现值等于零时，说明此时的贴现率为内含报酬率

  C. 当净现值大于零时，现值指数小于零

  D. 当净现值大于零时，说明该方案可行

5. 下列各项评价指标中，在一定范围内其数值越小越好的指标是（　　）。

  A. 净现值　　　B. 投资利润率　　C. 获利指数　　　D. 投资回收期

6. 在个别资本成本的计算中，不必考虑筹资费用影响因素的是（　　）。

  A. 长期借款成本　　　　　　B. 债券成本

  C. 留存收益成本　　　　　　D. 普通股成本

7. 下列项目中，同优先股资本成本呈反比例关系的是（　　）。

  A. 优先股年股利　　　　　　B. 所得税税率

  C. 优先股筹资费率　　　　　D. 发行优先股总额

8. 一般而言，在企业的各种资金来源中，资本成本最高的是（　　）。

  A. 优先股　　　B. 普通股　　　C. 债券　　　　　D. 长期银行借款

9. 公司增发普通股的市价为12元/股，筹资费率为市价的6%，本年发放的股利为0.6元/股，已知同类股票的预计收益率为11%，则维持此股价需要的股利年增长率为（　　）。

  A. 5%　　　　B. 5.39%　　　C. 5.68%　　　D. 10.34%

10. 债券成本一般要低于普通股成本，这主要是因为（　　）。

  A. 债券的发行量小

  B. 债券的利息固定

  C. 债券风险较低，且债息具有抵税效应

  D. 债券的筹资费用少

（二）多项选择题

1. 计算经营期现金净流量时，以下（　　）项目是相关的。

  A. 利润　　　　B. 无形资产支出　　C. 折旧额　　　D. 回收额

2. 关于股票、股票组合的β系数，下列说法中正确的是（　　）。

  A. 股票的β系数反映个别股票相对平均风险股票的变异程度

B. 股票组合的 β 系数反映股票投资组合相对平均风险股票的变异程度

C. 股票组合的 β 系数是构成组合的个别 β 系数的加权平均数

D. 股票的 β 系数衡量个别股票的系统风险

3. 购买 5 年期国库券和 3 年期国库券，其（　　　）。

A. 变现力风险相同　　　　　　　B. 违约风险相同

C. 利率风险不同　　　　　　　　D. 购买力风险不同

4. 影响加权平均资本成本的因素有（　　　）。

A. 资本结构　　B. 个别资本成本　　C. 筹资总额　　　　D. 筹资期限

5. 决定资本成本高低的因素有（　　　）。

A. 资金供求关系变化　　　　　　B. 预期通货膨胀率高低

C 证券市场价格波动程度　　　　D. 企业风险的大小

（三）判断题

1. 现金净流量指一定期间现金流入量和现金流出量的差额。（　　　）

2. 在计算长期证券投资的收益率时，应考虑资金时间价值。（　　　）

3. 投资基金的风险小于股票投资，大于债券投资。（　　　）

4. 若某种证券的流动性差或市场价格波动大，则对于投资者而言要支付相当大的筹资代价。（　　　）

5. 改变资本结构是降低某种资金来源的资本成本的重要手段。（　　　）

二、实训案例

【实训 1】企业有 A、B、C、D、E 五个投资项目，有关原始投资额、净现值、净现值率和内含报酬率指标如下表所示。

原始投资额、净现值、净现值率和内含报酬率指标　　　单位：万元,%

项目	原始投资	净现值	净现值率	内含报酬率
A	300	120	40	18
B	200	40	20	21
C	200	100	50	40
D	100	22	22	19
E	100	30	30	35

若各方案为互斥方案，企业准备投资其中某一方案，资金成本为 15%，该如何选择投资方案？

【实训 2】甲公司目前息税前利润 5400 万元，拥有长期资本 12000 万元，其中长期债务为 3000 万元，年平均利率为 10%，普通股为 9000 万股，每股面值 1 元。

该公司当期一投资项目需要追加投资 2000 万元，有两种筹资方案可供选择：增发普通股 2000 万股；或增加长期借款 2000 万元，年利息率为 8%。该公司适用所得税税率为 25%，股权成本为 12%。要求：

（1）计算追加前甲公司的综合资金成本率。

（2）如果你是该公司的财务经理，根据资金成本比较法，该选择哪种筹资方案？

（3）比较两种筹资方式下甲公司的每股收益。

（4）如果你是该公司的财务经理，根据每股收益分析法，会选择哪种筹资方案？

三、技能大赛——业财税融合大数据应用技术（仿真题）

【业务资料】

KMBR 集团有限公司是一家上市公司，该公司为了使 2024 年的销售收入提高 20%，2024 年需要增加非流动资产投资 100 万元。2024 年，如果不从外部增加负债，预计利息费用为 150 万元。2023 年，该公司的销售收入为 10000 万元，预计 2024 年的收益留存为 340 万元。2024 年，若从外部追加资金，有以下两个方案可供选择。

甲方案：以每股市价 6 元发行普通股股票，不考虑发行费用；

乙方案：按照 120 元的价格发行票面利率为 10% 的债券，每年付息一次，到期一次还本，每张面值 100 元，不考虑发行费用。

该公司 2023 年的资产负债情况如下表所示。

KMBR 集团有限公司 2023 年资产负债情况　　　　单位：万元

资产	金额	负债与所有者权益	金额
现金	500.00	应付账款	1800.00
应收账款	2800.00	短期借款	1400.00
存货	2700.00	公司债券	1500.00
非流动资产	4000.00	股份（每股面值 1 元）	1000.00
		资本公积	1900.00
		留存收益	2400.00
合计	10000.00	合计	10000.00

其中，现金、应收账款和存货属于敏感性资产，应付账款属于敏感性负债。

该公司适用的企业所得税税率为 25%。

【要求】

【任务 1】 按销售百分比法，预测 2024 年需要从外部追加的资金，将相关结果填入表 1 中；

【任务 2】 计算甲方案中发行的普通股股数，将相关结果填入表 2 中；

【任务 3】 计算乙方案发行债券每年支付的利息以及税后资本成本（不考虑货币时间价值），将相关结果填入表 3 中；

【任务 4】 计算甲、乙两个方案的每股收益无差别点对应的息税前利润与每股收益，将相关结果填入表 4 中；

【任务 5】 分析判断在公司息税前利润处于什么范围时，应当采用甲方案或乙方案进行筹资，并判断当公司预计息税前利润为 1200 万元时，应当采用哪种方案进行筹资，在表 5 中进行选择。

【温馨提示】

所有的计算过程和结果均四舍五入并保留 2 位小数；若使用表格内数据计算的，除特殊说明外，直接以保留 2 位小数后的结果进行计算。

表 1　外部筹资额需求量预测　　　　单位：万元,%

资产	2023 年金额	敏感项目占销售收入的比重	2024 年预计金额	负债及所有者权益	2023 年金额	敏感项目占销售收入的比重	2024 年预计金额
现金	500.00			应付账款	1800.00		
应收账款	2800.00			短期借款	1400.00	—	
存货	2700.00			公司债券	1500.00	—	
非流动资产	4000.00	—		股本（每股面值1元）	1000.00		
—	—	—	—	资本公积	1900.00		
—	—	—	—	留存收益	2400.00		
—	—	—	—	外部筹资额	—		
资产合计	10000.00			负债与所有者权益合计	10000.00		

表 2　发行的普通股股数计算

项目	单位	数值
外部筹资额	万元	
每股股价	元/股	
需发行的普通股股数	万股	

表3　债券每年支付利息及资本成本计算

项目	单位	数值
债券面值	元/张	
发行价格	元/张	
外部筹资额	万元	
发行债券数量	万张	
债券票面利率	—	
每年支付利息	万元	
债券税后资本成本	—	

表4　每股收益无差别点计算

项目		单位	数值
甲方案	新资本结构下，债务利息	万元	
	新资本结构下，预计普通股股数	万股	
乙方案	新资本结构下，债务利息	万元	
	新资本结构下，预计普通股股数	万股	
每股收益无差别点对应的息税前利润		万元	
每股收益无差别点对应的每股收益		元/股	

表5　选择筹资方案

预计息税前利润在哪个范围时，选择甲方案	
预计息税前利润在哪个范围时，选择乙方案	
当公司预计息税前利润为1200万元时，公司应该选择的筹资方案	

答案扫一扫

学习评价

学习任务完成评价表

评价范围	评价标准	自我评价（五星制打分）	小组评价（五星制打分）	教师评价（五星制打分）
职业知识	能够阐述现金流量的概念，判断现金流入量和现金流出量			
	能够说出3种以上投资分析方法，阐述其内容及判断规则			
	能够说出企业筹资的动机和方式			
	能够阐述资本成本的概念			

续表

评价范围	评价标准		自我评价 （五星制打分）	小组评价 （五星制打分）	教师评价 （五星制打分）
职业能力	能够运用投资分析方法对投资项目进行决策				
	能够计算不同筹资方式的资本成本，进行筹资决策				
职业素质	工作态度	服从安排，不做与项目无关的事情			
		工作积极主动，完成度较高			
	团队合作	按规定流程操作，进行有效沟通			
	创新精神	能够主动探索，具有独立解决问题的能力			
	职业道德	严谨认真，实事求是			

项目七　绩效管理

"善行无辙迹，善言无瑕谪，善数不用筹策，善闭无关楗而不可开，善结无绳约而不可解。是以圣人常善救人，故无弃人；常善救物，故无弃物，是谓袭明。"

——老子《道德经》

学习目标

知识目标	能力目标	思政目标
1. 理解绩效管理的概念、目的和重要性；	1. 学会制定明确的绩效目标，并有效地进行绩效监控；	1. 培养学生客观、公正的职业素养；
2. 掌握绩效管理评估的方法和指标体系；	2. 能够运用合适的绩效评估方法对个人或团队进行绩效评估；	2. 培养学生坚持准则的品质，维护国家利益、社会公众利益和正常的经济秩序；
3. 了解绩效管理与企业战略的关系。	3. 能够分析绩效数据，提出改进绩效的建议和措施。	3. 培养学生不断学习、提高技能的品质。

知识框架图

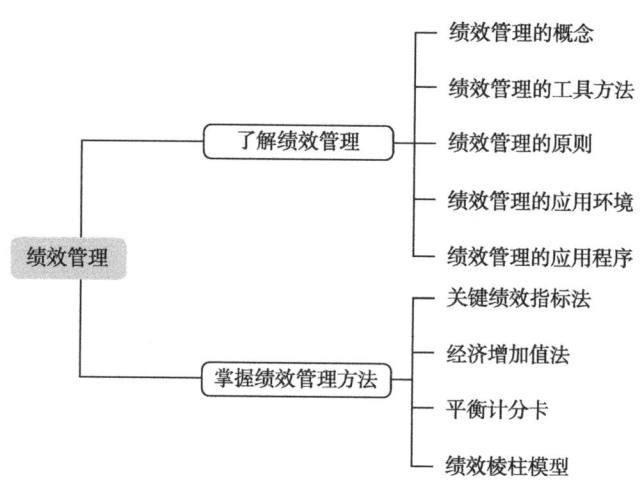

思政课堂

强化绩效管理 激发创业活力

绩效管理是企业中连接员工个体行为和组织目标最直接的桥梁，绩效考核是企业管理的指挥棒，是调动各级员工工作积极性的重要手段，能够有效激发员工的工作热情和动力。但在实际经营中，经常存在人员缺乏认知、计划难以执行、工作难以量化等问题，导致绩效管理结果不理想。随着全面深化改革的推进，企业创新发展活力被激发，上述问题得到有效解决。结合实际案例分析如何做好绩效管理？

国家电网有限公司以投资建设运营电网为核心业务，是关系国家能源安全和国民经济命脉的特大型国有重点骨干企业。国网河南省电力公司许昌供电公司担负许昌两县、两县级市、两区的电网建设和供电服务工作。许昌供电是河南省电力系统第一家创建全国一流供电企业、第一家被授予全国精神文明建设先进单位，连续五届保持全国文明单位称号，十三次获得全国安康杯竞赛优胜单位，荣获"全国五一劳动奖状"、省公司红旗党委等多项荣誉。

2024年，国网许昌供电公司围绕"优化考核体系、强化过程管控、深化结果应用"三个重点方向加强绩效管理，推动公司业绩指标稳步提升。

优化考核体系。许昌供电公司积极探索业绩考核管理的新举措、新路径、新方法，修订完善相关专业新的考核制度，对不符合新的指标体系的制度进行废止，打造一套覆盖面广、应用性强的考核体系。自2024年以来，公司修订完善13个专业考核方案，废止11个考核方案。

强化过程管控。公司根据上级发布的业绩考核情况，每个月度进行考核、每季度召开业绩指标分析会，由各承标部门对所辖指标完成情况进行细致分析，对存在的问题和需沟通的事情进行汇报，年末对各部门业绩情况进行年度综合评价，实施"目标＋过程＋结果"全流程管控。

深化结果应用。公司结合实践成果适时滚动修订各项考核制度，使考核更加贴近实际、发挥实效、结出实果。通过发挥绩效管理指挥棒作用，该公司辖区鄢陵县域12个供电所综合评价成绩由2024年初的127名提升至5月的51名、10个供电所成绩满分并列全省第一。许昌供电公司通过绩效考核机制的作用，助力公司经营业绩指标迈向新台阶，为公司和电网高质量发展打下坚实基础。

资料来源：央广网，国网许昌供电公司："三化"绩效管理 激发创业活力，https：//hn. cnr. cn/hnpdgb/jdt/20240827/t20240827_ 526874588. html。

自主学习任务单

一、学习指南
1. 课题名称
《数字化管理会计》——绩效管理
2. 达成目标
(1) 通过阅读教材熟悉绩效管理的内容;   (2) 通过学习对点案例掌握绩效管理的方法;   (3) 完成《自主学习任务单》规定的内容。
3. 学习方法建议
(1) 注意理论联系实际;   (2) 要学会对比、总结、归纳,掌握不同绩效管理的方法。
4. 课堂学习形式预告
(1) 自主预习;   (2) 课堂讲授;   (3) 案例分析;   (4) 知识问答。
二、学习任务
通过观看教学录像及搜索相关资料自主学习,完成下列学习任务: 1. 了解企业绩效管理的基本原理,理解企业绩效管理的作用;   2. 搜索了解企业绩效管理的方法。
三、自主测试 + 测试答案
(一) 自主测试   1. 绩效管理的主要目标是 ( )。   A. 仅关注财务指标　　　　B. 全面反映企业经营成果   C. 只关注成本控制　　　　D. 只关注员工激励   2. 在管理会计中,绩效管理主要用于 ( )。   A. 制订战略计划　　　　B. 管理现金流   C. 提高财务报表透明度　　D. 衡量和改进企业绩效   3. 平衡计分卡 (Balanced Scorecard) 主要用于 ( )。   A. 财务预算编制　　　　B. 绩效考核和战略管理   C. 现金流管理　　　　　D. 库存控制   4. 企业的关键绩效指标一般可分为结果类和 ( )。   A. 过程类　　B. 动因类　　C. 要素类　　D. 前提类   5. 企业应用经济增加值法,一般以 ( ) 为核心。   A. 利润指标　　B. 财务指标　　C. 关键绩效指标　　D. 经济增加值指标   (二) 测试答案   1. B　　2. D　　3. B　　4. B　　5. D
四、困惑与建议

任务1　了解绩效管理

一、绩效管理的概念

绩效管理指企业与所属单位（部门）、员工之间就绩效目标及如何实现绩效目标达成共识，帮助和激励员工取得优异绩效，实现企业目标的管理过程。

绩效管理的核心是绩效评价和激励管理。

绩效评价指企业运用系统的工具方法，对一定时期内企业营运效率与效果进行综合评判的管理活动。绩效评价是企业实施激励管理的重要依据。

激励管理指企业运用系统的工具方法，调动企业员工的积极性、主动性和创造性，激发企业员工工作动力的管理活动。激励管理是促进企业绩效提升的重要手段。

二、绩效管理的工具方法

绩效管理领域应用的管理会计工具方法一般包括关键绩效指标法、经济增加值法、平衡计分卡和股权激励等。

企业可根据自身战略目标、业务特点和管理需要，结合不同工具方法的特征及适用范围，选择一种合适的绩效管理工具方法单独使用，也可选择两种或两种以上的工具方法综合运用。

三、绩效管理的原则

1. 战略导向原则

绩效管理应为企业实现战略目标服务，支持价值创造能力提升。企业实施绩效管理的目的是为战略目标的实现提供支持，帮助企业分解并落实企业的战略目标。如果没有战略目标作为基础，绩效管理体系就没有依托，无法发挥它的综合效用。

2. 客观公正原则

绩效管理应实事求是，评价过程应客观公正，激励实施应公平合理。

3. 规范统一原则

绩效管理的政策和制度应统一明确，严格执行规定的程序和流程。绩效管理所有标准及流程以制度的形式明文规定，在企业内部形成确定的组织、时间、方法和标准，便于考核人与被考核人按照规范化的程序进行操作，保证程序公平。

4. 科学有效原则

绩效管理应做到目标符合实际，方法科学有效，激励与约束并重，操作简便易行。

四、绩效管理的应用环境

1. 设立组织体系

企业进行绩效管理时，应设立薪酬与考核委员会或类似机构，主要负责审核绩效管理的政策和制度、绩效计划与激励计划、绩效评价结果与激励实施方案、绩效评价与激励管理报告等，协调解决绩效管理工作中的重大问题。

2. 设立绩效管理工作机构

企业应在薪酬与考核委员会下设立绩效管理工作机构，主要负责制定绩效管理的政策和制度，制订绩效计划与激励计划，组织绩效计划与激励计划的执行与实施，编制绩效评价与激励管理报告等，协调解决绩效管理工作中的日常问题。

3. 建立与完善绩效管理制度体系

企业应建立健全与绩效管理相关的政策和制度，明确绩效管理的工作目标、职责分工、工作程序、工具方法、信息报告等内容。

4. 建立高效的信息系统

企业应建立有助于绩效管理实施的信息系统，为绩效管理工作提供信息支持。

【课堂活动】思考企业应如何从内部建立绩效管理的应用环境？

五、绩效管理的应用程序

企业应用绩效管理工具方法，一般按照制订绩效计划与激励计划、执行绩效计划与激励计划、实施绩效评价与激励、编制绩效评价与激励管理报告等程序进行。

（一）绩效计划与激励计划的制订

企业应根据战略目标，综合考虑绩效评价期间宏观经济政策、外部市场环境、内部管理需要等因素，结合业务计划与预算，按照上下结合、分级编制、逐级分解的程序，在沟通反馈的基础上，编制各层级的绩效计划与激励计划。

1. 构建指标体系

绩效评价指标指根据绩效评价目标和评价主体的需要设计的、以指标形式体现的，能反映评价对象特征的因素。企业可单独或综合运用关键绩效指标法、经济增加值法、平衡计分卡等工具方法构建指标体系。指标体系应反映企业战略目标实现的关键因素，具体指标应含义明确、可度量。

绩效评价指标可分为财务指标和非财务指标，具体特点如表 7 – 1 所示。

表 7 – 1 财务指标和非财务指标的具体特点

类别	内容阐释
财务指标	财务指标是企业评价财务状况和经营成果的指标，用货币形式计量。其主要缺陷如下： （1）财务指标面向过去、不反映未来，不利于评价企业在创造未来价值上的业绩； （2）财务指标容易被操纵，例如，人为控制固定资产折旧、无形资产摊销、收入确认、表外融资等； （3）财务指标容易导致短视行为，例如，绩效与短期利润挂钩，可能会缩减或推迟研发支出、培训支出、内部控制支出等； （4）财务指标不利于揭示经营问题的动因，例如，收入目标没有实现的原因到底是产品质量使客户流失，还是配送不及时使订单减少，财务指标只反映结果，无法揭示改进措施。
非财务指标	非财务指标是能反映未来绩效的指标，良好的非财务指标有利于促进企业实现未来的财务成功。非财务指标无法用货币衡量，包括反映企业在经营过程、员工管理、市场能力和顾客服务方面的表现的各种指标。非财务指标一般是财务指标的先行指标，较差的非财务指标（如缺乏组织学习、流程改进不力、客户满意度低下等）必定会给企业带来不利影响并在财务指标中体现。

【例 7 – 1】 A 集团向全体员工宣布，将取消强制 "361" 考核制度。同时，A 集团员工也证实了该消息的真实性，这表明 "996" 工作制将会在 A 集团终结，但集团目前未予回应。所谓的 "361" 考核制度是 A 集团的绩效考核制度，全体员工的绩效评分标准整体按 "361" 比重分配：3.75 ~ 5 分的员工占 30%，3.5 ~ 3.75 分的员工占 60%，3 ~ 3.25 分的员工占 10%。根据这套考核体系，员工年终绩效为 3.25 分或以下，则会被取消年终奖和晋升机会，连续 2 年绩效评分低于 3.25 分就会面临辞退，这其实就是变相地迫使所有员工加班工作。

2. 分配指标权重

指标权重的确定可采用主观赋权法或客观赋权法，也可综合运用两种方法。主观赋权法利用专家或个人的知识与经验确定指标权重，如德尔菲法、层次分析法等。客观赋权法从指标的统计性质入手，由调查数据确定指标权重，如主成分分析法、均方差法等。确定指标权重的方法如表 7 – 2 所示。

表 7 – 2 确定指标权重的方法

方法		说明
主观赋权法	德尔菲法	德尔菲法也称专家调查法，指邀请专家对各项指标进行权重设置，将汇总平均后的结果反馈给专家，再次征询意见，经过多次反复，逐步取得比较一致结果的方法。
	层次分析法	层次分析法指将绩效指标分解成多个层次，通过下层元素对上层元素相对重要性的两两比较，构成相应的判断矩阵，求出判断矩阵最大特征值对应的特征向量作为指标权重值的方法。

方法		说明
客观赋权法	主成分分析法	主成分分析法指将多个变量重新组合成一组新的相互无关的综合变量，根据实际需要从中挑选出尽可能多地反映原来变量信息的少数综合变量，进一步求出各变量的方差贡献率，以确定指标权重的方法。
	均方差法	均方差法指将各项指标定为随机变量，指标在不同方案下的数值为该随机变量的取值，首先求出这些随机变量（各指标）的均方差，然后根据不同随机变量的离散程度确定指标权重的方法。

3. 确定绩效目标值

绩效目标值的确定可参考内部标准与外部标准。内部标准有预算标准、历史标准、经验标准等；外部标准有行业标准、竞争对手标准、标杆标准等。

4. 选择计分方法

绩效评价计分方法可分为定量法和定性法。定量法主要有功效系数法和综合指数法；定性法主要有素质法和行为法等。

（1）功效系数法指根据多目标规划原理，将所要评价的各项指标分别对照各自的标准，根据各项指标的权重，通过功效函数转化为可以度量的评价分数，再对各项指标的单项评价分数进行加总，得出综合评价分数的一种方法。功效系数法的计算公式为：

$$绩效指标总得分 = \sum 单项指标得分 \tag{7-1}$$

$$单项指标得分 = 本档基础分 + 调整分 \tag{7-2}$$

$$本档基础分 = 指标权重 \times 本档标准系数 \tag{7-3}$$

$$调整分 = 功效系数 \times （上档基础分 - 本档基础分） \tag{7-4}$$

$$上档基础分 = 指标权重 \times 上档标准系数 \tag{7-5}$$

$$功效系数 = （实际值 - 本档标准值） \div （上档标准值 - 本档标准值） \tag{7-6}$$

【例7-2】A公司是一家大型工业制造企业，对2024年进行绩效评价。2024年，该公司的平均净资产为100000万元，净利润为8000万元，净资产收益率为8%，该指标权重为20；采用功效系数法作为绩效评价中的定量指标的计分办法。大型工业制造业的标准值如表7-3所示。

表7-3 大型工业制造业的标准值

档次（标准系数）	优（1）	良好（0.8）	平均值（0.6）	较低值（0.4）	较差值（0.2）
净资产收益率（净利润/平均净资产）	16.5%	9.5%	1.7%	-3.6%	-20.0%

要求：计算净资产收益率单项指标的实际得分。

【解析】

A 公司的净资产收益率为 8%；该净资产收益率已达到"平均值"档（1.7%）水平。可以得到基础分；它处于"良好"档（9.5%）和"平均值"档（1.7%）之间，需要调整。

本档基础分 = 指标权重 × 本档标准系数 = 20 × 0.6 = 12（分）

功效系数 = （实际值 − 本档标准值）÷（上档标准值 − 本档标准值）

$\qquad$ = （8% − 1.7%）÷（9.5% − 1.7%）≈ 0.8077

调整分 = 功效系数 ×（上档基础分 − 本档基础分）

$\qquad$ = 0.8077 ×（20 × 0.8 − 20 × 0.6）= 0.8077 × 4 ≈ 3.23（分）

净资产收益率指标得分 = 12 + 3.23 = 15.23（分）

（2）综合指数法指根据指数分析的基本原理，计算各项绩效指标的单项评价指数和加权评价指数，据此进行综合评价的方法。

该方法的优点是操作简单，容易理解；缺点是标准值存在异常时影响结果的准确性。综合指数法的计算公式为：

$$绩效指标总得分 = \sum（单项指标评价指数 × 该项评价指标的权重）$$

$\qquad\qquad\qquad\qquad\qquad\qquad\qquad\qquad\qquad\qquad\qquad$ （7 − 7）

（3）素质法指评估员工个人或团队在多大程度上具有组织要求的某种基本素质、关键技能和主要特质的方法。

（4）行为法指专注于描述与绩效有关的行为状态，考核员工在多大程度上采取了管理者期望或工作角色要求的组织行为的方法。

5. 绩效评价层次与评价周期

绩效评价层次主要包括企业层面、部门层面、个人层面。

企业层面的绩效评价指对包括母公司在内的企业集团的绩效评价。它是评价范围最广、评价内容最多、评价指标最全、评价边界相对清晰的绩效评价。

部门层面的绩效评价指在公司内部按照业务单元、地域分布等标准将企业整体划分成多个子绩效评价对象，并对其绩效进行评价的过程。部门层面的绩效评价是企业整体绩效评价的分解与细化。

个人层面的绩效评价按领导层次和一般员工层次划分，对企业层面绩效的评价也是对企业领导的绩效评价。

绩效评价周期一般可分为月度、季度、半年度、年度、任期。月度、季度绩效评价一般适用于企业基层员工和管理人员，半年度绩效评价一般适用于企业中高层管理人员，年度绩效评价适用于企业所有被评价对象，任期绩效评价主要适用于企业负责人。

6. 拟订绩效责任书

绩效计划制订后，评价主体与被评价对象一般应签订绩效责任书，明确各自的权利和义务，并作为绩效评价与激励管理的依据。绩效责任书的主要内容包括绩效指标、目标值及权重、评价计分方法、特别约定事项、有效期限、签订日期等。绩效责任书一般按年度或任期签订。

【例 7 - 3】某集团总经理的业绩考核情况如表 7 - 4 所示。

表 7 - 4　某集团总经理的业绩考核情况

指标	权重（％）	分项指标	分项权重（％）	评价人	评价人权重（％）
主要业绩	85	经营业绩指标	80	董事会	100
		科技创新能力及重点工作指标	20		
个人 KPI	10	分管工作指标	100	董事长	30
				其他董事	60
				党委常委会成员及其他高管人员	10
个人能力素质	5	素质、能力、态度	100	全体董事	90
				党委常委会成员及其他高管人员	10

7. 制订激励计划

激励计划是企业为激励被评价对象采取的行动方案，包括激励对象、激励形式、激励条件、激励周期等内容。

激励计划按激励形式可分为薪酬激励计划、能力开发激励计划、职业发展激励计划和其他激励计划。

（1）薪酬激励计划按期限可分为短期薪酬激励计划和中长期薪酬激励计划。短期薪酬激励计划主要包括绩效工资、绩效奖金、绩效福利等。中长期薪酬激励计划主要包括股票期权、股票增值权、限制性股票以及虚拟股票等。

（2）能力开发激励计划主要包括对员工知识、技能等方面的提升计划。

（3）职业发展激励计划主要是对员工职业发展作出的规划。

（4）其他激励计划包括良好的工作环境、晋升与降职、表扬与批评等。

激励计划的制订应以绩效计划为基础，采用多元化的激励形式，兼顾内在激励与外在激励、短期激励与长期激励、现金激励与非现金激励、个人激励与团队激励、正向激励与负向激励，充分发挥各种激励形式的综合作用。

绩效计划与激励计划制订完成后，应经薪酬与考核委员会或类似机构审核，报董事会或类似机构审批。经审批的绩效计划与激励计划应保持稳定，一般不予调整，若受国家政策、市场环境、不可抗力等客观因素影响，确需调整的，应严格履行规定的审批程序。

【课堂活动】请思考短期薪酬计划和中长期薪酬激励计划各自的优缺点是什么？

（二）绩效计划与激励计划的执行

审批后的绩效计划与激励计划应以正式文件的形式下达执行，确保与计划相关的被评价对象能够了解计划的具体内容和要求。

绩效计划与激励计划下达后，各计划执行单位（部门）应认真组织实施，从横向和纵向两个方面落实到各所属单位（部门）、各岗位员工，形成全方位的绩效计划与激励计划执行责任体系。

绩效计划与激励计划执行过程中，企业应建立配套的监督控制机制，及时记录执行情况，进行差异分析与纠偏，持续优化业务流程，确保绩效计划与激励计划的有效执行。

1. 监控与记录

企业可借助信息系统或其他信息支持手段，监控和记录指标完成情况、重大事项、员工的工作表现、激励措施执行情况等内容。收集信息的方法主要有观察法、工作记录法、他人反馈法等。

2. 分析与纠偏

根据监控与记录的结果，重点分析指标完成值与目标值的偏差、激励效果与预期目标的偏差，提出相应整改建议并采取必要的改进措施。

3. 编制分析报告

分析报告主要反映绩效计划与激励计划的执行情况及分析结果，其频率可以是月度、季度、年度，也可根据需要编制。

在绩效计划与激励计划执行过程中，绩效管理工作机构应通过会议、培训、网络、公告栏等形式，进行多渠道、多样化、持续不断地沟通与辅导，使绩效计划与激励计划得到充分理解和有效执行。

【课堂活动】请思考绩效计划与激励计划的关系是什么？

（三）绩效评价与激励的实施

绩效管理工作机构应根据计划的执行情况定期实施绩效评价与激励，按照绩效计划与激励计划的约定，对被评价对象的绩效表现进行系统、全面、公正、客观的评价，并根据评价结果实施相应的激励。

评价主体应按照绩效计划收集相关信息，获取被评价对象的绩效指标实际值，对照目标值，应用选定的计分方法，计算评价分值，进一步形成对被评价对象的综合评价结果。

绩效评价过程及结果应有完整的记录，结果应得到评价主体和被评价对象的确认，并进行公开发布或非公开告知。公开发布的主要方式有召开绩效发布会、企业网站绩效公示、面板绩效公告等；非公开告知一般采用一对一书面、电子邮件函告或面谈告知等方式进行。

评价主体应及时向被评价对象进行绩效反馈，反馈内容包括评价结果、差距分析、改进建议及措施等，可采取反馈报告、反馈面谈、反馈报告会等形式进行。

绩效结果发布后，企业应依据绩效评价的结果，综合运用薪酬激励、能力开发激励、职业发展激励等多种方式，逐级兑现激励承诺。

（四）绩效评价与激励管理报告的编制

绩效管理工作机构应定期或根据需要编制绩效评价与激励管理报告，反映绩效评价和激励管理的结果。

绩效评价与激励管理报告是企业管理会计报告的重要组成部分，应确保内容真实、数据可靠、分析客观、结论清楚，为报告使用者提供满足决策需要的信息。

1. 绩效评价报告

绩效评价报告根据评价结果编制，反映被评价对象的绩效计划完成情况，通常由报告正文和附件构成。

报告正文主要包括两个部分：一是评价情况说明，涵盖评价对象、评价依据、评价过程、评价结果、需要说明的重大事项等；二是管理建议。

报告附件包括评价计分表、问卷调查结果分析、专家咨询意见等报告正文的支持性文档。

2. 激励管理报告

激励管理报告根据激励计划的执行结果编制，反映被评价对象的激励计划实施情况。

激励管理报告主要包括两个部分：一是激励情况说明，涵盖激励对象、激励依据、激励措施、激励执行结果、需要说明的重大事项等；二是管理建议。

其他有关支持性文档可以根据需要以附件形式提供。

绩效评价与激励管理报告可分为定期报告、不定期报告。定期报告主要反映一定期间内被评价对象的绩效评价与激励管理情况。每个会计年度至少出具一份定期报告。不定期报告根据需要编制，反映部分特殊事项或特定项目的绩效评价与激励管理情况。

绩效评价与激励管理报告应根据需要及时报送薪酬与考核委员会或类似机构审

批。企业应定期通过回顾和分析，检查和评估绩效评价与激励管理的实施效果，不断优化绩效计划和激励计划，改进未来绩效管理工作。

【课堂活动】请思考管理会计报告和财务会计报告的区别？

任务 2　掌握绩效管理方法

一、关键绩效指标法

（一）关键绩效指标法的概念

关键绩效指标法指基于企业战略目标，通过建立关键绩效指标（Key Performance Indicator，KPI）体系，将价值创造活动与战略规划目标有效联系，并据此进行绩效管理的方法。

关键绩效指标是对企业绩效产生关键影响力的指标，是通过对企业战略目标、关键成果领域的绩效特征分析，识别和提炼出的最能有效驱动企业价值创造的指标。

战略目标是确定关键绩效指标体系的基础，关键绩效指标反映战略目标，对战略目标实施效果进行衡量和监控。企业应清晰识别价值创造模式，按照价值创造路径识别关键驱动因素，科学地选择和设置关键绩效指标。

【例7-4】KPI法符合一个重要的管理原理——"二八原理"。在一个企业的价值创造过程中，存在"80/20"法则，即20%的骨干人员创造企业80%的价值。在每一位员工身上，"二八原理"同样适用，即80%的工作任务是由20%的关键行为完成的。因此，必须抓住20%的关键行为，对之进行分析和衡量，这样就能抓住业绩评价的重心。

关键绩效指标法可单独使用，也可与经济增加值法、平衡计分卡等其他方法结合使用。关键绩效指标法的应用对象可为企业、所属单位（部门）和员工。

（二）关键绩效指标法的应用程序

企业应用关键绩效指标法，一般按照制订以关键绩效指标为核心的绩效计划、制订激励计划、执行绩效计划与激励计划、实施绩效评价与激励、编制绩效评价与激励管理报告等程序进行。

企业构建关键绩效指标体系，一般按照以下程序进行，如图7-1所示。

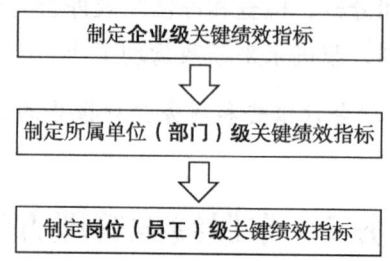

图 7 - 1　构建关键绩效指标体系的程序

1. 制定企业级关键绩效指标

企业应根据战略目标，结合价值创造模式，综合考虑内外部环境等因素，设定企业级关键绩效指标。

2. 制定所属单位（部门）级关键绩效指标

根据企业级关键绩效指标，结合所属单位（部门）关键业务流程，按照上下结合、分级编制、逐级分解的程序，在沟通反馈的基础上，设定所属单位（部门）级关键绩效指标。

3. 制定岗位（员工）级关键绩效指标

根据所属单位（部门）级关键绩效指标，结合员工岗位职责和关键工作价值贡献，设定岗位（员工）级关键绩效指标。

（三）关键绩效指标的内容

企业的关键绩效指标一般可分为结果类和动因类。

1. 结果类指标

结果类指标是反映企业绩效的价值指标，主要包括投资资本回报率、净资产收益率、经济增加值、息税前利润、自由现金流量等综合指标。

（1）投资资本回报率

投资资本回报率指企业在一定会计期间取得的息前税后利润占其所使用的全部投资资本的比重，反映企业在会计期间有效利用投资资本创造回报的能力。一般计算公式如下：

$$投资资本回报率 = [税前利润 \times (1 - 所得税税率) + 利息支出]$$
$$\div 投资资本平均余额 \times 100\% \qquad (7 - 8)$$
$$投资资本平均余额 = (期初投资资本 + 期末投资资本) \div 2 \qquad (7 - 9)$$
$$投资资本 = 有息债务 + 所有者（股东）权益 \qquad (7 - 10)$$

（2）净资产收益率

净资产收益率也称权益净利率，指企业在一定会计期间取得的净利润占其所使用的资产平均数的比重，反映企业全部资产的获利能力。一般计算公式如下：

$$净资产收益率 = 净利润 \div 平均净资产 \times 100\% \qquad (7-11)$$

（3）经济增加值

经济增加值指企业税后净营业利润扣除全部投入资本的成本后的剩余收益。一般计算公式如下：

$$经济增加值 = 税后净营业利润 - 平均资本占用 \times 加权平均资本成本$$

$$(7-12)$$

（4）息税前利润

息税前利润指企业当年实现税前利润与利息支出的合计数。一般计算公式如下：

$$息税前利润 = 税前利润 + 利息支出 \qquad (7-13)$$

（5）自由现金流量

自由现金流量指企业在一定会计期间内经营活动产生的净现金流量超过付现资本性支出的金额，反映企业可动用的现金。一般计算公式如下：

$$自由现金流量 = 经营活动净现金流量 - 付现资本性支出 \qquad (7-14)$$

（6）资产负债率

资产负债率指企业负债总额与资产总额的比值，反映企业整体财务风险程度，一般计算公式如下：

$$资产负债率 = 负债总额 \div 资产总额 \times 100\% \qquad (7-15)$$

（7）总资产周转率

总资产周转率指企业营业收入与总资产平均余额的比值，反映总资产在一定会计期间内周转的次数，一般计算公式如下：

$$总资产周转率 = 营业收入 \div 总资产平均余额 \qquad (7-16)$$

（8）资本周转率

资本周转率指企业在一定会计期间内营业收入与平均资本占用的比值，一般计算公式如下：

$$资本周转率 = 营业收入 \div 平均资本占用 \times 100\% \qquad (7-17)$$

2. 动因类指标

动因类指标是反映企业价值关键驱动因素的指标，主要包括资本性支出、单位生产成本、产量、销量、客户满意度、员工满意度等。动因类指标如表 7-5 所示。

表 7-5　动因类指标

指标	含义
资本性支出	资本性支出指企业发生的、其效益涉及两个或两个以上会计年度的各项支出。
单位生产成本	单位生产成本指生产单位产品平均耗费的成本。

续表

指标	含义
产量	产量指企业在一定时期内生产的产品的数量。
销量	销量指企业在一定时期内销售商品的数量。
客户满意度	客户满意度指客户期望值与客户体验的匹配程度，即客户通过对某项产品或服务的实际感知与其期望值比较后得出的指数。 客户满意度的收集渠道主要包括问卷调查、客户投诉、与客户的直接沟通、消费者组织的报告、各种媒体的报告和行业研究的结果等。
员工满意度	员工满意度指员工对企业的实际感知与其期望值比较后得出的指数，主要通过问卷调查、访谈调查等方式，从工作环境、工作关系、工作内容、薪酬福利、职业发展等方面进行衡量。

关键绩效指标应含义明确、可度量、与战略目标高度相关。指标的数量不宜过多，每一层级的关键绩效指标一般不超过 10 个。

关键绩效指标的设计应符合 SMART 原则，如图 7-2 所示。

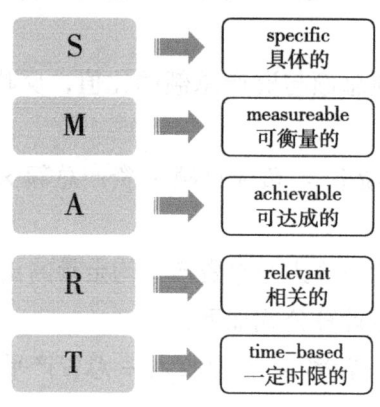

图 7-2 SMART 原则

（四）关键绩效指标的选取方法

选取关键绩效指标的方法主要有关键成果领域分析法、组织功能分解法和工作流程分解法。

1. 关键成果领域分析法

关键成果领域分析法是基于对企业价值创造模式的分析，确定企业的关键成果领域，在此基础上进一步识别关键成功要素，确定关键绩效指标的方法。

2. 组织功能分解法

组织功能分解法是基于组织功能定位，按照各所属单位（部门）对企业总目标承担的职责，逐级分解和确定关键绩效指标的方法。

3. 工作流程分解法

工作流程分解法是按照工作流程各环节对企业价值贡献程度，识别关键业务流程，将企业总目标层层分解至关键业务流程相关所属单位（部门）或岗位（员工），确定关键绩效指标的方法。

（五）关键绩效指标的权重与目标值

1. 关键绩效指标的权重

关键绩效指标的权重分配应以企业战略目标为导向，反映被评价对象对企业价值贡献或支持的程度，以及各指标的重要性。

单项关键绩效指标权重一般设定为5%~30%，对特别重要的指标可适当提高权重。对特别关键、影响企业整体价值的指标可设立"一票否决"制度，即如果某项关键绩效指标未完成，无论其他指标是否完成，均视为未完成绩效目标。

2. 关键绩效指标目标值

企业确定关键绩效指标目标值，一般参考以下标准。

（1）依据国家有关部门或权威机构发布的行业标准或参考竞争对手标准。例如，国务院国有资产监督管理委员会考核分配局编制并每年更新出版的《企业绩效评价标准值》。

（2）参照企业内部标准，包括企业战略目标、年度生产经营计划目标、年度预算目标、历年指标水平等。

（3）不能按前两项方法确定的，可根据企业历史经验值确定。

关键绩效指标的目标值确定后，应规定因内外部环境发生重大变化、自然灾害等不可抗力因素对绩效完成结果产生重大影响时，对目标值进行调整的办法和程序。一般情况下，由被评价对象或评价主体测算确定影响程度，向相应的绩效管理工作机构提出调整申请，报薪酬与考核委员会或类似机构审批。

【例7-5】A企业是一家生产销售通信设备的民营高科技公司。公司产品主要涉及通信网络中的交换网络、传输网络、无线及有线固定接入网络和数据通信网络及无线终端产品，为世界各地通信运营商及专业网络拥有者提供硬件设备、软件、服务和解决方案。

为了提升企业的核心竞争力，持续取得竞争优势，A企业开始建立"公司级关键指标体系"。企业的主要责任中心有研发系统、营销系统、采购系统、生产系统等。以研发系统、营销系统为例，其KPI如表7-6所示。

表 7 - 6　研发系统、营销系统 KPI

项目	指标	定义
研发系统 KPI	新产品销售额比率增长率和老产品市场增长率	年度新产品订货额与全部销售订货额比率的增长率；老产品的净增幅。
	人均新产品毛利增长率	计划期内，新产品营业收入减去新产品销售成本后的毛利与研发系统员工平均人数比率的增长率。
	老产品技术优化及物料成本降低额	计划期内，销售的老产品扣除可比采购成本升（降）因素后的物料成本降低额。
	运行产品故障数下降率	计划期内，网上运行产品故障总数的下降率。
营销系统 KPI	销售额增长率	计划期内，分别按订货口径计算和按销售回款口径计算的销售额增长率。
	出口收入与营业收入比率增长率	计划期内，出口收入与营业收入比率的增长率。
	人均销售毛利增长率	计划期内，产品营业收入减去产品销售成本后的毛利与营销系统平均员工人数比率的增长率。
	销售费用率降低率	计划期内，销售费用支出与营业收入比率的降低率。
	合同错误率降低率	计划期内，发生错误的合同数与全部合同数比率的降低率。

（六）关键绩效指标法的评价

关键绩效指标法的主要优点：（1）使企业业绩评价与战略目标密切相关，有利于战略目标的实现。（2）通过识别的价值创造模式把握关键价值驱动因素，能够更有效地实现企业价值增值目标。（3）评价指标数量相对较少，易于理解和使用，实施成本相对较低，有利于推广实施。

关键绩效指标法的主要缺点：关键绩效指标的选取需要透彻理解企业价值创造模式和战略目标，有效识别核心业务流程和关键价值驱动因素，指标体系设计不当将导致错误的价值导向或管理缺失。

二、经济增加值法

（一）经济增加值法的概念

经济增加值法指以经济增加值（Economic Value Added，EVA）为核心，建立绩效指标体系，引导企业注重价值创造，并据此进行绩效管理的方法。

经济增加值指税后净营业利润扣除全部投入资本的成本后的剩余收益。经济增加值及其改善值是全面评价经营者有效使用资本和为企业创造价值的重要指标。经济增加值为正，表明经营者创造企业价值；经济增加值为负，表明经营者损毁企业价值。

经济增加值法较少单独应用，一般与关键绩效指标法、平衡计分卡等其他方法结合使用。企业应用经济增加值法进行绩效管理的对象，可为企业及其所属可单独计算经济增加值的单位（部门）和高级管理人员。

（二）经济增加值法的应用环境

企业应用经济增加值法，应树立价值管理理念，明确以价值创造为中心的战略目标，建立以经济增加值为核心的价值管理体系，使价值管理成为企业的核心管理制度。

企业应综合考虑宏观环境、行业特点和企业的实际情况，通过价值创造模式的识别，确定关键价值驱动因素，构建以经济增加值为核心的指标体系。

企业应建立清晰的资本资产管理责任体系，确定不同被评价对象的资本资产管理责任。

企业应建立健全会计核算体系，确保会计数据真实可靠、内容完整，及时获取与经济增加值计算相关的会计数据。

企业应加强融资管理，关注筹资来源与渠道，及时获取债务资本成本、股权资本成本等相关信息，合理确定资本成本。

企业应加强投资管理，把能否增加价值作为新增投资项目决策的主要评判标准，保持持续的价值创造能力。

（三）经济增加值法的应用程序

企业应用经济增加值法，一般按照制订以经济增加值指标为核心的绩效计划、制订激励计划、执行绩效计划与激励计划、实施绩效评价与激励、编制绩效评价与激励管理报告等程序进行。

1. 制订以经济增加值指标为核心的绩效计划

企业通常按《管理会计应用指引第 600 号——绩效管理》第十条规定的管理活动制订绩效计划。绩效计划是企业开展业绩评价工作的行动方案，包括构建指标体系、分配指标权重、确定业绩绩效目标值、选择计分方法和评价周期、拟订业绩绩效责任书等。

（1）构建指标体系。

经济增加值法指标体系通常包括经济增加值、经济增加值改善值、经济增加值回报率、资本周转率、产量、销量、单位生产成本等。

构建经济增加值指标体系，一般按照以下程序进行。

第一，制定企业级经济增加值指标体系。应结合行业竞争优势、组织结构、业务特点、会计政策等情况，确定企业级经济增加值指标的计算公式、调整项目、资本成本等，围绕经济增加值的关键驱动因素，制定企业的经济增加值指标体系。

第二，制定所属单位（部门）级经济增加值指标体系。根据企业级经济增加值指标体系，结合所属单位（部门）所处行业、业务特点、资产规模等因素，在充分沟通的基础上，设定所属单位（部门）级经济增加值指标的计算公式、调整项目、资本成本等，围绕所属单位（部门）经济增加值的关键驱动因素，细化制定所属单位（部门）的经济增加值指标体系。

第三，制定高级管理人员的经济增加值指标体系。根据企业级、所属单位（部门）级经济增加值指标体系，管理人员的岗位职责，制定高级管理人员的经济增加值指标体系。

（2）分配指标权重。

应用经济增加值法建立的绩效评价体系，应赋予经济增加值指标较高的权重。

（3）确定业绩绩效目标值。

经济增加值目标值根据经济增加值基准值和期望的经济增加值改善值确定，其计算公式如下：

$$EVA\text{目标值} = EVA\text{基准值} + \text{期望的}\Delta EVA \qquad (7-18)$$

企业确定 EVA 基准值和期望的 ΔEVA 值时，要充分考虑企业规模、发展阶段、行业特点等因素。其中，EVA 基准值可参照上年实际完成值、上年实际完成值与目标值的平均值、近几年（如前3年）实际完成值的平均值等确定。期望的 ΔEVA 值根据企业战略目标、年度生产经营计划、年度预算安排、投资者期望等因素，结合价值创造能力改善等要求确定。

2. 制订激励计划

经济增加值法的激励计划按激励形式可分为薪酬激励计划、能力开发激励计划、职业发展激励计划和其他激励计划。应用经济增加值法建立的激励体系，应以经济增加值的改善值为基础。

薪酬激励计划主要包括目标奖金、奖金库和基于经济增加值的股票期权。目标奖金是完成经济增加值目标值可以获得的奖金，只对经济增加值增量部分实施奖励。奖金库是基于企业经济增加值长期增长目标实施的奖励。企业设立专门的账号管理奖金，将以经济增加值为基准计算的奖金额存入专门账户中，以递延奖金形式发放。根据经济增加值确定股票期权的行权价格和数量，行权价格每年以相当于企业资本成本的比例上升，授予数量由当年获得的奖金确定。

能力开发激励计划主要包括对员工知识、技能等方面的提升计划。

职业发展激励计划主要是对员工职业发展作出的规划。

其他激励计划包括良好的工作环境、晋升与降职、表扬与批评等。

（四）经济增加值的计算

经济增加值的计算公式为：

$$经济增加值 = 税后净营业利润 - 平均资本占用 \times 加权平均资本成本$$
$$(7-19)$$

其中，税后净营业利润反映企业的经营盈利情况，平均资本占用反映企业持续投入的各种债务资本和股权资本，加权平均资本成本反映企业各种资本的平均成本率。

1. 税后净营业利润

税后净营业利润等于会计上的税后净利润加上利息支出等会计调整项目后得到的税后利润。计算经济增加值时，需要进行相应的会计项目调整，消除财务报表中不能准确反映企业价值创造的部分。会计调整项目的选择应遵循价值导向性、重要性、可控性、可操作性与行业可比性等原则，根据企业实际情况确定。常用的调整项目有以下几项。

（1）研究开发费、大型广告费等一次性支出但收益期较长的费用，应予以资本化处理，不计入当期费用。

（2）反映付息债务成本的利息支出，不作为期间费用扣除，计算税后净营业利润时扣除所得税影响后予以加回。

（3）营业外收入、营业外支出具有偶发性，应将当期发生的营业外收支从税后净营业利润中扣除。

（4）将当期减值损失扣除所得税影响后予以加回，在计算资本占用时相应调整资产减值准备发生额。

（5）递延税金不反映实际支付的税款情况，应将递延所得税资产及递延所得税负债变动影响的企业所得税从税后净营业利润中扣除，相应调整资本占用。

（6）其他非经常性损益调整项目，如股权转让收益等。

$$税后净营业利润 = 净利润 \pm 调整项目 \times (1-25\%) \qquad (7-20)$$

2. 平均资本占用

平均资本占用是所有投资者投入企业经营的全部资本，包括债务资本和股权资本。其中，债务资本包括融资活动产生的各类有息负债，不包括经营活动产生的无息流动负债。股权资本包含少数股东权益。资本占用除根据经济业务实质相应调整资产减值损失、递延所得税等外，还可根据管理需要调整研发支出、在建工程项目，引导企业注重长期价值创造。

3. 加权平均资本成本

加权平均资本成本是债务资本成本和股权资本成本的加权平均，反映了投资者要求的必要报酬率。加权平均资本成本的计算公式为：

$$K_{wac} = K_d \times DC \div TC \times (1-T) + K_s \times EC \div TC \qquad (7-21)$$

其中，K_{wac} 代表加权平均资本成本，K_d 代表税前债务资本成本，K_s 代表股权资本成本，TC 代表资本占用，EC 代表股权资本，DC 代表债务资本，T 代表所得税税率。

税前债务资本成本是企业实际支付给债权人的税前利率，反映企业在资本市场中债务融资的成本率。如果企业存在不同利率的融资来源，债务资本成本应使用加权平均值。

股权资本成本是在不同风险下，所有者对投资者要求的最低回报率。它通常根据资本资产定价模型确定，其计算公式为：

$$K_s = R_f + \beta(R_m - R_f) \tag{7-22}$$

其中，R_f 代表无风险收益率，R_m 代表市场预期回报率，$(R_m - R_f)$ 代表市场风险溢价，β 代表企业股票相对于整个市场的风险指数。上市公司的 β 值可采用回归分析法或单独使用最小二乘法等方法测算确定，也可以直接采用证券机构等提供或发布的 β 值；非上市公司的 β 值可采用类比法，参考同类上市公司的 β 值确定。

企业级加权平均资本成本确定后，应结合行业情况、不同所属单位（部门）的特点，通过计算（能单独计算的）或指定（不能单独计算的）的方式确定所属单位（部门）的资本成本。通常情况下，企业对所属单位（部门）投入资本即股权资本的成本率是相同的，为简化资本成本的计算，所属单位（部门）的加权平均资本成本一般与企业保持一致。

（五）经济增加值法的评价

经济增加值法的主要优点：（1）考虑了所有资本的成本，更真实地反映了企业的价值创造能力。（2）实现了企业利益、经营者利益和员工利益的统一，激励经营者和所有员工为企业创造更多价值。（3）能有效遏制企业盲目扩张规模以追求利润总量和增长率的倾向，引导企业注重长期价值创造。

经济增加值法的主要缺点：（1）仅对企业当期或未来 1~3 年的价值创造情况进行衡量和预判，无法衡量企业长远发展战略的价值创造情况。（2）计算主要基于财务指标，无法对企业的营运效率与效果进行综合评价。（3）不同行业、不同发展阶段、不同规模等的企业，其会计调整项目和加权平均资本成本不同，计算比较复杂，影响指标的可比性。

三、平衡计分卡

（一）平衡计分卡的概念

平衡计分卡（Balanced Score Card，BSC）指基于企业战略，从财务、客户、内部业务流程、学习与成长四个维度，将战略目标逐层分解转化为具体的、相互平衡的绩效指标体系，并据此进行绩效管理的方法。

平衡计分卡提供了一个综合的绩效评价框架，将企业的战略目标转化为一套条理分明的绩效评价体系。管理者通过回答四个层面的基本问题关注企业的绩效：（1）在股东眼中我们表现如何？（财务层面）（2）我们的顾客如何看待我们？（客户层面）（3）我们必须擅长什么？（内部业务流程层面）（4）我们能否持续增加或创造价值？（学习与成长层面）平衡计分卡框架如图7-3所示。

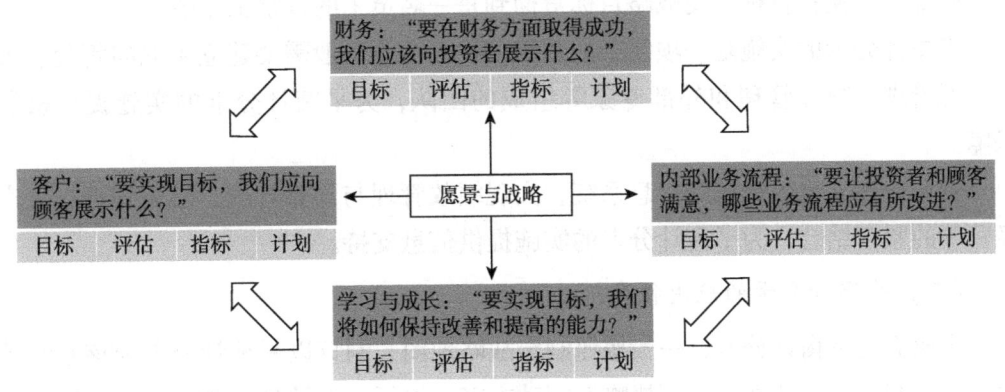

图7-3 平衡计分卡框架

财务视角是整个平衡计分卡的出发点和归宿。企业以谋取股东利益最大化为出发点，以满足客户需要（如价格、质量、功能、品牌、服务等）为前提条件，优化内部业务流程（如运营流程、客户管理流程、创新流程、行政管理流程等）。内部业务流程的优化取决于学习与成长层面，也就是人力资源、信息资源和组织资源能否创造出优化的内部业务流程。企业拥有优良的人力资源、信息资源和组织资源是为获得优化的内部业务流程，满足客户需要，实现股东利益最大化。平衡计分卡的四个视角连接成一个"闭路循环"。

平衡计分卡的"平衡"包括以下含义：（1）财务绩效与非财务绩效的平衡。（2）与客户有关的外部衡量以及与关键业务过程和学习成长有关的内部衡量的平衡。（3）领先指标和滞后指标设计的平衡。（4）结果衡量（过去努力的结果）与未来绩效衡量的平衡。

（二）平衡计分卡的应用环境

企业应用平衡计分卡，应有明确的愿景和战略。

平衡计分卡通常与战略地图等其他工具结合使用。平衡计分卡的应用对象可为企业、所属单位（部门）和员工。

平衡计分卡应以战略目标为核心，全面描述、衡量和管理战略目标，将战略目标转化为可操作的行动。

平衡计分卡可能涉及组织和流程变革，具有创新精神、变革精神的企业文化有助于成功实施平衡计分卡。

企业应对组织结构和职能进行梳理，消除不同组织职能间的壁垒，实现良好的组织协同，既包括企业内部各级单位（部门）之间的横向与纵向协同，也包括与投资者、客户、供应商等外部利益相关者之间的协同。

企业应注重员工学习与成长能力的提升，以更好地实现平衡计分卡的财务、客户、内部业务流程目标，使战略目标贯彻到每一名员工的日常工作中。

平衡计分卡的实施是一项复杂的系统工程。企业一般需要建立由战略管理、人力资源管理、财务管理和外部专家等组成的团队，为平衡计分卡的实施提供机制保障。

企业应建立高效集成的信息系统，实现绩效管理与预算管理、财务管理、生产经营等的紧密结合，为平衡计分卡的实施提供信息支持。

（三）平衡计分卡的应用程序

企业应用平衡计分卡，一般按照制定战略地图、制订以平衡计分卡为核心的绩效计划、制订激励计划、制订战略性行动方案、执行绩效计划与激励计划、实施绩效评价与激励、编制绩效评价与激励管理报告等程序进行。

企业首先应制定战略地图，即基于企业愿景与战略，将战略目标及其因果关系、价值创造路径以图示的形式直观、明确、清晰地呈现。

战略地图基于战略主题构建，战略主题反映企业价值创造的关键业务流程，每个战略主题包括相互关联的 1~2 个目标。

战略地图制定后，应以平衡计分卡为核心编制绩效计划。制订绩效计划通常从企业级开始，层层分解到所属单位（部门），最终落实到具体岗位和员工。

（四）平衡计分卡指标体系的构建

1. 构建平衡计分卡指标体系

平衡计分卡指标体系的构建应围绕战略地图，针对财务、客户、内部业务流程和学习与成长四个维度的战略目标，确定相应的评价指标。构建平衡计分卡指标体系的一般程序如图 7-4 所示。

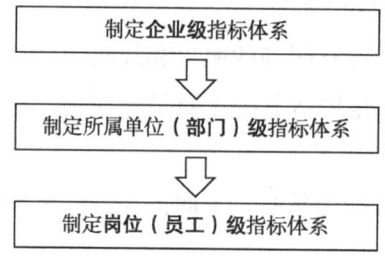

图 7-4　构建平衡计分卡指标体系

（1）制定企业级指标体系。

根据企业层面的战略地图，为每个战略主题的目标设定至少1个指标。

（2）制定所属单位（部门）级指标体系。

依据企业级战略地图和指标体系，制定所属单位（部门）的战略地图，确定相应的指标体系，协同各所属单位（部门）的行动与战略目标保持一致。

（3）制定岗位（员工）级指标体系。

根据企业、所属单位（部门）级指标体系，按照岗位职责逐级形成岗位（员工）级指标体系。

企业构建平衡计分卡指标体系时，应注重短期目标与长期目标的平衡、财务指标与非财务指标的平衡、结果性指标与动因性指标的平衡、企业内部利益与外部利益的平衡。平衡计分卡每个维度的指标通常为4～7个，总数量一般不超过25个。

2. 平衡计分卡指标体系的具体内容

企业构建平衡计分卡指标体系时，应以财务维度为核心，其他维度的指标都与核心维度的一个或多个指标相联系。通过梳理核心维度目标的实现过程，确定每个维度的关键驱动因素，结合战略主题，选取关键绩效指标。

一是财务维度。该维度以财务术语描述了战略目标的有形成果。企业常用的指标有投资资本回报率、净资产收益率、经济增加值、息税前利润、自由现金流量、资产负债率、总资产周转率等。

二是客户维度。该维度界定了目标客户的价值主张。企业常用的指标有市场份额、客户获得率、客户保持率、客户获利率、战略客户数量等。

知识拓展

三是内部业务流程维度。该维度确定了对战略目标产生影响的关键流程。企业常用的指标有交货及时率、生产负荷率、产品合格率、存货周转率、单位生产成本等。

四是学习与成长维度。该维度确定了对战略最重要的无形资产。企业常用的指标有员工流失率、员工生产率、培训计划完成率、员工满意度等。企业可根据实际情况建立通用类指标库，不同层级单位和部门结合不同的战略定位、业务特点选择适合的指标体系。

【例7-6】A企业为国内某著名的房地产开发商，于2024年开始采用平衡计分卡绩效评价方式加强管理，实现战略，增强核心竞争能力。该企业在财务层面、客户层面、内部业务流程层面、学习与成长层面的关键绩效指标如表7-7至表7-10所示。

表7-7　财务层面关键绩效指标

评价目的	具体绩效评价指标
实现项目预期利润	项目净利润
提高项目盈利能力	集团资源回报率、项目销售毛利率、项目销售额、销售均价
控制成本费用，优化资本结构	土地成本比重、单方建安成本、单方管理费用、单方销售费用
提高项目资金利用率，保证资金平衡和现金畅通	土地储备周转率、单位开发面积的资金成本、应收账款回收期、商品达到可销售状态的时间、每年可销售商品房数量

表7-8　客户层面关键绩效指标

评价目的	具体绩效评价指标
了解目标市场与客户	目标与区域市场占有率、产品结构合理性
提供让客户满意的产品与服务	客户满意度、客户推荐购买率、客户忠诚度
提升企业形象，增加产品附加值	媒体宣传覆盖率、品牌认知度与影响力
创造良好的外部关系	合作方满意度

表7-9　内部业务流程层面关键绩效指标

评价目的	具体绩效评价指标
提高项目设计水平	市场与产品的把握能力、出图时间、设计的创新
加强项目开发能力与业务拓展能力	业务区域拓展、土地储备率
明确合理的开发节奏与计划，有效降低风险	开工、开盘、入住时间、具备抵押贷款、提供融资抵押物、资金解决方案
缩短工程周期和提高工程质量，实现资源的整合	竣工时间、现场管理组织架构、工程合格率、企业资源共享度

表7-10　学习与成长层面关键绩效指标

评价目的	具体绩效评价指标
提高人才储备管理	员工培训比率与周期、储备人才比率
优化人力资源配备	主要职位合格人数比率、主要岗位人才满足度
创造和谐的工作氛围，支持战略执行	员工满意度、员工岗位交叉培训度

（五）平衡计分卡指标的权重与目标值

平衡计分卡指标的权重分配应以战略目标为导向，反映被评价对象对企业战略目标贡献或支持的程度，以及各指标的重要性。

平衡计分卡绩效目标值应根据战略地图的因果关系分别设置。首先确定战略主题的目标值，其次确定战略主题内的目标值，最后基于平衡计分卡评价指标与战略目标的对应关系，为每个评价指标设定目标值，通常设计3~5年的目标值。

平衡计分卡绩效目标值确定后，应规定因内外部环境发生重大变化、自然灾害等不可抗力因素对绩效完成结果产生重大影响时，对目标值进行调整的办法和程序。一般情况下，由被评价对象或评价主体测算确定影响程度，向相应的绩效管理工作机构提出调整申请，报薪酬与考核委员会或类似机构审批。

绩效计划与激励计划制订后，企业应在战略主题的基础上，制订战略性行动方案，实现短期行动计划与长期战略目标的协同。战略性行动方案的制订主要包括：（1）选择战略性行动方案。制订每个战略主题的多个行动方案，从中区分、排序和选择最优的战略性行动方案。（2）提供战略性资金。建立战略性支出的预算，为战略性行动方案提供资金支持。（3）建立责任制。明确战略性行动方案的执行责任方，定期回顾战略性行动方案的执行进程和效果。

绩效计划与激励计划执行过程中，企业应按照纵向一致、横向协调的原则，持续推进组织协同，将协同作为一个重要的流程进行管理，使企业和员工的目标、职责与行动保持一致，创造协同效应。另外，企业应持续深入地开展流程管理，及时识别存在问题的关键流程，根据需要对流程进行优化完善，必要时进行流程再造，将流程改进计划与战略目标相协同。

平衡计分卡的实施是一项长期的管理改善工作，在实践中通常采用先试点后推广的方式，循序渐进，分步实施。

（六）平衡计分卡法的评价

平衡计分卡的主要优点：（1）将战略目标逐层分解并转化为被评价对象的绩效指标和行动方案，使整个组织行动协调一致。（2）从财务、客户、内部业务流程、学习与成长四个维度确定绩效指标，使绩效评价更为全面、完整。（3）将学习与成长作为一个维度，注重员工的发展要求和组织资本、信息资本等无形资产的开发利用，有利于增强企业可持续发展的动力。

平衡计分卡的主要缺点：（1）专业技术要求高，工作量较大，操作难度也较大，需要持续地沟通和反馈，实施过程较复杂，实施成本高。（2）各指标权重在不同层级及各层级不同指标之间的分配比较困难，且部分非财务指标的量化工作难以落实。（3）系统性强、涉及面广，需要专业人员的指导、企业全员的参与和长期持续地修正与完善，对信息系统、管理能力有较高的要求。

【课堂活动】思考一下，关键绩效指标法和平衡计分卡如何结合运用？

四、绩效棱柱模型

（一）绩效棱柱模型的概念

绩效棱柱模型指以利益相关者满意为出发点，以利益相关者贡献为落脚点，以企业战略、业务流程、组织能力为手段，用棱柱的五个构面构建三维绩效评价体系，并据此进行绩效管理的方法。

利益相关者指有能力影响企业或者被企业所影响的人或者组织，通常包括股东、债权人、员工、客户、供应商、监管机构等。

（二）绩效棱柱模型的应用环境

绩效棱柱模型适用于管理制度比较完善、业务流程比较规范、管理水平相对较高的大中型企业。

绩效棱柱模型的应用对象可为企业和企业各级所属单位（部门）。

企业应坚持主要利益相关者价值取向，建立有效的内外部沟通协调机制，与利益相关者建立良好的互动关系。

企业应根据主要利益相关者的需求制定战略，优化关键流程，提升组织能力，在满足主要利益相关者需求的基础上分享其作出的贡献。

企业应用绩效棱柱模型，一般需要建立由负责战略、人力资源、财务、客户和供应商等有关部门及外部专家等组成的项目团队。

企业应对人力资源管理、客户关系管理、供应商关系管理、财务管理等系统进行集成，为绩效棱柱模型的实施提供信息支持。

（三）绩效棱柱模型的应用程序

企业在制订绩效计划时，可采用绩效棱柱模型方法。在应用该方法时，一般按照明确主要利益相关者、绘制利益相关者地图、优化战略和业务流程以及提升能力、制订以绩效棱柱模型为核心的绩效计划等程序进行。

企业应结合自身的经营环境、行业特点、发展阶段、商业模式、业务特点等因素界定利益相关者范围，进一步运用态势分析法、德尔菲法等方法确定绩效棱柱模型的主要利益相关者。

企业应根据确定的主要利益相关者，绘制基于绩效棱柱模型的利益相关者地图。利益相关者地图是以利益相关者满意为出发点，按照企业战略、业务流程、组织能力依次展开，并以利益相关者贡献为落脚点的平面展开图。它可将绩效棱柱模型的五个构面以图示形式直观、明确、清晰地呈现。

绘制利益相关者地图后，企业应及时查找现有的战略、业务流程和组织能力在满足主要利益相关者满意方面存在的不足，进一步优化战略和业务流程，提升组织能力，制订行动方案并有效实施。

绘制利益相关者地图后，企业还应以绩效棱柱模型为核心编制绩效计划。绩效计划是企业开展绩效评价工作的行动方案，包括构建指标体系、分配指标权重、确定绩效目标值、选择计分方法和评价周期、签订绩效责任书等一系列管理活动。

　　企业应围绕利益相关者地图，构建绩效棱柱模型指标体系。指标体系的构建应坚持系统性、相关性、可操作性、成本效益原则。各项指标应简单明了，易于理解和使用。主要内容包括：一是制定企业级指标体系。根据企业层面的利益相关者地图，分别设计各个层面的绩效评价指标。二是制定所属单位（部门）级指标体系。根据企业级利益相关者地图和指标体系，绘制所属单位（部门）级利益相关者地图，制定相应的指标体系。

（四）绩效棱柱模型指标体系的具体内容

1. 利益相关者满意评价指标

　　利益相关者满意评价指标包括：与投资者（包括股东和债权人，下同）相关的指标有总资产报酬率、净资产收益率、派息率、资产负债率、流动比率等；与员工相关的指标有员工满意度、工资收入增长率、人均工资等；与客户相关的指标有客户满意度、客户投诉率等；与供应商相关的指标有逾期付款次数等；与监管机构相关的指标有社会贡献率、资本保值增值率等。

2. 企业战略评价指标

　　企业战略评价指标包括：与投资者相关的指标有可持续增长率、资本结构、研发投入比率等；与员工相关的指标有员工职业规划、员工福利计划等；与客户相关的指标有品牌意识、客户增长率等；与供应商相关的指标有供应商关系质量等；与监管机构相关的指标有政策法规认知度、企业的环保意识等。

3. 业务流程评价指标

　　业务流程评价指标包括：与投资者相关的指标有标准化流程比率、内部控制有效性等；与员工相关的指标有员工培训有效性、培训费用支出率等；与客户相关的指标有产品合格率、准时交货率等；与供应商相关的指标有采购合同履约率、供应商的稳定性等；与监管机构相关的指标有环保投入率、罚款与销售比率等。

4. 组织能力评价指标

　　组织能力评价指标包括：与投资者相关的指标有总资产周转率、管理水平评分等；与员工相关的指标有员工专业技术水平、人力资源管理水平等；与客户相关的指标有售后服务水平、市场管理水平等；与供应商相关的指标有采购折扣率水平、供应链管理水平等；与监管机构相关的指标有节能减排达标率等。

5. 利益相关者贡献评价指标

　　利益相关者贡献评价指标包括：与投资者相关的指标有融资成本率等；与员工相关的指标有员工生产率、员工保持率等；与客户相关的指标有客户忠诚度、客户毛利水平等；与供应商相关的指标有供应商产品质量水平、按时交货率等；与监管机构相关的指标有当地政府支持度、税收优惠程度等。

（五）绩效棱柱模型指标的权重与绩效目标值

企业分配绩效棱柱模型指标权重，应以主要利益相关者价值为导向，反映所属各单位或部门、岗位对主要利益相关者价值贡献或支持的程度，以及各指标的重要性。首先根据重要性分别对主要利益相关者分配权重，权重之和为100%；然后对不同主要利益相关者的五个构面分别设置权重，权重之和为100%；单项指标权重一般设定为5%~30%，对特别重要的指标可适当提高权重。

企业设定绩效棱柱模型的绩效目标值，应根据利益相关者地图的因果关系，以利益相关者满意指标目标值为出发点，逐步分解得到企业战略、业务流程、组织能力的各项指标目标值，最终实现利益相关者贡献的目标值。各目标值应符合企业实际，具有可实现性和挑战性，使被评价对象经过努力可以达到。

绩效棱柱模型绩效目标值确定后，因内外部环境发生重大变化、自然灾害等不可抗力因素对绩效完成结果产生重大影响时，企业应规定对目标值进行调整的办法和程序。一般情况下，由被评价对象或评价主体测算确定影响程度，向相应的绩效管理工作机构提出调整申请，报薪酬与考核委员会或类似机构审批。

绩效棱柱模型的实施是一项长期管理改善工作，企业在实践中通常可采用先试点后推广的方式，循序渐进，分步实施。

（六）绩效棱柱模型的评价

绩效棱柱模型的主要优点：坚持主要利益相关者价值取向，使主要利益相关者与企业紧密联系，有利于实现企业与主要利益相关者的共赢，为企业可持续发展创造良好的内外部环境。

绩效棱柱模型的主要缺点：涉及多个主要利益相关者，对每个主要利益相关者都要从五个构面建立指标体系，指标选取复杂，部分指标较难量化，对企业信息系统和管理水平有较高要求，实施难度大、门槛高。

项目小结

本项目主要探讨了绩效管理。绩效管理是组织实现战略目标的关键环节，它通过设定明确的目标、制定有效的评估体系以及实施激励措施，促进组织和员工的共同发展。绩效管理的基本流程包括绩效计划的制订、绩效执行与监控绩效评估以及绩效反馈与改进。这一过程确保了组织能够准确衡量员工的工作表现，及时发现问题，采取相应的措施加以解决。同时，绩效管理需要与组织的战略紧密结合，确保员工的努力方向与组织的目标相一致。多种绩效评估方法的运用，使评估结果更加客观、全面。此外，有效的沟通在绩效管理中发挥至关重要的作用，有助于促进员工与管理者之间的理解与合作。

　　总之，绩效管理是一项复杂但非常有价值的工作，对提升组织绩效、激发员工潜力具有重要的作用。通过不断完善和优化绩效管理体系，组织能够在日益激烈的市场竞争中取得优势，实现可持续发展。

技能提升

一、理论夯实

（一）单项选择题

1. 绩效考核周期通常为（　　　）。

A. 月度、季度或年度　　　B. 每周　　　C. 每天　　　D. 每五年

2. 平衡计分卡最早由（　　）提出。

A. Porter 和 Kotler

B. Kaplan 和 Norton

C. Drucker 和 Mintzberg

D. Simon 和 Chandler

3. 平衡计分卡通常包含（　　）四个方面的指标。

A. 财务、客户、内部流程、学习与成长

B. 财务、市场、生产、人力资源

C. 客户、销售、研发、供应链

D. 成本、质量、速度、服务

4. 绩效目标应符合 SMART 原则，其中"S"代表（　　　）。

A. Simple（简单）

B. Strategic（战略性）

C. Specific（具体）

D. Sustainable（可持续）

5. 经济增加值法的核心目标是（　　　）。

A. 提高市场份额

B. 最大化股东价值

C. 降低员工流失率

D. 增加销售收入

6. 绩效棱柱模型的核心特点是（　　　）。

A. 仅关注财务绩效

B. 强调利益相关者的需求和贡献

C. 忽略内部流程

D. 仅适用于非营利组织

7. （　　　）强调将财务与非财务指标相结合。

A. 关键绩效指标法

B. 经济增加值法

C. 平衡计分卡

D. 绩效棱柱模型

8. （　　　）最适合评估股东价值创造。

A. 关键绩效指标法   B. 经济增加值法

C. 平衡计分卡   D. 绩效棱柱模型

9. 员工自评在绩效管理中的作用在于（   ）。

A. 提高自我认知   B. 促进沟通与反馈

C. 发现改进空间   D. 以上全部

10.（   ）最适合多维度评估组织绩效。

A. 关键绩效指标法   B. 经济增加值法

C. 平衡计分卡   D. 绩效棱柱模型

11.（   ）最适合将战略目标转化为可操作的绩效指标。

A. 关键绩效指标法   B. 经济增加值法

C. 平衡计分卡   D. 绩效棱柱模型

12.（   ）最适合关注所有利益相关者的需求和贡献。

A. 关键绩效指标法   B. 经济增加值法

C. 平衡计分卡   D. 绩效棱柱模型

（二）多项选择题

1. 绩效管理的基本流程包括（   ）。

A. 绩效计划   B. 绩效评估   C. 绩效反馈   D. 绩效改进

2. 影响绩效考核的公平性的是（   ）。

A. 目标设定不合理   B. 数据采集不准确

C. 评估者主观偏见   D. 市场竞争激烈

3. 绩效管理中常用的财务指标是（   ）。

A. 利润率   B. 投资回报率（ROI）

C. 经济增加值   D. 存货周转率

4. 经济增加值的计算公式包括（   ）。

A. 净利润－资本成本   B. 税后净营业利润－资本成本

C. 销售收入－变动成本   D. 利润总额－所得税

5. 绩效棱柱模型的核心特点包括（   ）。

A. 强调利益相关者的需求和贡献   B. 仅关注财务绩效

C. 多维度评估组织绩效   D. 忽略内部流程

（三）判断题

1. 平衡计分卡是一种综合绩效管理工具。（   ）

2. 绩效考核周期应根据企业实际情况灵活设定。（   ）

3. 绩效管理不需要反馈机制。（   ）

4. 关键绩效指标法和平衡计分卡都可以用于将战略目标转化为可操作的绩效指标。（　　）

5. 绩效管理体系一旦建立便无须调整。（　　）

6. 关键绩效指标法仅适用于财务部门，平衡计分卡适用于所有部门。（　　）

7. 绩效考核结果仅用于薪酬调整，不用于激励和改进。（　　）

8. 绩效考核可以完全量化，无须定性评价。（　　）

9. 绩效管理中反馈周期的及时性不重要。（　　）

10. 经济增加值法和平衡计分卡都强调长期价值创造。（　　）

（四）计算题

1. 某公司销售部门的 KPI 为每月销售额目标 100 万元。2023 年 5 月的实际销售额为 120 万元。问题：

（1）计算销售额 KPI 的完成率。

（2）如果 2023 年 6 月的销售额目标提高到 110 万元，实际销售额为 115 万元，计算 6 月的 KPI 完成率。

2. 某企业采用平衡计分卡考核，设定财务、客户、内部流程、学习与成长四个维度，权重分别为 30%、25%、25%、20%。某部门各维度得分分别为 80、75、70、85（满分为 100 分），求综合绩效得分。

3. 假设某公司 2023 年的财务数据如下：销售收入为 1000 万元，净利润为 150 万元，总资产为 2000 万元，问题：

（1）计算净利润率（财务维度指标）。

（2）计算资产回报率（ROA，财务维度指标）。

二、实训案例

【实训资料】

某公司计划在下一年度提高销售额 20%，并降低运营成本 10%。公司现有员工 50 人，分为销售、生产、财务和人力资源四个部门。

【实训要求】

（1）为该公司制定整体的绩效目标。

（2）为销售部门设计具体的绩效指标。

（3）说明如何通过绩效反馈和改进实现目标。

答案扫一扫

学习评价

学习任务完成评价表

评价范围	评价标准		自我评价（五星制打分）	小组评价（五星制打分）	教师评价（五星制打分）
职业知识	能够阐述绩效管理的含义				
	能够说出绩效管理的内容				
	能够说出3种以上绩效管理的工具方法				
	能够说出绩效管理的应用场景				
职业能力	能够进行企业绩效管理前的资料准备工作				
	能够熟练运用绩效管理的工具方法对企业进行绩效分析				
	能够编制绩效管理方案				
职业素质	工作态度	服从安排，不做与项目无关的事情			
		工作积极主动，完成度较高			
	团队合作	按规定流程操作，进行有效沟通			
	创新精神	能够主动探索，具有独立解决问题的能力			
	职业道德	严谨认真，实事求是			

项目八　数字化时代的管理会计报告与管理

"卓越的会计像魔法师，能变出清晰的财务状况。"

——肯·布兰佳

学习目标

知识目标	能力目标	思政目标
1. 了解管理会计报告的概念； 2. 掌握管理会计报告的分类； 3. 熟悉战略层、经营层和业务层管理会计报告的内容和编写要求； 4. 熟悉管理会计信息系统的概念和原则； 5. 了解管理会计信息系统各个模块的功能。	1. 具备一定的财务工具应用能力、数据分析能力和决策能力； 2. 能够编制战略层、经营层和业务层管理会计报告； 3. 能够协助建设管理会计信息系统各个模块，准确及时提供管理会计信息。	1. 培养学生全局思维和发展观念； 2. 提升学生的辩证思维和创新思维； 3. 培养学生诚信为本、精益求精的职业素养。

知识框架图

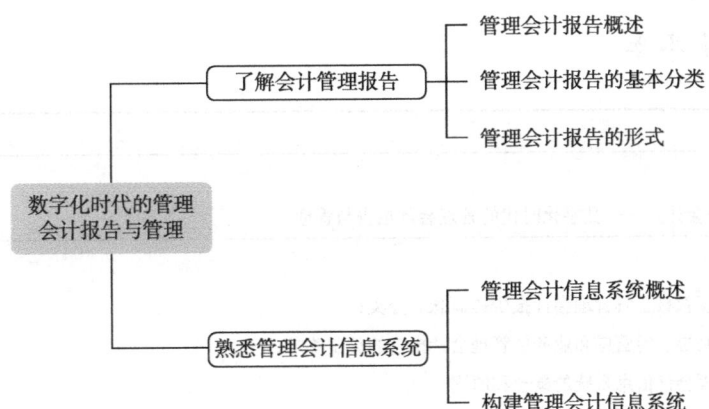

223

思政课堂

数字化时代的管理会计报告

管理会计报告是管理会计工作呈现的重要形式。在数字化时代，数据是关键生产要素，管理会计信息系统是提供全面、精准、实时的业财数据的关键载体。在管理越来越趋于精细化的今天，管理会计报告与信息系统在企业决策、控制和价值创造方面的作用日益重要。

目前，在数字技术环境下，管理会计报告和信息系统的主要应用场景包括：（1）智能机器人。利用自动化的信息识别和作业流程，处理大规模重复性和规则性的操作业务，并利用认知智能自主优化操作型业务，代替人工操作流程。（2）智能财务助理。通过多模态人机交互，实现人机对话业务处理、编制报表和问答咨询等。（3）管理会计报告应用。模拟或加强人员的分析和决策能力，为管理决策提供智能支持，包括财务分析和风险管理等。（4）智慧企业大脑决策。智能管理会计的最高境界是运用"区块链＋人工智能"等数字科技，构建企业数字化管理信息系统，形成企业的智慧大脑。

作为管理会计从业人员，要牢牢把握数字化背景下管理会计发展的新趋势，强化终身学习意识，掌握前沿信息技术手段，帮助企业构建符合自身特点的管理会计信息系统，实现智能化决策，增加企业经济效益，提升经营管理水平。

资料来源：根据文献资料改编：刘光强，干胜道. 新经济背景下的智能管理会计报告——基于"区块链＋人工智能"数字技能［J］. 财会月刊，2022，930（14）.

自主学习任务单

一、学习指南
1. 课题名称
《数字化管理会计》——数字化时代的管理会计报告与管理
2. 达成目标
（1）通过阅读教材了解管理会计报告的概念和分类；
（2）熟悉战略层、经营层和业务层管理会计报告的编制要求；
（3）熟悉管理会计信息系统的概念和原则；
（4）完成《自主学习任务单》规定的内容。
3. 学习方法建议
（1）注意理论联系实际；
（2）拓展阅读相关资料。

4. 课堂学习形式预告

（1）自主预习；

（2）课堂讲授；

（3）案例分析；

（4）知识问答。

二、学习任务

通过观看教学录像及搜索相关资料自主学习，完成下列学习任务：

1. 了解管理会计报告的概念、分类和编制要求；

2. 熟悉管理会计信息系统的功能模块。

三、自主测试 + 测试答案

（一）自主测试

1. 下列关于管理会计报告的说法，正确的是（　　）。

A. 管理会计报告的内容是根据会计准则确定的

B. 管理会计报告的内容是根据企业需要确定的

C. 管理会计报告的内容是根据企业管理制度确定的

D. 管理会计报告的内容是根据外部使用的需要确定的

2. 下列属于企业战略管理报告中内部环境的是（　　）。

A. 客户　　　B. 竞争者　　　C. 员工　　　D. 供应商

3. 下列不属于管理会计报告中常见的非财务信息的是（　　）。

A. 市场份额及变动趋势　　　　B. 净利润

C. 开发新流程的时间　　　　　D. 新产品销售数量及变动趋势

4. 属于管理会计信息系统安全性原则的是（　　）。

A. 严格控制授权　　B. 设置功能模块　　C. 补充参数　　D. 统一标准

5. 关于数据处理表述正确的是（　　）。

A. 数据处理就是数据挖掘

B. 数据处理就是在线分析

C. 数据处理就是通过商业智能技术对数据进行加工处理，并能提供综合查询和分析统计的过程

D. 数据处理就是综合查询和分析统计

（二）测试答案

1. B　　2. C　　3. B　　4. A　　5. C

四、困惑与建议

任务1　了解会计管理报告

一、管理会计报告概述

（一）管理会计报告的概念

管理会计报告是管理会计活动信息的载体，是管理会计工作的重要呈现之一。管理会计报告是在财务报告的基础上，通过融合财务信息和非财务信息，运用多种管理会计工具方法，对企业经营活动状态和结果进行预测、决策、控制及评价，促进企业内部沟通交流，提高企业资源有效配置，满足企业价值管理和决策支持需要的内部报告。管理会计报告的对象是对管理会计信息有需求的各个层级、各个环节的管理者。管理会计的目标即管理会计报告的终极目标是企业可以通过管理会计报告构建一个上下连通的信息沟通和控制渠道，使管理者的决策与员工的执行与公司战略保持一致，持续提升公司价值。

（二）管理会计报告与财务会计报告的区别和联系

管理会计报告与财务会计报告之间既有区别又有联系。两者的区别主要体现在编制基础、服务对象、报告内容、报告范围、报告期间、信息类型等方面（见表8－1）。

表8－1　管理会计报告与财务会计报告的区别

项目	管理会计报告	财务会计报告
编制基础	财务信息和非财务信息	以财务信息为主
服务对象	对管理会计信息有需求的各个层次、各个环节的管理者。	外部使用者
报告内容	不仅反映企业整体的经营状况，而且可以针对某个流程、某个产品或某个责任部门编报各类相关信息。	主要反映企业整体的财务状况、经营成果和现金流量情况。
报告范围	不限于历史信息，还包括影响企业未来决策的重要信息。	主要反映历史信息
报告期间	可根据需要设定报告期间	定期编制，以月份、季度或年度作为报告期间。
计量方式	不限于货币计量	货币计量
信息类型	数据信息与非数据信息并重	以财务会计的数据信息为主
规范要求	根据需求，形式灵活。	受会计准则等相关制度的规范，格式统一。

　　管理会计报告和财务会计报告的联系体现在三个方面：第一，两者均以企业整体经营活动为基础，通过财务信息和非财务信息为企业内外部的利益相关者提供决策支持，是现代会计信息系统的两个关键子系统。第二，管理会计报告详细反映了公司运营管理、战略实施和风险管理各个方面的状况，与财务会计报告共同为内部管理者和外部信息使用者提供更综合、更全面的信息支持。第三，管理会计报告和财务会计报告的内外部划分是相对的，企业出于种种考虑，会将部分内部管理会计报告作为财务会计报告的附属内容。同时，企业管理者进行管理会计决策时，会利用财务会计报告数据，因此，两者是相互影响和彼此促进的。

（三）管理会计报告的编报原则

　　为适应支持管理决策的需要，管理会计报告在报告内容、信息类型、呈现形式等方面均有较大弹性。管理会计报告不必拘泥于固定格式，可根据实际需要进行调整。但同时管理会计报告需要明确编报原则，确保其聚焦于支持管理决策、提升企业价值。管理会计报告的编报原则即管理会计报告的设计、编制、传递等过程中需要遵循的基本原则。

1. 责任匹配原则

　　管理会计报告的使用者是企业内部各个层级的管理者，他们依据管理权限承担不同的经济责任。管理会计报告应该从报告使用者而不是会计人员的视角出发，其内容应当与报告使用者承担的经济责任匹配。管理会计报告应针对不同责任部门的管理者提供不同的信息，帮助其对可控成本和收入作出正确决策。

2. 重要原则

　　为避免管理者信息过载，日常经营活动中的常规事宜应交由制度化的流程予以控制。随着部门的扩展和复杂化，管理者不可能深入每个细节进行监督、检查。因此，管理会计报告应该对进展符合预期、比较顺利的情况与进展不符合预期、需要管理者关注的情况进行区分。管理会计报告的重点应当放在异常或突发情况上。

3. 比较原则

　　管理会计报告应当揭示数据发展的趋势以及彼此间的联系，因此，只披露实际发生的数据往往不能直接服务管理决策，实际数据应该与一定的参照对象进行比较，才能使信息使用者更好地对情况作出判断。常见的参照对象包括预算值、事先确定的标准、历史数据、行业数据等。

4. 及时原则

　　管理会计报告应提供动态及时的信息。由于管理决策的动态性，支持管理决策的信息必须及时。滞后的报告与缺失的报告一样无法发挥决策支持作用。因此，企业需要确定管理会计报告提供的频率，针对不同类型的信息采用不同的方式和频率。

5. 标准化原则

管理会计报告应尽可能地标准化输出，减少数据传递过程中的信息扭曲和理解偏差，便于管理者理解和准确把握。标准化主要包括管理会计报告的风格、设计、篇幅、数据口径、名词界定等方面，不意味着绝对固化，而是在保证决策支持目的得以实现的前提下，确保信息基本要素的相对稳定。

6. 清晰原则

清晰一指信息准确，二指信息简单明晰，可理解性强。报告提供的信息必须准确地反映与之相关的业务活动，否则会导致决策失误。报告的信息应该简单明晰，避免使用过于技术性的会计术语，复杂的报表和细节可以略去或者放在附件。

7. 成本收益原则

管理会计报告的使用收益要大于信息的制造、存储和使用成本。在不影响使用的情况下，不必追求报告外在形式的美观。是否提供报告以及提供何种详略程度和准确程度的报告，都应考虑其成本和相关收益。

【课堂活动】请根据所学内容，思考管理会计报告的作用有哪些，它与财务会计报告的区别和联系是什么？

二、管理会计报告的基本分类

管理会计报告体系可以按照多种标准进行分类。按照管理会计报告使用者的管理层级，管理会计报告可以分为战略层管理会计报告、经营层管理会计报告和业务层管理会计报告（见表8-2）。按照管理会计报告的内容，管理会计报告可以分为综合管理会计报告和专项管理会计报告。按照管理会计报告的功能，管理会计报告可以分为管理规划报告、管理决策报告、管理控制报告和管理评价报告。按照管理会计报告的责任中心，管理会计报告可以分为投资中心报告、利润中心报告和成本中心报告。按照管理会计报告的主体整体性程度，管理会计报告可以分为整体报告和分部报告。

在上述不同分类中，按照管理会计报告使用者的管理层级进行分类是最常用的分类方式。不同层级的管理者需要的信息内容、信息的繁简程度、及时程度和报告形式不同。因此，按照管理会计报告使用者的管理层级进行分类最能体现不同管理、不同需要。

表8－2　按照管理会计报告使用者的管理层级分类

层级分类	具体名称	内容
战略层管理会计报告	战略管理报告	包括内外部环境分析、战略选择与目标设定、战略执行及其结果以及战略评价等。一般是在SWOT分析、价值链分析等战略分析的基础上，侧重本企业与竞争对手的优劣对比，列出获取竞争优势的要素（如产品、市场份额、定价、成本、产量等信息），依此制定企业竞争战略、设定竞争目标、规划战略执行的路径和方法，进行战略评价。
	综合业绩报告	在设定竞争目标的基础上，基于获取竞争优势的要素确定关键绩效指标，依此编制战略预算，在战略执行中对预算执行结果进行差异分析，据此修订和完善战略。
	价值创造报告	包括价值创造目标、价值驱动的财务因素与非财务因素、内部各业务单元的资源占用与价值贡献，以及提升公司价值的措施等。
	经营分析报告	一般包括经营决策执行情况回顾、本期经营目标执行的差异及其原因、影响未来经营状况的内外部环境与主要风险分析、下一期的经营目标及管理措施等。
	风险分析报告	一般包括企业全面风险管理工作回顾、内外部风险因素分析、主要风险识别与评估、风险管理工作计划等。
	重大事项报告	针对企业的重大投资项目、重大资本运作、重大融资、重大担保事项、关联交易等事项进行的报告。
	例外事项报告	针对企业发生的管理层变更、股权变更、安全事故、自然灾害等偶发事项进行的报告。
经营层管理会计报告	全面预算管理报告	包括预算目标制定与分解、预算执行差异分析以及预算考评等。
	投资分析报告	包括投资对象、投资额度、投资结构、投资进度、投资效益、投资风险和投资管理建议等。
	项目可行性报告	包括项目概况、市场预测、产品方案与生产规模、厂址选择、工艺与组织方案设计、财务评价、项目风险分析，以及项目可行性研究结论与建议等。项目可行性报告通常由投资等业务部门编制，财务部门主要负责其中的财务评价、项目风险分析。
	融资分析报告	包括融资需求测算、融资渠道与融资方式分析及选择、资本成本、融资程序、融资风险及其应对措施和融资管理建议等。融资分析报告可以以企业为主体编制，也可以以工程或项目为主体编制。
	盈利分析报告	包括盈利目标及其实现程度、利润的构成及其变动趋势、影响利润的主要因素及其变化情况，以及提高盈利能力的具体措施等。企业应对收入和成本进行深入分析。盈利分析报告可基于企业集团、单个企业，也可基于责任中心、产品、区域、客户等进行。如上市公司的盈利预测就属于盈利分析报告的一种。

续表

层级分类	具体名称	内容
经营层管理会计报告	资金管理报告	包括资金管理目标，主要流动资金项目（如现金、应收票据、应收账款、存货）的管理状况，资金管理存在的问题以及解决措施等。企业集团资金管理报告的内容一般还包括资金管理模式（集中管理还是分散管理）、资金集中方式、资金集中程度、内部资金往来等。
	成本管理报告	包括成本预算、实际成本及其差异分析、成本差异形成的原因以及改进措施等。
	绩效评价报告	包括绩效目标、关键绩效指标、实际执行结果、差异分析、考评结果，以及相关建议等。可以以企业或责任中心为主体编制，其关键绩效指标可以是利润、利润率、经济增加值等，编制方法可以基于财务指标，也可以同时基于财务指标和非财务指标（如平衡计分卡）。
业务层管理会计报告	研究开发报告	包括研发背景、主要研究内容、技术方案、研发进度、项目预算等。研究开发报告通常由研究开发部门根据竞争战略、经营目标、对技术和产品的需要编制；财务部门主要负责基于技术发展的项目预算（按研发项目进度给予资金支持）和研发绩效评价。
	采购业务报告	采购业务报告的内容一般包括采购业务预算、采购业务执行结果、差异分析及改善建议等。采购业务报告通常由采购部门编制，重点反映采购质量、数量、时间、价格等方面的内容；财务部门主要负责基于业务部门的采购业务活动的成本计算和资金管理。
	生产业务报告	包括生产业务预算、生产业务执行结果、差异分析及改善建议。生产业务报告通常由生产部门编制，重点反映生产成本、生产数量以及产品质量、生产时间等方面的内容；财务部门主要负责基于生产部门的生产经营业务活动的成本计算和资金管理。
	配送业务报告	包括配送业务预算、配送业务执行结果、差异分析及改善建议等。配送业务报告要重点反映配送的及时性、准确性以及配送损耗等方面的内容，如妥投率是配送业务报告的关键绩效指标。
	销售业务报告	包括销售业务预算、销售业务执行结果、差异分析及改善建议等。销售业务报告通常由销售部门编制，重点反映销售的数量结构和质量结构等方面的内容；财务部门应重点关注应收账款周转率和销售收现率等的管理。
	售后服务业务报告	包括售后服务业务预算、售后服务业务执行结果、差异分析及改善建议等。售后服务业务报告重点反映售后服务的客户满意度等方面的内容。
	人力资源报告	包括人力资源预算、人力资源执行结果、差异分析及改善建议等。人力资源报告通常由人力资源管理部门编制，重点反映人力资源使用及考核等方面的内容；财务部门应重点关注人力资源的效果评价。

（一）战略层管理会计报告

战略层指企业的最高决策层，其决策直接影响企业的成败，且影响会长期存在，如企业的市场定位、重大融资决策、投资决策、商业模式选择、经营战略等。战略层管理会计报告是为战略层开展战略规划、决策、控制和评价以及其他方面管理活动提供相关信息的对内报告。战略层管理会计报告的对象是企业的战略层，包括股东大会、董事会和监事会等。战略层关注企业如何进行资源配置，需要充分了解宏观经济环境和产业政策，把握行业未来发展前景，准确分析企业的资源优势。因此，战略层管理会计报告需要全局性、综合性的信息，能够揭示企业未来发展前景、帮助制定战略的信息，以及对战略执行情况进行反馈、帮助进一步优化资源配置的信息。

以战略管理报告为例，其内容一般包括内外部环境分析、战略选择与目标设定、战略执行及其结果以及战略评价等。外部环境包括宏观经济形势、特定背景等；内部环境一般侧重企业与竞争对手对比，选择最佳经营战略。战略执行及结果需要说明企业各组织结构与战略目标之间的协调一致，以及企业各层管理者的能力和行动执行力等。战略评价需要说明战略实施的效果和影响因素，以及纠正偏差的方法和技术。表8-3和表8-4是行业对标分析和战略目标执行情况分析。

表8-3　行业对标分析

企业	本期		累计		市场占有率
	本期销量	同比变化	累计销量	同比变化	
企业1					
企业2					
……					

表8-4　战略目标执行情况分析

战略目标	战略执行情况	结果	偏差及原因分析
市场占有率提高10%			
……			

【课堂活动】请认真阅读以下内容，选取某大型知名企业作为研究案例，探讨该企业如何以ESG理念为引领，将企业战略与国家战略相统一，实现价值创造、履行社会责任和促进可持续发展？

何为ESG评价体系？

ESG是环境（Environmental）、社会（Social）和治理（Governance）的简称，

代表了一种关注企业环境、社会、公司治理绩效的投资理念和企业评价标准。

在投资领域，EGS 是关于企业环境、社会、公司治理绩效而非财务绩效的投资理念和企业评价标准。基于 ESG 评价，投资者可以通过观测企业 ESG 绩效，评估其投资行为和企业（投资对象）在促进经济可持续发展、履行社会责任等方面的贡献。

在经营领域，ESG 是将环境、社会、公司治理要素纳入企业经营管理体系的经营实践。企业践行 ESG，一方面是为了满足资本市场与监管机构的信息披露与合规要求，另一方面是关注企业自身发展的内驱力，通过践行 ESG 追求高质量、可持续发展。

（二）经营层管理会计报告

经营层指企业的中层管理人员，需要对接战略层，根据战略层的战略意图进行本层级的管理。其决策是对企业整体战略的分解和落实，负责将战略层的重大战略落实。经营层管理会计报告是为经营管理层开展与经营管理目标相关的管理活动提供相关信息的对内报告。经营层的管理特点决定了其既需要概括性的总体信息，也需要细节性的信息。经营层管理会计报告使用的频率较高，内容比战略层报告更为细致和详尽，重点关注公司产品、产业规划、产品生命周期、产品盈利能力、成本竞争能力、资金安全、其他财务风险以及生产、销售、采购、品质、研发等业务管控。

以绩效评价报告为例，其内容一般包括绩效目标、关键绩效指标、实际执行结果、差异分析、考评结果以及相关建议等。关键绩效指标分析如表 8-5 所示。

表 8-5 关键绩效指标分析

项目	本期数	上期数	增减额	变化比	建议
销售总量					
产品市场份额					
营业收入					
毛利					
销售毛利率					
……					

（三）业务层管理会计报告

业务层指企业的基层管理人员，其决策非常具体，即时性很强。这一层级的管理者最终执行企业的各项政策和战略，真正决定企业产品的销售、机器的利用、成本的耗费等，如车间主任、采购主管、销售主管等。业务层管理会计报告是为企业开展日常业务或作业活动提供相关信息的对内报告。其报告的对象是企业的业务部门、职能部门以及车间、班组等。业务层管理会计报告非常具体，甚至需要反映每个生产工人、每个销售人员、每条生产线、每台设备的详细信息。业务层管理会计报告应根据企业内部各部门、车间或班组的核心职能或经营目标进行设计。该报告主要包括研究开发报告、采购业务报告、生产业务报告、配送业务报告、销售业务报告、售后服务业务报告、人力资源报告等。

以销售业务报告为例，其内容一般包括销售业务预算、销售业务执行情况、差异分析及改善建议等。销售业务报告重点反映销售的数量结构和质量结构等内容。以下为某产品的销售情况分析样例。

1. 销售主要指标完成情况

该部分主要描述企业销售主要指标的完成情况，包括销量、销售收入、市场份额、大客户数量、新增客户数量、销售收款、成品库存量、销售费用和销售价格（降低/增长率）等。

2. 销售重点工作完成情况

该部分主要描述企业销售重点工作完成情况，包括新产品推广、新市场的占领、新客户的开拓、重点管理提升项目等。

3. 销售分析

（1）市场分析，包括产品市场整体情况、市场主要产品细分分析、市场区域细分分析、主要竞争对手分析等。

（2）大客户分析，包括大客户情况、大客户销售、大客户产品及市场、大客户盈利能力评价等。

（3）公司销售表现，包括公司在市场竞争中的表现（如市场占有率、市场排名、主要客户占有率）、公司产品细分目标市场表现，公司产品分类（分区域）表现、公司产品价格带表现等。

（4）公司销售策略分析，包括公司主要销售策略、销售方式选择、主要实施区域（客户）、销售费用情况及实施效果，可以细分区域、产品、目标客户进行逐项分析。

（5）问题分析。

查找以上方面存在问题，提出改进建议。

4. 未来预测及下一步工作

该部分主要包括未来市场预测、工作重点及主要措施等。

三、管理会计报告的形式

管理会计报告的形式是为内容服务的。同样的内容，采用不同的形式表述，会带来截然不同的效果。管理者的偏好也是影响会计报告形式的重要因素。有时为了突出某些内容，倡导组织变革或战略重构，企业会采用不同于以往的管理会计报告形式，彰显其理念和精神。常见的管理会计报告形式主要包括以下三类。

（一）图表式报告

图表式报告比单纯的数字更直观，能够描述主要因素之间的关系，使变化趋势或数据之间的关系更为清晰易懂。图表可根据不同的需要选择曲线图、折线图、柱状图、饼状图、直方图、鱼骨图等形式。例如，折线图主要用于展示数据随时间的变化趋势；柱状图可以用于比较不同类别之间的数据大小；饼状图用于展示各部分占总体的比重；直方图可以展示数据的分布情况，包括中位数、四分位数、最大值和最小值等。

图 8-1 是描绘经营成果的直方图示例，图 8-2 是利润饼状分析图示例，图 8-3 和图 8-4 是成本费用占比折线图示例。

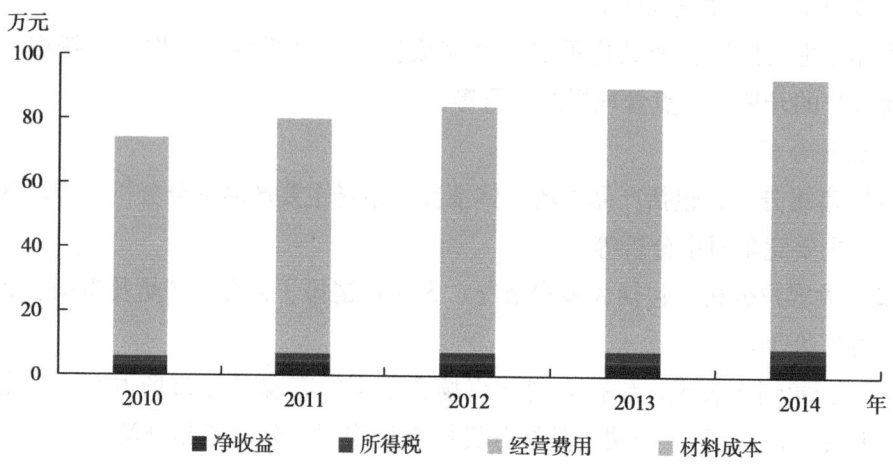

图 8-1　描绘经营成果的直方图示例

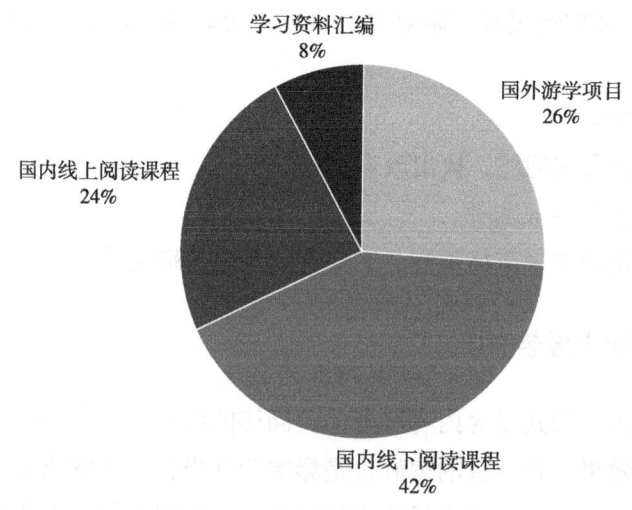

图 8-2　利润饼状分析图示例

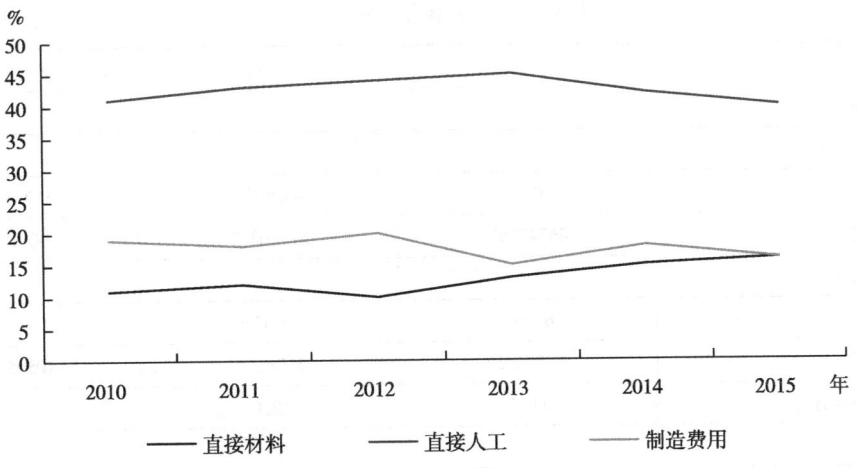

图 8 - 3　制造成本费用占比折线图示例

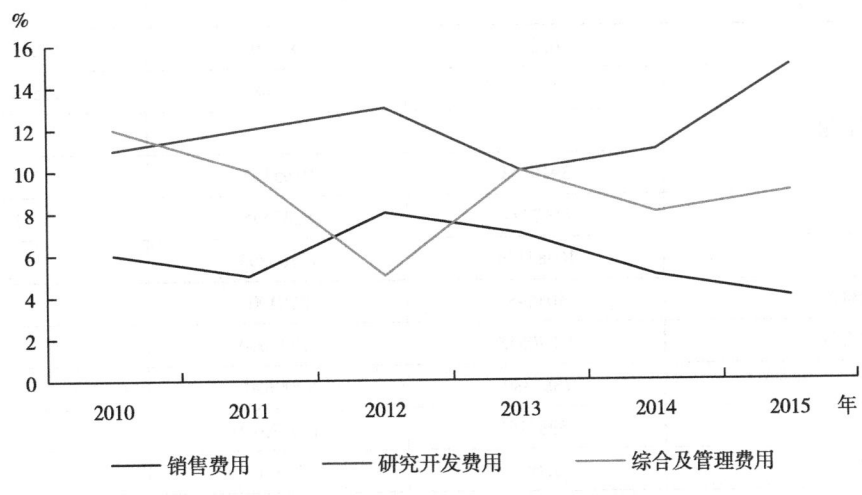

图 8 - 4　非制造成本费用占比折线图示例

（二）摘要式报告

在向战略层提供管理会计报告时，需要有针对性地选择他们关心的重要数据。虽然摘要式报告没有提供所有的细节，但保证了重要信息不被细节所覆盖。表 8 - 6 是对董事会的摘要式报告，针对 2023 年 3 月及第一季度的经营状况进行报告，将销售收入净额、营业利润、净利润和普通股每股收益的实际数据与计划数据进行比较，同时提供了流动资产、流动负债、股东权益报酬率、普通股每股市价等指标的计划与实际数据。

表 8-6 对董事会的摘要式报告　　　　单位：元，%

项目	实际	计划	实际占计划的百分比
经营方面			
销售收入净额			
3月	4807851	4086715	117.6
第一季度	46747757	51910307	90.1
营业利润			
3月	64963	355179	18.3
第一季度	5460442	5178112	105.5
占销售额百分比	11.7	10.0	
净利润			
3月	309941	156394	
第一季度	2794597	2220733	
普通股每股收益			
3月	0.218	0.110	198.2
第一季度	1.973	1.568	125.8
其他重要数据			
货币资金	3916443	2265112	172.9
应收账款	8562341	6247595	137.1
存货	10987126	10103893	
其他流动资产	404645	610400	
流动资产合计	23870555	19227000	
流动负债	7887389	7209690	
营运资本	15983166	12017310	
流动比率	3.0:1	2.7:1	
资本性支出	745147	2715093	
股东权益报酬率	11.2	9.6	
普通股每股市价	22.05	19.81	

　　向高级管理者提供的经营状况报告，主要采取文字叙述形式，说明实际业绩与预期之间的差异，以及各个分部的相关情况。

关于经营状况的报告

2023 年 4 月 12 日

　　2023 年第一季度的合并净利润为 949.12 万元。与 2022 年第一季度相比，除西南分部外，其他分部净利润共增加了 398.88 万元。西南分部于 1 月发生了重大施工事故，导致其净利润比上年同期减少 1123.84 万元。

由于存在价格问题和成本超支，净利润 949.12 万元达到第一季度预测收益 990.88 万元的 95.8%。将实际业绩与目标进行比较，发现东北分部和华南分部的业绩优于预期；华北分部离目标还有 200.96 万元的差距，西南分部与目标相差 146.72 万元。东北分部和华南分部的超预期表现几乎抵消了西南分部和华北分部的不佳表现，使整体业绩接近预测。

在第一季度，销售价格与标准的不利差异达到 1039.36 万元，同时可控成本和费用合计超过标准 1172.96 万元。这些都是潜在的利润挖掘领域或在长期计划中需要考虑的因素。

（三）表格式报告

表格式报告聚焦于提供详细数据，注重从数据出发说明经营管理的问题。它不追求直观，不停留在概要层面，而是通过详细的数据说明问题。表 8-7 是某食品公司业绩分析报告。

表 8-7 某食品公司业绩分析报告　　　　　单位：元

项目	预算成本	实际可控成本	成本差异
管理费用	19500	19700	200
系列产品一	467475	470330	2855
系列产品二	395225	394300	-925
合计	882200	884330	2130

管理会计报告由管理会计信息归集、处理并报送的责任部门编制。企业应根据报告的内容、重要性和报告对象等，确定不同的审批流程，根据报告性质、管理需要逐级报送或者直接报送。由于管理会计报告比对外报告揭示更多细节，为保护商业机密，企业应建立管理会计报告使用的授权制度。报告使用人应在授权范围内使用报告。

拓展阅读

任务2 熟悉管理会计信息系统

一、管理会计信息系统概述

（一）管理会计信息系统的概念

管理会计信息系统是借助人工智能、大数据、云计算等现代信息技术手段，实现管理会计信息实时数据采集、整理、加工、分析和报告等操作处理，为企业有效开展管理会计活动提供全面、及时、准确信息支持的各功能模块的有机集合。

管理会计信息系统的构建，是管理会计与信息系统的深度融合，旨在通过高效的技术手段实现财务与非财务信息的收集、处理与分析，支持科学决策。在互联网时代，管理会计信息系统面临转型升级的迫切需求。互联网的普及和现代信息技术的发展加速企业信息数据的收集与分析，降低信息不对称的程度，以信息透明推动企业实现精益化管理，支持精细化决策。管理会计信息系统的建设可以有效挖掘数据的内在价值，通过及时处理与分析大量复杂数据，找到数据间的关联，识别潜在的市场机会和优化点，增强企业的应变能力和持续竞争优势。

（二）管理会计信息系统的发展趋势

我国会计信息系统的应用最早可以追溯至 20 世纪 80 年代，最先由企业自制，之后用友、金蝶等财务软件的出现大大促进了会计信息化的发展与完善。20 世纪 90 年代末，传统会计运算的弊端逐渐显现，企业不再满足于单一的会计核算功能，也不再局限于记账与报表输出这类基本需求，而是对相关业务收益、成本等多个方面的信息有了更深层次的需求，促使原先的财务软件逐渐转化为 ERP 等高度集成化软件。随着大数据时代的到来，在满足 ERP 会计信息系统阶段提出的网络性、即时性和共享性等新要求后，我国会计信息系统开始向管理会计系统（MAS）阶段发展，主要表现出以下发展趋势。

1. 模型化

管理会计的本质在于企业业务模型化，即通过建立量化模型模拟企业的商业模式和业务模式。无论是预算模型中的预算目标测算和分解模型、产销衔接模型、滚动预测模型，还是成本费用分配模型、管理报告中的业务分析模型，都需要管理会计信息系统具有强大的建模能力。

2. 多视角

管理会计融合业务和财务。从业务预算到财务预算的全面预算体系、从财务结果到业务动因的管理报告体系，以及涵盖资源、作业、产品等要素的作业成本体系，涵盖财务、客户、内部流程和学习与成长四个方面的平衡计分卡框架，均反映了管理会计的多视角特点。在构建管理会计信息系统时需要促进业财融合，从产品视角、客户视角、区域视角、渠道视角、部门视角组织、存储、计算和展现管理会计数据。

3. 大数据

管理会计作为企业量化管理的工具，数据就是一切。这些数据不仅包含成本数据、预算数据，而且包括非结构化数据，如社交媒体数据、用户行为数据、市场数据等；也包含财务口径的收入、成本、费用、利润等价值量数据，还包括大量产量、作业量、动因量、人工及工时量的实物量数据。这些数据构建了企业管理会计体系的数据平台，是企业最权威的官方口径管理数据，更是企业未来大数据的核心，企业可以从这些数据中提取有价值的信息，更好地进行管理决策。

4. 人工智能

人工智能和机器学习等技术在管理会计领域的应用日益广泛。这些技术应用于管理会计信息系统，有助于快速处理大量复杂的数据，深入洞察数据的规律，准确预测和分析财务数据变化情况，优化预算和财务规划。此外，区块链技术在确保企业财务数据的透明度和不可篡改性方面展现出巨大的潜力。

5. 灵活性

管理会计面向企业内部管理需要。然而，随着企业的发展，内部管理的要求会随着环境、业务、产品、组织和流程的变化等发生改变，这要求管理会计信息系统能顺应发展趋势，进行灵活调整。

【课堂活动】结合本知识点内容，思考管理会计信息系统对企业发展的作用。举例说明人工智能、大数据等先进技术会对其产生什么影响？

二、构建管理会计信息系统

（一）构建管理会计信息系统的必要条件

企业构建管理会计信息系统，一般应具备以下条件：

（1）对企业战略、组织结构、业务流程、责任中心等有清晰定义；

（2）设有具备管理会计职能的相关部门或岗位，具有一定的管理会计工具方法的应用及相对清晰的管理会计应用流程；

（3）具备一定财务和业务信息系统应用基础，包括已经实现相对清晰的管理会计应用流程。

（二）管理会计信息系统的建设和应用程序

管理会计信息系统的建设和应用程序既包括系统的规划和建设过程，也包括系统的应用过程，即输入、处理和输出过程。

1. 管理会计信息系统的规划和建设

管理会计信息系统规划和建设过程一般包括系统规划、系统实施和系统维护等环节。

（1）系统规划

在管理会计信息系统规划环节，企业应将管理会计信息系统规划纳入企业整体信息系统建设的整体规划，遵循整体规划、分步实施的原则，根据企业的战略目标和管理会计应用目标，形成清晰的管理会计应用需求，因地制宜逐步推进。

（2）系统实施

在管理会计信息系统实施环节，企业应制订详尽的实施计划，清晰划分实施的主要阶段、有关活动和详细任务的时间进度。实施阶段一般包括项目准备、系统设计、系统实现、测试和上线、运维及支持等过程。

在项目准备阶段，企业主要应完成系统建设前的基础工作，一般包括确定实施目标、实施组织范围和业务范围，调研信息系统需求，进行可行性分析，制订项目计划、资源安排和项目管理标准，开展项目动员及初始培训等。

在系统设计阶段，企业主要应对现有的信息系统应用情况、管理会计工作现状和信息系统需求进行调查，梳理管理会计应用模块和应用流程，据此设计管理会计信息系统的实施方案。

在系统实现阶段，企业主要应完成管理会计信息系统的数据标准化建设、系统配置、功能和接口开发及单元测试等工作。

在测试和上线阶段，企业主要应实现管理会计信息系统的整体测试、权限设置、系统部署、数据导入、最终用户培训和上线切换过程。必要时，企业应根据实际情况进行预上线演练。

（3）系统维护

企业应做好管理会计信息系统的运维和支持，实现日常运行维护支持及上线后持续培训和系统优化。

2. 管理会计信息系统的应用程序

管理会计信息系统的应用程序一般包括输入、处理和输出三个环节。

（1）输入环节指管理会计信息系统采集或输入数据的过程。管理会计信息系统需提供已定义清楚数据规则的数据接口，自动采集财务和业务数据。同时，系统应支持手工录入其他数据，便于相关业务调整和补充信息的需要。

（2）处理环节指借助管理会计工具模型进行数据加工处理的过程。管理会计信息系统可以充分利用数据挖掘、在线分析处理等商业智能技术，借助相关工具对数据进行综合查询、分析统计，挖掘有助于企业管理活动的信息。

（3）输出环节指通过丰富的人机交互工具、集成通用的办公软件等成熟工具，自动生成或导出数据报告的过程。数据报告的展示形式应注重易读性和可视化。最终的系统输出结果不仅可以采用独立报表或报告的形式展示给用户，而且可以输出或嵌入其他信息系统，为各级管理部门提供管理所需的相关、及时的信息。

（三）管理会计信息系统的模块

管理会计信息系统一般包括成本管理、预算管理、绩效管理、投资管理、管理会计报告以及其他功能模块，如图 8-5 所示。

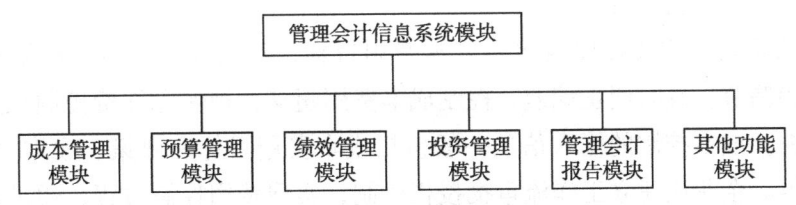

图 8 – 5　管理会计信息系统的模块

1. 成本管理模块

成本管理模块应实现成本管理的各项主要功能，一般包括对成本要素、成本中心、成本对象等参数的设置，成本核算方法的配置，从财务会计核算模块、业务处理模块以及人力资源模块等抽取所需数据，进行精细化成本核算，生成分产品、分批次（订单）、分环节、分区域等多个维度的成本信息，以及基于成本信息进行成本分析，实现成本的有效控制，为企业成本管理的事前计划、事中控制、事后分析提供有效的支持。

成本管理模块应根据基于指标分摊、基于作业分摊等多种成本分摊方法，利用预定义的规则，按要素、按期间、按作业进行分摊。成本管理模块的建设可以从成本核算、成本分析、成本预测和成本控制等方面展开。

（1）成本核算主要完成对企业生产经营过程各个交易活动或事项的实际成本信息的收集、归纳、整理，并计算实际发生的成本数据，支持多种成本计算和分摊方法，准确地度量、分摊和分配实际成本。成本核算的输入信息一般包括业务事项的记录和货币计量数据等。企业应使用具体的成本工具方法（如完全成本法、变动成本法、作业成本法、目标成本法、标准成本法等），建立相应的计算模型，以各级成本中心为核算主体，完成成本核算的处理过程。成本核算处理过程结束后，应能够输出实际成本数据、管理层以及各个业务部门需要的成本核算报告等。

（2）成本分析主要实现对实际成本数据分类比较、因素分析比较等，发现成本和利润的驱动因素，形成评价结论，编制各种形式的分析、评价指标报告等。成本分析的输入信息一般包括成本标准或计划数据、成本核算子模块生成的成本实际数据等。企业应根据输入数据和规则，选择具体的分析评价方法（如差异分析法、趋势分析法、结构分析法等），对各个成本中心的成本绩效进行分析比较，汇总形成各个责任中心及企业总体成本绩效报告，输出成本分析报告、成本绩效评价报告等。

（3）成本预测主要实现不同成本对象的成本估算。成本预测的输入信息一般包括业务计划数据、成本评价结果、成本预测假设条件以及历史数据、行业对标数据等。企业应运用成本预测模型（如算术平均法、加权平均法、平滑指数法等）对下一个工作周期的成本需求进行预测，根据经验或行业可比数据对模型预测结果进行调整，输出成本预测报告。

（4）成本控制主要按照既定的成本费用目标，对构成成本费用的要素进行规划、限制和调节，及时纠正偏差，控制成本费用超支，把实际耗费控制在成本费用计划范围内。成本控制的输入信息一般包括成本费用目标和政策、成本分析报告、预算控制等。企业应建立工作流审批授权机制，实现费用控制过程，通过成本预警机制实现成本控制的处理过程，输出费用支付清单、成本控制报告等。

2. 预算管理模块

预算管理模块应实现的主要功能包括对企业预算参数设置、预算管理模型搭建、预算目标制订、预算编制、预算执行控制、预算调整、预算分析和评价等全过程的信息化管理。预算管理模块的建设可具体从预算目标和计划制订、预算编制、预算执行控制、预算调整及预算分析和评价等方面展开。

（1）预算目标和计划制订主要完成企业目标设定和业务计划的制订，实现预算的启动和准备过程。预算目标和计划制订的输入信息一般包括企业远景与战略规划、内外部环境信息、投资者和管理者期望、往年绩效数据、经营状况预测以及公司战略举措、各业务板块主要业绩指标等。企业应对内外部环境和问题进行分析，评估预算备选方案，制订详细的业务计划，输出企业与各业务板块主要绩效指标和部门业务计划等。

（2）预算编制主要完成预算目标设定、预算分解和目标下达、预算编制和汇总以及预算审批过程，实现自上而下、自下而上等多种预算编制流程，提供固定预算、弹性预算、零基预算、滚动预算、作业预算等一种或多种预算编制方法的处理机制。预算编制的输入信息一般包括历史绩效数据、关键绩效指标、预算驱动因素、管理费用标准等。企业应借助适用的预测方法（如趋势预测、平滑预测、回归预测等）建立预测模型，辅助企业制定预算目标，依据预算管理体系，自动分解预算目标，辅助预算的审批流程，自动汇总预算。最终输出结果应为各个责任中心的预算方案等。预算管理模块应具备根据业务需要编制多期间、多情景、多版本、多维度预算计划的功能，满足预算编制的要求。

（3）预算执行控制主要实现预算信息模块与各财务和业务系统的及时数据交换，实现对财务和业务预算执行情况的实时控制等。预算执行控制的输入信息一般包括企业各业务板块及部门的主要绩效指标、业务计划、预算执行控制标准及预算执行情况等。企业应通过对数据的校验、比较和查询汇总，比对预算目标和执行情况的差异；建立预算监控模型，预警和冻结超预算情形，形成预算执行情况报告；执行预算控制审核机制以及例外预算管理等。最终输出结果为预算执行差异分析报告、经营调整措施等。

（4）预算调整主要实现对部分责任中心的预算数据进行调整，完成调整的处理过程等。预算调整的输入信息一般包括企业各业务板块及部门的主要绩效指标、预算执行差异分析报告等。企业对预算数据进行调整，依据预算管理体系，自动分解调整后的预算目标，辅助调整预算的审批流程，自动汇总预算。最终输出结果为各个责任中心的预算调整报告、调整后的绩效指标等。

（5）预算分析和评价主要提供多种预算分析模型，在预算执行的数据基础上，实现对预算数和实际发生数进行多期间、多层次、多角度的预算分析，最终完成预算的业绩评价，为绩效考核提供数据基础。预算分析和评价的输入信息一般包括预算指标及预算执行情况、业绩评价的标准与考核办法等数据。企业应建立差异计算模型，实现预算差异的计算，辅助实现差异成因分析过程，最终输出部门、期间、层级等多个维度的预算差异分析报告等。

3. 绩效管理模块

绩效管理模块主要实现业绩评价和激励管理过程中各种要素的管理功能，一般包括业绩计划和激励计划的制订、业绩计划和激励计划的执行控制、业绩评价与激励实施管理等，为企业的绩效管理提供支持。

绩效管理模块应提供企业各项关键绩效指标的定义和配置功能，并可从其他模块中自动获取各业务单元或责任中心相应的实际绩效数据，进行计算处理，形成绩效执行情况报告及差异分析报告。

绩效管理模块的建设可具体从业绩计划和激励计划制订、业绩计划和激励计划的执行控制以及业绩评价和激励实施管理等方面展开。

（1）业绩计划和激励计划制订主要完成绩效管理目标和标准的设定、绩效管理目标的分解和下达、业绩计划和激励计划的编制过程，以及计划的审批流程。业绩计划和激励计划制订的输入信息一般包括企业及各级责任中心的战略关键绩效指标和年度经营关键绩效指标，以及企业绩效评价考核标准、绩效激励形式、条件等基础数据。处理过程一般包括构建指标体系、分配指标权重、确定业绩目标值、选择业绩评价计分方法以及制订薪酬激励、能力开发激励、职业发展激励等多种激励计划，输出各级考核对象的业绩计划、绩效激励计划等。

（2）业绩计划和激励计划的执行控制主要实现与预算系统和各业务系统的及时的数据交换，实现对业绩计划与激励计划执行情况的实时控制等。业绩计划和激励计划的执行控制的输入信息一般包括绩效实际数据以及业绩计划和激励计划等。企业应建立指标监控模型，根据指标计算办法计算指标实际值，比对实际值与目标值的偏差，输出业绩计划和激励计划执行差异报告等。

（3）业绩评价和激励实施管理主要实现对计划的执行情况进行评价，形成综合评价结果，向被评价对象反馈改进建议及措施等。业绩评价和激励实施管理的输入信息一般包括被评价对象的业绩指标实际值和目标值、指标计分方法和权重等。企业应选定评分计算方法计算、评价分值，形成被评价对象的综合评价结果，输出业绩评价结果报告和改进建议等。

4. 投资管理模块

投资管理模块主要实现对企业投资项目进行计划和控制的系统支持过程，一般包括投资计划的制订和对每个投资项目进行的及时管控等。投资管理模块应与成本管理模块、预算管理模块、绩效管理模块和管理会计报告模块等进行有效集成和数据交换，辅助企业实现投资计划的编制和审批过程。企业可以借助投资管理模块定义投资项目、投资程序、投资任务、投资预算、投资控制对象等基本信息，在此基础上，制订企业各级组织的投资计划和实施计划，实现投资计划的分解和下达。投资管理模块应实现对企业具体投资项目的管控过程。企业可以根据实际情况，将项目管理功能嵌入投资管理模块，也可以实施单独的项目管理模块。

项目管理模块一般包括项目设置、项目计划与预算、项目执行、项目结算与关闭、项目报告以及项目后审计等功能。

（1）项目设置。它主要完成项目定义（如项目名称、项目期间、成本控制范围、利润中心等参数），以及工作分解定义、作业和项目文档等的定义和设置，为项目管理提供基础信息。

（2）项目计划与预算。它主要完成项目里程碑计划、项目实施计划、项目概算、项目利润及投资测算、项目详细预算等过程，辅助实现投资预算的审核和下达过程。项目里程碑计划一般包括对项目的关键节点进行定义、在关键节点对项目进行检查和控制，以及确定项目各个阶段的开始和结束时间等。

（3）项目执行。它主要实现项目的拨款申请，投资计量，项目实际发生值的确定、计算和汇总，以及与目标预算进行比对、对投资进行检查和成本管控。

（4）项目结算与关闭。通过定义的结算规则，运用项目结算程序，对项目实现期末结账处理。结算完成后，对项目执行关闭操作，保证项目的可控性。

（5）项目报告。项目管理模块应向用户提供关于项目数据的各类汇总报表及明细报表，主要包括项目计划、项目投资差异分析报告等。

（6）项目后审计。企业可以根据实际需要，在项目管理模块中嵌入项目后辅助审计功能，依据项目计划和过程建立工作底稿，对项目的实施过程、成本、绩效等进行审计和项目后评价。

5. 管理会计报告模块

管理会计报告模块应实现基于信息系统中财务数据、业务数据自动生成管理会计报告，支持企业有效实现各项管理会计活动。管理会计报告模块应具备以下功能。

（1）可以为用户生成报告，提供足够丰富、高效、及时的数据源，必要时应建立数据仓库和数据集市，形成统一规范的数据集，在此基础上，借助数据挖掘等商务智能工具方法，自动生成多维度报表。

（2）可以为企业战略层、经营层和业务层提供丰富的通用报告模板。

（3）可以为企业提供灵活的自定义报告。企业可以借助报表工具自定义管理会计报表的报告主体、期间（定期或不定期）、结构、数据源、计算公式以及报表展现形式等。系统可以根据企业自定义报表的模板自动获取数据进行计算和加工，以预先定义的展现形式输出。

（4）可以支持用户追溯数据源。用户可以在系统中对报告的最终结果数据进行层层追溯，找到数据来源和计算方法。

（5）可以独立的模块形式存在于信息系统中，从其他管理会计模块中获取数据生成报告；也可嵌入其他管理会计模块，作为其他管理会计模块重要的输出环节。

（6）可以与财务报告系统相关联，既能有效生成企业整体报告，也能生成分部报告，并实现整体报告和分部报告的联查。

6. 其他功能模块

根据不同企业业务类别差异，管理会计信息系统可以设置其他模块。以风险管理模块为例，该模块可以通过配备智能分析模型，对识别的风险进行量化评估，同时支持实时监测和回溯分析，保证企业在应对突发事件时具有迅速反应的能力，降低经营风险，提高整体抗风险能力。系统操作时，首先，从接口各业务系统实时抓取数据；其次，通过数据清洗和标准化，使数据规范统一；再次，进入风险识别模块，利用机器学习算法分析数据，识别可能的风险点；最后，生成风险评估报告，提供预警信息和应对策略，并通过可视化图表展示风险动态。在财务管理中，该模块能实时监控财务指标，及时预警潜在资金链断裂风险，提供应对方案；在供应链管理中，该模块能够预判供应商信用风险，优化采购决策，保障供应链稳定性；在项目管理中，该模块能够监控项目进度和成本，预警潜在超支或延误风险，帮助管理者及时调整计划，确保项目顺利推进。

（四）管理会计信息系统的应用原则

1. 系统集成原则

管理会计信息系统各功能模块应集成在企业整体信息系统，与财务和业务信息系统紧密结合，实现信息的集中统一管理及财务和业务信息到管理会计信息的自动生成。

2. 数据共享原则

企业建设管理会计信息系统应实现系统间的无缝对接，通过统一的规则和标准，实现数据的一次采集，全程共享，避免产生"信息孤岛"。

3. 规则可配原则

管理会计信息系统各功能模块应具备规则配置功能，实现其他信息系统与管理会计信息系统相关内容的映射和自定义配置。

4. 灵活扩展原则

管理会计信息系统应具备灵活扩展性，通过及时补充有关参数或功能模块，对环境、业务、产品、组织和流程等的变化及时作出响应，满足企业内部管理需要。

5. 安全可靠原则

管理会计信息系统应充分保障设备、网络、应用及数据安全，严格限制授权，做好数据灾备建设，具备良好的抵御外部攻击能力，保证系统的正常运行并确保信息的安全、完整。

【课堂活动】请结合本次课学习内容，思考管理会计信息系统主要包括哪些模块，各自发挥什么作用？

拓展阅读

项目小结

本项目主要阐述了管理会计报告和管理会计信息系统的概念，介绍了管理会计报告的分类。本项目的重点是掌握战略层、经营层和业务层管理会计报告的内容和编写要求，熟悉管理会计报告与财务会计报告的差异和联系，了解数字化背景下管理会计信息系统的发展趋势。

技能提升

一、理论夯实

（一）单项选择题

1. 按照企业使用报告的层级，可以将管理会计报告分为（   ）。

A. 战略管理报告、战略层报告和分部报告

B. 战略层报告、经营层报告和业务层报告

C. 战略层报告、经营层报告和整体报告

D. 战略层报告、业务层报告和专项报告

2. 下列管理会计报告说法中，正确的是（   ）。

A. 管理会计报告是一种为企业价值管理和决策提供所需信息的内部报告

B. 管理会计报告是一种为利益相关者提供决策支持的报告

C. 管理报告很少对内报告，主要对外提供信息

D. 管理报告是为股东披露企业信息的关键性报告

3. 下列各项中对管理会计信息描述准确的是（　　）。

A. 财务与人力资源信息　　　　　　　B. 财务信息与非财务信息

C. 非财务和环境信息　　　　　　　　D. 业务基础与非财务信息

4. 企业管理会计报告按照（　　）分类，最能体现不同管理、不同需要的基本分类。

A. 管理会计报告内容　　　　　　　　B. 管理会计功能

C. 管理会计报告使用者所处的管理层级　　D. 责任中心

5. 下列各项中不属于经营层管理会计报告的是（　　）。

A. 采购业务报告　　　　　　　　　　B. 全面预算管理报告

C. 融资分析报告　　　　　　　　　　D. 盈利分析报告

6. 下列各项中属于业务层管理会计报告的是（　　）。

A. 资金管理报告　　　　　　　　　　B. 投资分析报告

C. 成本管理报告　　　　　　　　　　D. 人力资源报告

7. 下列各项中不属于业务层管理会计报告的是（　　）。

A. 研究开发报告　　　　　　　　　　B. 资金管理报告

C. 售后服务业务报告　　　　　　　　D. 配送业务报告

8. 表格式报告的优点是（　　）。

A. 保证了重要信息不被细节所覆盖　　B. 变化趋势清晰易懂

C. 直观易懂　　　　　　　　　　　　D. 提供详细的数据

9. 下列各项中不属于项目管理模块的是（　　）。

A. 项目计划与预算　　　　　　　　　B. 项目核算

C. 项目结算与关闭　　　　　　　　　D. 项目后审计

10. 下列各项中关于管理会计报告模块的表述不正确的是（　　）。

A. 管理会计报告模块应为用户生成报告提供足够丰富、高效、及时的数据源

B. 管理会计报告模块应为企业战略层、经营层和业务层提供丰富的专用报告模板

C. 管理会计报告模板应为企业提供灵活的自定义报告功能

D. 管理会计报告模块应提供用户追溯数据源的功能

（二）多项选择题

1. 管理会计信息系统包括（　　）。

A. 成本管理模块　　B. 预算管理模块　　C. 绩效管理模块　　D. 投资管理模块

E. 管理会计报告模块

2. 下列各项中属于战略层管理会计报告内容的是（　　　　）。

A. 内外部环境分析　　　　　　　　　B. 战略选择与目标设定

C. 主要风险识别与评价　　　　　　　D. 战略评价　　　　E. 股权变更

3. 业务层管理会计报告通常包括（　　　　）。

A. 生产业务报告　　B. 销售业务报告　　C. 采购业务报告　　D. 人力资源报告

E. 项目可行性报告

4. 经营层管理会计报告通常包括（　　　　）。

A. 投资分析报告　　　　　　　　　　B. 成本管理报告

C. 绩效评价报告　　　　　　　　　　D. 融资分析报告

E. 经营分析报告

5. 图表式的管理会计报告包括（　　　　）。

A. 曲线图　　　　　B. 摘要式　　　　　C. 柱形图　　　　　D. 鱼骨图

E. 表格式

（三）判断题

1. 管理会计的目标就是管理会计报告的终极目标。（　　　　）

2. 战略层管理会计报告需要细微和局部信息，帮助制定战略规划，以及对战略执行情况进行反馈，进一步优化资源配置。（　　　　）

3. 图表式的管理会计报告往往能准确测定数据。（　　　　）

4. 管理会计信息系统的应用程序包括输入、处理和输出三个环节。（　　　　）

5. 管理会计报告属于内部报告，很少对外提供，因此，责任部门编制完成即可报送。（　　　　）

二、实训案例

【实训资料】

新希望公司在经营层管理会计报告中重点关注各责任主体的经济效益指标。2023 年末，根据公司预算相关数据和实际发生额编制经营层管理会计报告，相关数据如下表所示。

新希望公司经营预算和财务预算相关数据　　　　　单位：万元

项目	本期预算数	本期实际数
一、经营预算		
销售预算	186715	138685

续表

项目	本期预算数	本期实际数
生产预算	608	620
直接材料采购预算	149214	153214
直接人工预算	2863	2953
产品成本预算	56887.5	57887.5
制造费用预算	1428.16	1488.76
销售费用预算	3373	3873
管理费用预算	3081	3568
研发费用预算	5028	5125
二、财务预算		
现金预算	2510.84	2763.76
预计利润	14.1	14.8
三、专门决策预算		
项目投资预算	43500	45000

【实训要求】

根据新希望公司预算相关数据和实际发生额，简要编写经营层全面预算管理报告。

建议流程如下：

（1）计算公司全面预算项目差异。

差异数 = 本期实际数 − 本期预算数

（2）计算公司全面预算项目实际数较预算数增减比。

增减比 =（本期实际数 − 本期预算数）/本期预算数 × 100%

（3）分析可能导致预算增加/减少的原因，提出改进措施。

答案扫一扫

学习评价

学习任务完成评价表

评价范围	评价标准		自我评价 （五星制打分）	小组评价 （五星制打分）	教师评价 （五星制打分）
职业知识	理解经营层管理会计报告功能				
	掌握全面预算管理报告编制要求				
	熟悉可能导致预算与实际数额偏差的原因				
职业能力	能够正确计算全面预算项目实际数较预算数增减比				
	能够合理分析导致预算增加或减少的原因				
	能够针对实际情况提出针对性改进措施				
职业素质	工作态度	服从安排，不做与项目无关的事情			
		工作积极主动，完成度较高			
	团队合作	按规定流程操作，进行有效沟通			
	创新精神	能够主动探索，具有独立解决问题的能力			
	职业道德	严谨认真，实事求是			

参 考 文 献

[1] 马元兴. 管理会计（"十三五"普通高等教育规划教材）[M]. 上海：立信会计出版社，2016.

[2] 郭晓梅. 管理会计 [M]. 上海：高等教育出版社，2021.

[3] 赵威. 数字化管理会计 [M]. 上海：立信会计出版社，2023.

[4] 窦雪霞. 数字化管理 [M]. 上海：立信会计出版社，2024.

[5] 赵国中，李昕. 数字化管理会计 [M]. 北京：中国人民大学出版社，2024.

[6] 孙茂竹，支晓强，戴璐. 管理会计学 [M]. 北京：中国人民大学出版社，2024.